技巧与禁忌系列丛书

汽车驾驶技巧与禁忌

第 2 版

何援朝　刘德碧　编

机械工业出版社

本书结合国家最新道路安全法规和最新交通标志标线知识，针对汽车驾驶中常见的问题，从基础驾驶的要求与禁忌、交通法规的遵守与禁忌、正常条件下驾驶的技巧与禁忌、复杂条件下驾驶的技巧与禁忌、城市道路和高速公路驾驶的技巧与禁忌、安全驾驶技能、汽车防盗劫及急救技巧与禁忌、汽车使用中的技巧与禁忌八个方面系统地介绍了汽车驾驶技巧与禁忌。本书内容新颖、实用性强，可为汽车驾驶人进一步提高驾驶技能、预防各种事故的发生提供经验和技巧，也可为汽车驾驶初学者快速上手提供捷径。

本书可供汽车驾驶人、汽车驾驶培训人员及广大汽车爱好者阅读。

图书在版编目（CIP）数据

汽车驾驶技巧与禁忌/何援朝，刘德碧编. —2 版. —北京：机械工业出版社，2018.1（2023.1 重印）
（技巧与禁忌系列丛书）
ISBN 978-7-111-58756-9

Ⅰ.①汽… Ⅱ.①何… ②刘… Ⅲ.①汽车驾驶-基本知识 Ⅳ.①U471.1

中国版本图书馆 CIP 数据核字（2017）第 313718 号

机械工业出版社（北京市百万庄大街 22 号 邮政编码 100037）
策划编辑：王华庆 责任编辑：王华庆 责任校对：王 欣
封面设计：张 静 责任印制：常天培
固安县铭成印刷有限公司印刷
2023 年 1 月第 2 版第 3 次印刷
140mm×203mm · 9.75 印张 · 269 千字
标准书号：ISBN 978-7-111-58756-9
定价：39.00 元

凡购本书，如有缺页、倒页、脱页，由本社发行部调换

电话服务 网络服务
服务咨询热线：010-88361066 机工官网：www.cmpbook.com
读者购书热线：010-68326294 机工官博：weibo.com/cmp1952
　　　　　　　010-88379203 金 书 网：www.golden-book.com
封面无防伪标均为盗版 教育服务网：www.cmpedu.com

前言

本书于2007年首次发行，距今已有十年。在这期间，我国车辆安全系统的人、车、路、法四大因素均发生了较大变化。现在，开车的人越来越多，车辆越来越先进，道路越来越宽，交通法规越来越细化。为使本书适应人、车、路、法的变化，适应现代形势的发展和需要，我们对本书进行修订，予以再版。

这次修订，对内容进行了仔细筛选，更加突出实用性；对相关内容进行了更新、删除和补充，使内容紧贴近年来国家颁布的新政策、新法规，注重时效性。本书集知识性、指导性和实用性于一体，将驾驶操纵装置的操作、仪表的运用、交通法规的遵守、交通事故的处理、各种条件下的驾驶操作、防盗劫及遇险急救、维护保养、故障诊断与排除等方面的技巧加以总结，并运用反向思维，以"不宜""不应""禁止"和"必须注意"的形式，总结出了相应的禁忌问题，以帮助汽车驾驶人正确操作、减少失误、安全驾驶。

在本书编写过程中，得到了江苏省建湖县交巡警大队相关人员的帮助和支持，在这里表示衷心的感谢！

当今，人工智能进入了一个新时代，人工智能+互联网+汽车必定使汽车驾驶越来越智能化。现在已有无人驾驶汽车在试行，待真正的智能汽车普及时，也许正是驾驶人队伍消失的时候，那时汽车驾驶技巧与禁忌应该已成为过去时，人为造成的交通事故发生率必然大幅度下降。这是我们在此书再版时对汽车行业发展的祝愿。

由于编者的理论基础和实践经验有限，很难更准确地把控汽车驾驶技巧与禁忌的界限，书中不足之处，恳请读者朋友批评指正。

编　者

目录

前言
第一部分　基础驾驶的要求与禁忌 …………………………… 1
　一、驾驶操纵装置和仪表的运用 ………………………………… 1
　　1. 驾驶人就车的注意事项与禁忌 …………………………… 1
　　2. 驾驶人正确的坐姿与禁忌 ………………………………… 2
　　3. 调整驾驶人座椅的方法与技巧 …………………………… 3
　　4. 调整驾驶人座椅的禁忌 …………………………………… 4
　　5. 系安全带的方法与禁忌 …………………………………… 5
　　6. 检查安全带的方法与禁忌 ………………………………… 6
　　7. 调整安全带固定点高度的方法 …………………………… 7
　　8. 汽车钥匙使用禁忌 ………………………………………… 7
　　9. 点火开关使用技巧与禁忌 ………………………………… 7
　　10. 操纵转向盘的技巧与禁忌 ………………………………… 8
　　11. 行驶中转向盘的操纵技巧 ………………………………… 10
　　12. 操纵加速踏板的技巧与禁忌 ……………………………… 11
　　13. 操纵制动踏板的技巧与禁忌 ……………………………… 11
　　14. 操纵离合器踏板的技巧与禁忌 …………………………… 12
　　15. 制动时松抬离合器踏板的技巧 …………………………… 13
　　16. 操纵变速杆的禁忌 ………………………………………… 13
　　17. 操纵自动变速器的技巧与禁忌 …………………………… 15
　　18. 操纵电动汽车变速杆的技巧 ……………………………… 16
　　19. 操纵驻车制动器的禁忌 …………………………………… 16
　　20. 汽车仪表的识别方法 ……………………………………… 17
　　21. 汽车警告灯与信号灯的判读方法 ………………………… 19
　　22. 车速里程表的判读与运用技巧 …………………………… 22
　　23. 转速表的判读与运用技巧 ………………………………… 23
　　24. 燃油表的判读与运用技巧 ………………………………… 23
　　25. 冷却液温度表的判读与运用技巧 ………………………… 24

26. 显示屏综合信息的判读与运用技巧 ………………………………… 25
27. ESP 的正确使用 ……………………………………………………… 25
28. ECON 模式的使用技巧 ……………………………………………… 26
29. HDC 系统的使用技巧 ………………………………………………… 26
30. 车载互联网的使用方法 ……………………………………………… 26

二、主要附属装置的使用 …………………………………………………… 27

31. 开关车门的注意事项与禁忌 ………………………………………… 27
32. 电动门锁的特点与使用方法 ………………………………………… 28
33. 车门锁的使用注意事项 ……………………………………………… 29
34. 电动车窗的使用技巧与禁忌 ………………………………………… 30
35. 电动后视镜的调整方法与技巧 ……………………………………… 30
36. 电动天线和天窗的使用方法 ………………………………………… 31
37. 发动机罩打开与关闭的方法 ………………………………………… 31
38. 开合行李箱盖时的注意事项 ………………………………………… 32
39. 巡航控制装置的使用方法与禁忌 …………………………………… 32
40. 喇叭的使用方法与禁忌 ……………………………………………… 33
41. 灯光信号的使用方法与禁忌 ………………………………………… 33
42. 刮水器的使用方法与禁忌 …………………………………………… 34
43. 行车记录仪的应用 …………………………………………………… 35
44. 车载监控的选用 ……………………………………………………… 35
45. 点烟器的使用方法与禁忌 …………………………………………… 35
46. 暖风装置的使用注意事项 …………………………………………… 36
47. 蓄电池加热保温装置的使用方法 …………………………………… 36
48. 汽车空调器的使用方法与技巧 ……………………………………… 37

三、基本驾驶操作 …………………………………………………………… 38

49. 化油器发动机起动的技巧与禁忌 …………………………………… 38
50. 起动电喷发动机时的禁忌 …………………………………………… 39
51. 停熄发动机的技巧与禁忌 …………………………………………… 39
52. 汽车起步时的操作要求与禁忌 ……………………………………… 40
53. 快速进行加速换档的技巧 …………………………………………… 41
54. 低速档换高速档的操作方法与禁忌 ………………………………… 42
55. 高速档换低速档的操作方法与禁忌 ………………………………… 43
56. 合理选择档位与车速的方法 ………………………………………… 44
57. 汽车上坡起步的操作技巧与禁忌 …………………………………… 44
58. 汽车下坡起步的操作技巧 …………………………………………… 44

59. 汽车转向时的注意事项 ………………………………………… 45
60. 停车的操作技巧与禁忌 ………………………………………… 45
61. 倒车的操作技巧与注意事项 …………………………………… 46
62. 转向倒车的操作技巧与禁忌 …………………………………… 47
63. 利用倒车雷达和倒车显像仪进行倒车的方法与禁忌 ………… 47
64. 指挥倒车的技巧与禁忌 ………………………………………… 47
65. 新能源汽车的驾驶方法 ………………………………………… 48

第二部分 交通法规的遵守与禁忌 …………………………… 49

一、交通信号、标志、标线的识别 ……………………………… 49

1. 驾车时看交通信号灯的方法 …………………………………… 49
2. 区别车道信号灯和人行横道信号灯的方法 …………………… 50
3. 识别交警手势信号的方法 ……………………………………… 50
4. 根据交通标志的颜色识别交通信息的方法 …………………… 51
5. 根据交通标志形状识别标志种类的方法 ……………………… 52
6. 识别辅助标志的方法 …………………………………………… 53
7. 识别交通标志辅助设施的方法 ………………………………… 53
8. 识别可变信息标志的方法 ……………………………………… 54
9. 根据功能对交通标线进行分类的方法 ………………………… 54
10. 识别指示标线的方法 …………………………………………… 54
11. 识别禁止标线的方法 …………………………………………… 56
12. 识别禁止路边停放车辆线的方法 ……………………………… 58
13. 识别禁止变道线和禁止超车线的方法 ………………………… 58
14. 判读交通标线的方法 …………………………………………… 59
15. 识别减速让行线的方法 ………………………………………… 59
16. 判读路面文字标记的方法 ……………………………………… 60

二、交通法规的遵守与禁忌 ……………………………………… 60

17. 驾车携带有关证件的要求与禁忌 ……………………………… 60
18. 对交通优先权的理解与遵守 …………………………………… 60
19. 对法定路权的遵守与禁忌 ……………………………………… 61
20. 区分"借道"和"主道"的界限 ……………………………… 61
21. 借道超车和借道让超车的方法 ………………………………… 61
22. 分道行驶的规定与禁忌 ………………………………………… 62
23. 同时有交通信号和交警指挥时的处理方法 …………………… 62
24. 车辆停放的规定与禁忌 ………………………………………… 63
25. 临时停车的禁忌 ………………………………………………… 63

26. 遇执行紧急任务的车辆时的操作方法 ………………………… 64
27. 受人指使、强迫违反交通法规时的禁忌 ……………………… 64

三、交通管理与交通违法行为的处理 ……………………………… 64

28. 遇交通检查人员示意停车时的禁忌 …………………………… 64
29. 遇交警拦车时的注意事项与禁忌 ……………………………… 65
30. 遇交警执勤处罚时的注意事项与禁忌 ………………………… 66
31. 辨明执法告知词的技巧 ………………………………………… 66
32. 遇有"电子警察"时的禁忌 …………………………………… 67
33. 交通违法行为实施简易程序处罚的方法 ……………………… 68
34. 交通违法行为实施一般程序处罚的方法 ……………………… 68
35. 交通违法行为非现场处罚的方法 ……………………………… 68
36. 异地交通违法行为的处罚方法 ………………………………… 69
37. 记分周期的计算方法 …………………………………………… 69
38. 记分的查询与处理方法 ………………………………………… 73
39. 对酒后驾驶的处罚规定 ………………………………………… 73
40. 对醉酒驾驶从重处罚的认定 …………………………………… 74
41. 控制酒后驾车的方法 …………………………………………… 74
42. 闯红灯抓拍的处罚标准 ………………………………………… 75
43. 对违规停车被拖走的处理方法 ………………………………… 76
44. 违规被移车的处理条件 ………………………………………… 76
45. 拖走和锁车轮处罚的区分方法 ………………………………… 76
46. 暂扣机动车的条件与处理方法 ………………………………… 77

四、交通事故的处理 …………………………………………………… 78

47. 判定道路交通事故的方法 ……………………………………… 78
48. 道路交通事故的分类方法 ……………………………………… 79
49. 轻微交通事故当场快速私了的方法 …………………………… 80
50. 自行协商解决损害赔偿的方法 ………………………………… 81
51. 用简易程序处理交通事故的方法 ……………………………… 82
52. 用一般程序处理交通事故的方法 ……………………………… 82
53. 发生事故时的报警方法与禁忌 ………………………………… 83
54. 交通事故现场保护的禁忌 ……………………………………… 84
55. 车辆肇事伤人的处理方法与禁忌 ……………………………… 85
56. 车辆肇事造成人员死亡的处理方法与禁忌 …………………… 85
57. 道路交通事故责任的法律特征 ………………………………… 86
58. 事故当事人责任的确定方法 …………………………………… 87

59. 几种常见事故责任的认定方法 …………………………………… 87
60. 乘车人发生事故的责任认定 ……………………………………… 88
61. 交通肇事罪的特征 ………………………………………………… 89
62. 对交通事故检验、鉴定、评估有异议时的处理方法 …………… 89
63. 交通事故损害赔偿的方法 ………………………………………… 90
64. 驾驶人保护合法权益的方法与禁忌 ……………………………… 91

第三部分　正常条件下驾驶的技巧与禁忌 …………………………… 92

一、遇到行人和非机动车时的处理方法 ………………………………… 92
1. 对行人动态的判断技巧与处理禁忌 ……………………………… 92
2. 遇特殊行人时的处理技巧与禁忌 ………………………………… 94
3. 恶劣天气条件下遇行人时的处理技巧 …………………………… 95
4. 遇集体行人时的处理技巧与禁忌 ………………………………… 95
5. 遇精神失常的人时的处理技巧与禁忌 …………………………… 96
6. 遇突然横穿道路的人时的处理技巧与禁忌 ……………………… 96
7. 人行横道上有行人时的处理技巧 ………………………………… 96
8. 有人拦车时的处理技巧与禁忌 …………………………………… 97
9. 遇自行车时的处理技巧与禁忌 …………………………………… 97
10. 遇自行车抢道时的处理技巧 ……………………………………… 98
11. 遇骑自行车的人攀扶机动车时的处理技巧与禁忌 ……………… 98
12. 遇自行车流时的处理技巧与禁忌 ………………………………… 98
13. 遇竞骑自行车时的处理技巧 ……………………………………… 99
14. 上下坡遇自行车时的处理技巧 …………………………………… 99
15. 遇牲畜、畜力车和宠物时的处理技巧 …………………………… 100
16. 遇拖拉机时的处理技巧 …………………………………………… 100

二、行车规则的运用与禁忌 ……………………………………………… 101
17. 区分国道种类的方法 ……………………………………………… 101
18. 一般道路上行驶路线的选择方法与禁忌 ………………………… 101
19. 一般道路上掌握行驶速度的技巧与禁忌 ………………………… 102
20. 一般道路上掌握行驶间距的技巧与禁忌 ………………………… 102
21. 使用安全速度行驶的方法 ………………………………………… 103
22. 行车时掌握侧向间距的方法与禁忌 ……………………………… 104
23. 车辆转弯时的注意事项与禁忌 …………………………………… 104
24. 急转弯时的操作技巧与禁忌 ……………………………………… 106
25. 连续转弯时的操作技巧与禁忌 …………………………………… 106
26. 防止转向时翻车的方法与禁忌 …………………………………… 106

27. 防止转向时掉入沟中的方法与禁忌·················· 106
28. 防止转向时碰到障碍的方法与禁忌·················· 107
29. 防止转弯时撞车的方法与禁忌····················· 107
30. 会车时的操作方法与禁忌······················· 108
31. 防止会车时两车相撞的方法与禁忌·················· 108
32. 防止会车时与尾随车相撞的方法与禁忌················ 109
33. 防止会车时撞到行人的方法与禁忌·················· 110
34. 超越前车时的操作方法与禁忌····················· 110
35. 防止超车时与对面来车相撞的方法与禁忌··············· 111
36. 防止超车时与转弯车相撞的方法与禁忌················ 112
37. 防止超车时与被超车相撞的方法与禁忌················ 112
38. 防止超车时掉入沟中翻车的技巧···················· 113
39. 让超车的操作方法与禁忌······················· 114
40. 通过交叉路口的技巧与禁忌······················ 114
41. 遇事故多发地段时的处理方法···················· 115
42. 在道路上停车的注意事项与禁忌···················· 116
43. 在路上掉头的禁忌·························· 116
44. 利用岔路口掉头的方法与禁忌····················· 117
45. 防止倒车时碰到障碍的方法······················ 117
46. 防止起步时撞车轧人的方法······················ 118
47. 行车中减速滑行的操作方法与禁忌··················· 119
48. 行车中加速滑行的操作方法与禁忌··················· 119
49. 汽车空档滑行的禁忌························· 119

三、各种道路的行驶方法 ·························· 120
50. 通过桥梁时的注意事项························ 120
51. 通过简易道路隧道时的操作方法与禁忌················ 120
52. 通过涵洞时的操作方法与禁忌····················· 121
53. 通过铁路道口时的操作方法与禁忌··················· 121
54. 通过凹凸路面时的操作方法与禁忌··················· 122
55. 通过狭窄道路时的操作方法与禁忌··················· 122
56. 通过路面大障碍物时的操作方法与禁忌················ 123
57. 通过路面小障碍物时的操作方法··················· 123
58. 通过集市和农贸市场时的操作方法与禁忌··············· 124

第四部分　复杂条件下驾驶的技巧与禁忌 ············· 125
一、坡道与山地驾驶 ···························· 125

1. 上坡快速换档的技巧与禁忌 …………………………………… 125
2. 下坡换档的技巧与禁忌 ………………………………………… 125
3. 通过上坡道时的操作方法 ……………………………………… 126
4. 通过下坡道时的操作方法 ……………………………………… 126
5. 在陡坡道上停车的技巧与禁忌 ………………………………… 127
6. 在坡道上倒车的技巧与禁忌 …………………………………… 127
7. 通过坡道后转弯的操作方法 …………………………………… 128
8. 山路下坡时使用制动踏板的禁忌 ……………………………… 128
9. 在坡道上制动失灵、车辆失控下滑时的处理方法 …………… 129
10. 通过易塌方地段的技巧与禁忌 ………………………………… 130
11. 通过傍山险路的技巧与禁忌 …………………………………… 130
12. 坡道坡度的计算方法 …………………………………………… 131
13. 山路行车遇暴风雨时的处理方法与禁忌 ……………………… 132

二、湿滑道路驾驶 ……………………………………………………… 132
14. 泥泞路上使用转向盘的技巧与禁忌 …………………………… 132
15. 泥泞路上选择行车路线的技巧与禁忌 ………………………… 133
16. 泥泞路上控制车速的技巧与禁忌 ……………………………… 133
17. 泥泞路上使用制动器的技巧与禁忌 …………………………… 133
18. 通过翻浆路的技巧与禁忌 ……………………………………… 134
19. 通过泥泞坡道的技巧与禁忌 …………………………………… 134
20. 驱动轮打滑空转时的操作方法 ………………………………… 135
21. 在冰雪路上起步的技巧与禁忌 ………………………………… 135
22. 在冰雪路上会车和超车的技巧与禁忌 ………………………… 136
23. 在冰雪路上使用制动的技巧与禁忌 …………………………… 136
24. 在冰雪路上停车的技巧与禁忌 ………………………………… 136
25. 在冰雪路上平稳行驶的技巧与禁忌 …………………………… 136
26. 在积雪覆盖的道路上行车的技巧与禁忌 ……………………… 137

三、复杂道路驾驶 ……………………………………………………… 137
27. 通过滩涂的技巧与禁忌 ………………………………………… 137
28. 通过砾石道路的技巧 …………………………………………… 137
29. 通过森林道路的技巧与禁忌 …………………………………… 138
30. 通过水洼地段的技巧与禁忌 …………………………………… 138
31. 通过漫水路段和漫水桥的技巧与禁忌 ………………………… 139
32. 涉水后检查的技巧与禁忌 ……………………………………… 139
33. 上、下渡船的技巧与禁忌 ……………………………………… 139

34. 上、下火车的技巧与禁忌 …………………………………… 140
四、异常天气条件下驾驶 …………………………………… 141
35. 在炎热天气条件下防止发动机过热的方法 ………………… 141
36. 在炎热天气条件下保持制动性能的方法 …………………… 141
37. 防止行车时打瞌睡的方法 …………………………………… 142
38. 雨中行车时的操作方法与禁忌 ……………………………… 142
39. 雾霾天行车时的操作方法与禁忌 …………………………… 142
40. 雾霾天行车时保持车距的方法 ……………………………… 143
41. 风沙天气中行车避让的方法 ………………………………… 144
42. 严寒天气条件下汽车起动的禁忌 …………………………… 144
43. 夜间行车的技巧与禁忌 ……………………………………… 145
44. 夜间根据路面颜色识别道路的技巧 ………………………… 146
45. 夜间判别道路情况的技巧 …………………………………… 146
46. 夜间与自行车交会的技巧与禁忌 …………………………… 147
47. 夜间使用车上灯光的技巧 …………………………………… 147
48. 夜间会车的技巧与禁忌 ……………………………………… 148
49. 夜间倒车入库的技巧与禁忌 ………………………………… 148
五、牵引驾驶 ………………………………………………… 148
50. 使用硬牵引的方法 …………………………………………… 148
51. 使用软牵引驾驶的技巧与禁忌 ……………………………… 149
52. 使用软牵引起步的技巧与禁忌 ……………………………… 150
53. 使用软牵引驾驶时制动和停车的技巧 ……………………… 151

第五部分　城市道路和高速公路驾驶的技巧与禁忌 … 152
一、城市道路驾驶 …………………………………………… 152
1. 通过人行横道的方法 ………………………………………… 152
2. 进出非机动车道的方法与禁忌 ……………………………… 153
3. 通过划有导向车道路口的方法与禁忌 ……………………… 153
4. 避开城市交通高峰期的方法与禁忌 ………………………… 153
5. 遇绿灯快速起步的技巧与禁忌 ……………………………… 154
6. 遇红灯准确停车的技巧 ……………………………………… 154
7. 防止"闯绿灯"被罚的方法 ………………………………… 155
8. 交叉路口处行驶的禁忌 ……………………………………… 155
9. 交叉路口阻塞时的操作方法与禁忌 ………………………… 156
10. 在城市道路上掉头的技巧与禁忌 …………………………… 156
11. 在城市道路上随车流行进的技巧与禁忌 …………………… 156

12. 识别立体交叉结构的方法 …………………………………………… 157
13. 通过立体交叉的技巧与禁忌 ………………………………………… 158
14. 通过环形交叉路口的技巧与禁忌 …………………………………… 160
15. 通过高架桥的技巧与禁忌 …………………………………………… 161
16. 高架桥通行规则 ……………………………………………………… 162
17. 通过高架桥危险路段的方法 ………………………………………… 162
18. 在高架桥上发生事故或故障时的处理方法 ………………………… 163
19. 使用环城公路的方法 ………………………………………………… 163
20. 利用交通广播电台信息的方法 ……………………………………… 163
21. 与公共汽车随行的禁忌 ……………………………………………… 164
22. 小型汽车跟随前车的禁忌 …………………………………………… 165
23. 与摩托车、蓄电池车随行的禁忌 …………………………………… 165
24. 遇交通阻塞时的处理方法 …………………………………………… 166
25. 进出车道的方法 ……………………………………………………… 166
26. 选择行车道的方法 …………………………………………………… 167
27. 使用左弯待转区和直行待行区的方法 ……………………………… 167
28. 夜间通过城市道路的技巧与禁忌 …………………………………… 167
29. 城市中不同停车场的区分与识别 …………………………………… 168
30. 在城市中停车的技巧与禁忌 ………………………………………… 169
31. 地下停车场的使用方法与禁忌 ……………………………………… 170
32. 在城市中行车时寻找目的地的技巧 ………………………………… 171
33. 防止将车停在泊位内还被处罚的方法 ……………………………… 171
34. 避免违停被处罚的方法 ……………………………………………… 171
35. 在城市中行车时记准道路的技巧 …………………………………… 172
36. 防止道路安全净空起变化而引发事故的方法 ……………………… 172
37. 遇到特殊车辆时的处理方法 ………………………………………… 173
38. 通过收费站时的注意事项与禁忌 …………………………………… 173

二、高速公路驾驶 ………………………………………………………… 174
39. 进入高速公路时的禁忌 ……………………………………………… 174
40. 进出高速公路时的操作方法与禁忌 ………………………………… 174
41. 我国高速公路的命名规则 …………………………………………… 175
42. 通过高速公路匝道口的方法 ………………………………………… 176
43. 高速公路道路标志的识别方法 ……………………………………… 176
44. 在高速公路上按规定车道行驶的方法与禁忌 ……………………… 177
45. 对高速公路缓曲线和路面符号的识别与运用 ……………………… 177

46. 防止追尾事故的操作技巧 …………………………………… 178
47. 在高速公路上遇到低能见度气象条件时的处理方法与禁忌…… 178
48. 在高速公路上发生故障时的处理方法与禁忌 ………………… 179
49. 在高速公路上防止爆胎翻车的技巧与禁忌 …………………… 180
50. 在高速公路上防止同向撞车的技巧 …………………………… 181
51. 在高速公路上行车的禁忌 ……………………………………… 181
52. 应对高速公路拥堵的技巧 ……………………………………… 181
53. 在高速公路上防止超速行驶的技巧 …………………………… 182
54. 高速行车时保护轮胎的方法 …………………………………… 182
55. 通过高速公路收费站时的注意事项 …………………………… 183
56. 使用 ETC 快速通道的方法与禁忌 …………………………… 184

第六部分　安全驾驶技能 …………………………………… 185
一、安全驾驶的能力 …………………………………………… 185
1. 预防行车时观察错误的方法 …………………………………… 185
2. 提高驾驶空间知觉的方法 ……………………………………… 185
3. 提高驾驶时间知觉的方法 ……………………………………… 186
4. 提高驾驶运动知觉的方法 ……………………………………… 186
5. 行车中增强注意力的方法 ……………………………………… 187
6. 提高行车中反射能力的方法 …………………………………… 187
7. 提高驾驶应变能力的方法 ……………………………………… 188
8. 提高"车感"的方法 …………………………………………… 188
9. 提高驾驶耐力的方法 …………………………………………… 189
10. 提高驾驶灵活性的方法 ……………………………………… 189
11. 提高快速操纵驾驶装置能力的方法 ………………………… 190
12. 提高静止能力的方法 ………………………………………… 190
13. 提高驾驶车辆力量的方法 …………………………………… 191
14. 开阔驾车视野的方法 ………………………………………… 191

二、驾驶人心理因素 …………………………………………… 192
15. 防止驾驶中情绪波动的方法 ………………………………… 192
16. 防止行车疲劳的方法 ………………………………………… 193
17. "睡醒周期"对行车的禁忌 ………………………………… 193
18. 速度迟钝感对行车的禁忌 …………………………………… 194
19. 思想麻痹对行车的禁忌 ……………………………………… 194
20. "路怒"情绪对行车的禁忌 ………………………………… 195
21. 对"路怒族"的防范和控制 ………………………………… 195

22. 急躁情绪对行车的禁忌 …………………………………………… 196
23. 防止视角错觉危及行车安全的方法 …………………………… 197
24. 防止眼疲劳的方法 ………………………………………………… 198
25. 防止节假日出事故的方法 ………………………………………… 198
26. 防止高速行驶影响判断准确性的方法 ………………………… 199
27. 防止交通视觉干扰的方法 ………………………………………… 199
28. 选择交通信息的禁忌 ……………………………………………… 200
29. 处理已现危险信息的措施 ………………………………………… 200
30. 培养良好速度感的方法 …………………………………………… 201
31. 正确掌握动作记忆的方法 ………………………………………… 201
32. 提高过目记忆能力的方法 ………………………………………… 202
33. 行车时集中注意力的技巧 ………………………………………… 202
34. 兴奋型驾驶人安全行车的方法 ………………………………… 203
35. 活泼型驾驶人安全行车的方法 ………………………………… 203
36. 安静型驾驶人安全行车的方法 ………………………………… 204
37. 抑制型驾驶人安全行车的方法 ………………………………… 204
38. 平安度过事故高发危险期的方法 ……………………………… 205
39. 颜色对安全行车的禁忌 …………………………………………… 206
40. 车前窗装饰物选用的禁忌 ………………………………………… 206
41. 车内播放音乐的禁忌 ……………………………………………… 207

三、驾驶人生理调节 ……………………………………………………… 208
42. 保护听觉的技巧 …………………………………………………… 208
43. 预防"振动病"的方法 …………………………………………… 208
44. 途中停车休息的方法 ……………………………………………… 209
45. 判别"高速行车综合征"的方法 ……………………………… 209
46. 防止车厢密封伤人的方法与禁忌 ……………………………… 210
47. 防止汽车在烈日下成"焖烧罐"的方法 ……………………… 210
48. 防止在空调车内一氧化碳中毒的方法 ………………………… 211
49. 行车前饮食安排的要求与禁忌 ………………………………… 212
50. 行车前性生活方面的禁忌 ………………………………………… 212
51. 女驾驶人驾驶中的禁忌 …………………………………………… 213
52. 减少车内污染的方法 ……………………………………………… 214
53. 驾驶人行车前服药的禁忌 ………………………………………… 215
54. 驾驶人防止雪盲的方法 …………………………………………… 217
55. 防止汽车空调病的方法 …………………………………………… 217

56. "三高"人员驾驶车辆的注意事项与禁忌 …………………………… 217
57. 行车中防止冻伤的技巧与禁忌 ………………………………………… 218
58. 控制伤口出血的方法 …………………………………………………… 218
59. 儿童安全乘坐的方法与禁忌 …………………………………………… 220
60. 儿童安全座椅的选择方法 ……………………………………………… 220
61. 汽油溅入眼内的处理办法 ……………………………………………… 221

四、操作技巧与禁忌 …………………………………………………………… 221

62. 遵守驾驶操作规程 ……………………………………………………… 221
63. 转回旋弯道的技巧 ……………………………………………………… 222
64. 转弯中进行加速的技巧 ………………………………………………… 222
65. 上、下斜坡进行转弯的技巧 …………………………………………… 223
66. 车前轮发飘时转向的技巧 ……………………………………………… 224
67. 转复合弯道的技巧 ……………………………………………………… 224
68. 通过路面陷隙的技巧 …………………………………………………… 224
69. 横滑转向的操作技巧 …………………………………………………… 224
70. 缩短汽车跳跃距离的技巧 ……………………………………………… 225
71. 进行慢入快出转弯的技巧 ……………………………………………… 225
72. 单手转动转向盘的技巧 ………………………………………………… 226
73. 危险地段倒车的技巧与禁忌 …………………………………………… 226
74. 原地调整转向轮的技巧与禁忌 ………………………………………… 226
75. 观察前车行驶状况的技巧 ……………………………………………… 227
76. 利用汽车喇叭传递交通信息的技巧 …………………………………… 227
77. 雨水中防止车辆滑行的技巧 …………………………………………… 228
78. 利用车辙转弯的技巧 …………………………………………………… 228
79. 反转转向盘的操作技巧 ………………………………………………… 229
80. ABS+EBD 的使用禁忌 ………………………………………………… 229

第七部分　汽车防盗劫及急救技巧与禁忌 ……………………………………… 230

一、汽车防盗劫 ………………………………………………………………… 230

1. 汽车防盗的方法 ………………………………………………………… 230
2. 车辆被盗后的报警方法 ………………………………………………… 231
3. 提防利用电子解码器盗取车内财物 …………………………………… 231
4. 防范利用干扰器偷窃的方法 …………………………………………… 232
5. 预防劫车的方法 ………………………………………………………… 232
6. 驾驶人面对暴力犯罪时的禁忌 ………………………………………… 233
7. 驾驶人防止被拦车抢劫的技巧与禁忌 ………………………………… 234

XV

8. 驾驶人防暴力威胁的技巧 …………………………………………… 234
9. 驾驶人防被绑架的技巧与禁忌 ……………………………………… 235
10. 驾驶人防桃色陷阱的技巧与禁忌 …………………………………… 235
11. 驾驶人防诈骗的技巧与禁忌 ………………………………………… 236
12. 识别利用车辆"碰瓷"的技巧 ……………………………………… 237
13. 识别团伙"碰瓷"的技巧 …………………………………………… 237
14. 防范"碰瓷"的技巧 ………………………………………………… 238
15. 驾驶人防被麻醉的技巧与禁忌 ……………………………………… 238
16. 出租车防抢劫的技巧与禁忌 ………………………………………… 239
17. 出租车驾驶人防劫持的技巧 ………………………………………… 239
18. 轿车防盗的技巧与禁忌 ……………………………………………… 240
19. 长途客车防车匪的技巧与禁忌 ……………………………………… 240
20. 自驾游拼车的安全注意事项 ………………………………………… 241
21. 女驾驶人防暴力侵害的技巧与禁忌 ………………………………… 242
22. 载货汽车防盗的技巧与禁忌 ………………………………………… 242
23. 防货物被盗的技巧与禁忌 …………………………………………… 243

二、汽车遇险急救 …………………………………………………… 243

24. 行车中制动失灵时的处理技巧 ……………………………………… 243
25. 夜间行车时前照灯突然不亮的处理方法 …………………………… 244
26. 车轮被陷后进行自救的技巧与禁忌 ………………………………… 244
27. 车辆侧翻后进行救援的技巧 ………………………………………… 245
28. 车辆斜骑在路肩上时救助的技巧与禁忌 …………………………… 246
29. 车轮驶出路肩悬空时救助的技巧与禁忌 …………………………… 246
30. 车辆陷在浅水沙滩中后进行自救的技巧与禁忌 …………………… 247
31. 车辆掉入沟底后进行自救的技巧 …………………………………… 247
32. 车辆遇险时避让的技巧 ……………………………………………… 247
33. 车辆将发生相撞时紧急处理的技巧与禁忌 ………………………… 248
34. 车辆将发生碰擦时紧急处理的技巧 ………………………………… 250
35. 车后被撞时紧急处理的技巧 ………………………………………… 250
36. 车辆掉进水里后救护的方法 ………………………………………… 251
37. 车辆坠崖时紧急处理的技巧 ………………………………………… 251
38. 车辆发生火灾时救助的技巧与禁忌 ………………………………… 251
39. 车辆发生爆炸时躲避的技巧与禁忌 ………………………………… 252
40. 汽车起火现场进行救护与处理的禁忌 ……………………………… 252
41. 防止静电引起汽油燃烧的技巧与禁忌 ……………………………… 253

42. 油料着火时扑灭的技巧与禁忌 ················ 253

第八部分　汽车使用中的技巧与禁忌 ········· 255
一、汽车的使用与养护 ······················· 255
1. 减缓汽车动力性能下降的方法 ················ 255
2. 判定汽车技术状态是否良好的方法 ············ 255
3. 新车走合期使用的禁忌 ······················ 256
4. 出车前进行检查的方法 ······················ 257
5. 行驶途中进行检查的方法 ···················· 257
6. 收车后进行检查的方法 ······················ 257
7. 新车检查保养时的注意事项 ·················· 258
8. 提高汽车滑行性能的技巧 ···················· 258
9. 降低汽车噪声污染的方法 ···················· 259
10. 清洗轿车的技巧 ··························· 259
11. 行驶中轮胎爆裂的处理技巧 ················· 260
12. 汽车上皮革制品的清洁和保护方法 ··········· 261
13. 雨雾天车身保养的方法 ····················· 261
14. 添加冷却液时的禁忌 ······················· 261
15. 养护刮水器的技巧 ························· 261
16. 自检制动片的方法 ························· 262
17. 禁止给轮胎螺母上油 ······················· 262
18. 门窗橡胶密封条脱落后的处理技巧 ··········· 262
19. 保护车身漆膜的方法 ······················· 263
20. 修补车漆的方法 ··························· 263
21. 车身上沥青焦油的清除方法 ················· 264
22. 防止汽油溅落到车身上的方法 ··············· 264
23. 车身锈蚀时的处理方法 ····················· 264
24. 汽车电镀层的保护方法 ····················· 264
25. 给汽车涂蜡的技巧 ························· 265
26. 用牙膏处理汽车划痕的技巧 ················· 265
27. 加错燃油后的处理方法 ····················· 266

二、电子装置的使用 ························· 266
28. 防止静电积累影响车用电脑的方法 ··········· 266
29. 防止人体静电影响行车 ECU 的方法 ·········· 266
30. 行车 ECU 显示屏的使用方法 ················ 267
31. 使用显码法检查汽车技术状态的方法 ········· 267

32. 行车 ECU 故障诊断的方法 …………………………………………… 268
33. 恢复电子钥匙功能的方法…………………………………………… 268
34. 汽车遥控器的选用方法 ……………………………………………… 269
35. 电子钥匙的使用方法与禁忌………………………………………… 269
36. ECU 调控空调的使用方法与禁忌 …………………………………… 270
37. 安全气囊的使用方法………………………………………………… 271
38. 检修安全气囊时的禁忌……………………………………………… 272
39. 电子助力转向系统（EPS）的使用方法与禁忌 …………………… 272
40. 配置有 ABS 汽车的使用方法 ……………………………………… 273
41. 汽车空调 GAS 灯的使用方法 ……………………………………… 274

三、行车故障诊断与排除技巧 …………………………………………… 275

42. 及时诊断行车故障应遵循的原则…………………………………… 275
43. 从外部现象判断汽车故障的技巧…………………………………… 275
44. 用隔除法诊断故障的技巧…………………………………………… 276
45. 用比较法诊断故障的技巧…………………………………………… 276
46. 用触觉法判断故障的技巧…………………………………………… 276
47. 用听诊法诊断故障的技巧…………………………………………… 276
48. 调出自诊断系统中故障码的方法…………………………………… 277
49. 电喷发动机起动困难的检查方法…………………………………… 277
50. 电子点火装置的使用禁忌…………………………………………… 278
51. 热车不易发动的处理方法…………………………………………… 278
52. 汽车行驶中突然熄火故障的诊断技巧……………………………… 279
53. 发动机只能在起动档转动的处理方法……………………………… 279
54. 照明系统自动监测装置的使用方法………………………………… 280
55. 点烟器不呈红热状态的检查方法…………………………………… 280
56. 空调出风口只出热风不制冷的处理方法…………………………… 280
57. 停驶时间较长的车辆曲轴转不动的处理技巧……………………… 280
58. 温度警告灯亮时的处理方法………………………………………… 281
59. 驻车制动器不起作用的处理方法…………………………………… 281
60. 防抱死制动系统（ABS）警告灯闪亮的处理方法 ………………… 282
61. 汽车前轮发摆的检查技巧…………………………………………… 282
62. 汽车低速摆头的处理方法…………………………………………… 283
63. 汽车高速摆头的处理方法…………………………………………… 283
64. 行驶中车辆自动偏向一边的检查技巧……………………………… 283
65. 汽车玻璃的辨别与破碎时的处理方法……………………………… 284

66. 行驶装置产生噪声的检查方法 …………………………………… 284
67. 检查轮胎是否需要更换的技巧 …………………………………… 285
68. 根据轮胎磨损情况判断前束不准的方法 ………………………… 285
69. 轮胎上红点和黄点的检测方法 …………………………………… 285
70. 整修轮胎胎面磨损不均的方法 …………………………………… 286
71. 汽车乘坐不舒适时的整修方法 …………………………………… 286
72. 汽车出现前轮侧滑现象时的整修方法 …………………………… 286
73. 行车途中遇到故障时进行急救的原则 …………………………… 287
74. 蓄电池无电时进行应急起动的技巧 ……………………………… 287
75. 汽油滤清器堵塞时的应急技巧 …………………………………… 288
76. 节温器失效导致发动机"开锅"时的应急方法 ………………… 289
77. 没有千斤顶时换轮胎的技巧 ……………………………………… 289

参考文献 ……………………………………………………………………… 290

第一部分

基础驾驶的要求与禁忌

基础驾驶是汽车驾驶的基本阶段，驾驶人在此阶段若能掌握良好的驾驶技能，对今后全面提升驾驶技能和安全行车，将起到事半功倍的作用。

一、驾驶操纵装置和仪表的运用

1. 驾驶人就车的注意事项与禁忌

驾驶人就车是指驾驶人准备上车的过程。这个过程与其说是技术问题，不如说是关系行车安全的习惯问题。据统计，有15%的车辆事故与驾驶人没有良好的就车习惯有关。

良好的就车习惯，就是上车时应做到一笑、二转、三看、四查。

一笑是指驾驶人要把所驾车辆视为自己的朋友、亲人，见车如见面，微笑一下，以示招呼和亲切。通过微笑可驱逐烦恼、低沉等消极情绪，提升欢愉、轻松的积极情绪，使心态调整到有利于安全行车的状态。

二转是指要围绕所驾车辆转一圈，不论顺时针转，还是逆时针转，都不应少于一圈。

三看是指在围绕汽车转的过程中实施观察，一看车四周有无影响车辆起步、行进（倒车）的情况，二看车轮制动片状态如何，三看车身外形有无损伤以及车窗是否通透。

四查是指检查行车的必备要件，一查是否带车钥匙，二查是否带驾驶证、行驶证，三查车厢内有无陌生人或异常情况，四查乘车人员是否到齐或全部上车，以及所带货物是否装车。

驾驶人从一开始就养成就车的良好习惯，就会避免就车时的禁忌。驾驶人就车时，禁止怀着忧郁、悲伤、低沉的心情上车；禁止不观察车辆前后方死角，上车就起动行驶或倒车；禁止车窗玻璃尤其前风窗玻璃很脏时上车行驶；禁止不携带重要行车证件上车；禁止不清点乘员和货物。

2. 驾驶人正确的坐姿与禁忌

保持正确的驾驶姿势是对驾驶人最基本的要求。

正确的驾驶姿势是：身体对正转向盘坐稳，两手分别握住转向盘边缘的左右两侧；两眼向前平视，看远顾近，注意两边；头部端正，微收下颌，颈部肌肉自然放松；上身轻靠后背垫，胸部略挺，两膝分开，右脚以脚跟为支点，脚掌轻放在加速踏板上，左脚自然地放在离合器踏板下方。对于没有离合器踏板的车辆，左脚应自然地放置在驾驶室地板上。正确驾驶姿势如图1-1所示。

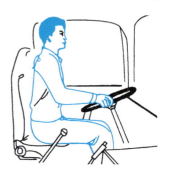

图1-1　正确驾驶姿势

正确的驾驶姿势应是能方便安全地操作汽车，有利于观察交通条件和仪表，并有利于身体健康和舒适。为此，驾驶人可根据需要调整座椅，使其适合自身坐姿。坐姿应以可以用力转动转向盘，并能用脚充分踏下离合器踏板、制动踏板和加速踏板为合适。禁止出现以下情况：

（1）遇到情况随意改变坐姿，如驾驶室超额载人时，驾驶人因座位空间被挤占而偏离座位；驾驶时吸烟、吃零食、接听电话；弯腰俯拾座位下的物品等。

（2）上身过于紧张，腰板挺得太直，两臂僵硬，颈部肌肉紧张。这种姿势会使驾驶人很快就感到疲劳，从而在整个驾车过程中都很累。

（3）全身过于放松，上身给人一种弓背哈腰的感觉；整个上身大角度地依靠在靠背上，双臂懒散地搁置在转向盘上，这种姿势会影响操作动作的敏捷性。

（4）身体某部位位置不正确，如头部歪斜会养成歪头的习惯；头部后仰或前俯会影响视线和颈椎的健康；臀部过于下陷或胯关节过于前挺会影响脊椎保持正常状态等。

3. 调整驾驶人座椅的方法与技巧

汽车驾驶人座椅均可调整。调整方式分为机械式和电子式两种。机械式调整一般有三个方位：一是高低升降，转动旋钮可使座椅上升或下降；二是前后移动，座椅采用双轨锁紧机构，需前后移动时，先松开锁紧手柄，使座椅前后移动至适当位置，然后拉紧手柄，将座椅锁紧；三是靠背倾角的调整，调整时提起调角器手柄，身体向后靠，直到要求的角度时放开手柄。若需将靠背恢复原位，只要再拉起调角器手柄，靠背就会自动弹回，与坐垫保持初始角度。

有的汽车座椅上有头枕，可根据需要将其拉上或推下。

驾驶人在行车过程中，禁忌边驾驶边调整自己的座椅，因为座椅突然移动会导致车辆失控。同时，在行车前应检查座椅锁紧机构是否全部锁紧，以保证座椅安全可靠。

高档汽车大多配置的是电动座椅。一般电动座椅的驱动机构如图1-2所示。电动座椅通过电力驱动调整空间位置，以提高乘坐舒适性。电动座椅有两向、四向和六向调整等多种类型。两向调整，座椅仅能前后移动；四向调整，座椅除前后移动外，还可以调整高低；六向调整，座椅除以上调整内容外，还可以调整靠背的倾斜角度。另外，有的电动座椅还可调整坐垫的倾斜角度。电动座椅驱动机构由电动机、开关以及传动装置等组成。电动机多为永磁式，通过开关改变电枢电流的方向，使电动机改变旋转方向，实现座椅的双向调整。

通常电动座椅均带有电子控制系统。电子控制系统有一个存储器，只要按动所需调整项目的开关，座椅就可进行多向调整。在座椅调定后，按下存储器按钮，电子控制装置就将传感器的电压信号存储起来，作为以后调整座椅的基准。

座位调整得是否适当，可用以下方法判定：驾驶人在座位上，如果膝屈曲135°，从垂直方向看若大于45°，则座位位置过于靠前；握住转向盘，如果姿势像抱着转向盘，说明过于靠前，如果为

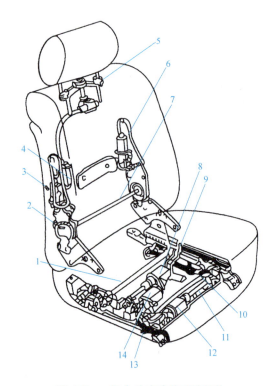

图1-2 一般电动座椅的驱动机构

1—连杆（后方上下用） 2—倾斜调整机构 3—电动机（倾斜用） 4—电动机（头枕用）
5—头枕调整机构 6—电动机（腰支撑用） 7—连杆（倾斜用） 8—电动机（后方上下用）
9—电动机支架 10—连杆前方上下 11—电动机支架 12—电动机（座椅滑动用）
13—前方上下调整机构 14—电动机（前方上下用）

后仰的姿势，则说明座位靠背过于靠后；如果转向盘上缘水平线位于驾驶人胸部以下，则座位过高，如果转向盘上缘水平线位于驾驶人颈部以上，车前视线盲区在10m以上，则座位过低。

4. 调整驾驶人座椅的禁忌

驾驶人座椅是汽车的重要部件，它是根据人体运动学原理设计的。驾驶人调整座椅时要禁止随意拆改座椅部件；座椅的调整应在行车前进行，禁止在行驶过程中进行调整；调整座椅时，驾驶人最好不要坐在座椅上，否则座椅调整时负荷较大，会缩短机械或电动机的使用寿命。不论什么车，调整座椅高度时，头顶部与车顶要保持 10cm 的间距（可用拳头测试），防止汽车颠簸时头部撞到车顶。禁止拆除座椅上的头枕，因头枕并非是给驾驶人开车时倚靠的，而是为防止撞车时驾驶人头部剧烈后扭受损伤而设置的；禁止给座椅加装饰套，因装饰套会缩小座椅与车门和 A 柱的间隙，会严重影响侧安全气囊和安全帘的弹爆空间。

5. 系安全带的方法与禁忌

汽车上的安全带一般都是三点式的。三点式安全带如图 1-3 所示。驾驶人准备开车前，应及时系好安全带。系安全带时，要视不同的安全带形式和要求进行操作。例如，常用的连接型安全带，只要将安全带拉出，使肩带从肩部，腰带从髋部绕过身体，将插板插进锁扣内即可。使用这种安全带时禁止将腰部安全带置于腹部，因一旦安全带发生作用，腹部柔软部位很易被安全带勒伤，应将安全

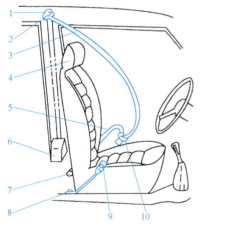

图 1-3 三点式安全带

1—外侧上部固定点　2—导向板　3—肩带　4—头枕　5—腰带　6—收卷器
7—外侧底板固定点　8—内侧底板固定点　9—锁扣　10—插板

带置于髋、肋等有骨骼支撑的地方。同时，禁止将安全带扭曲地系在身上，应将其理平。

任何安全带都不要过于紧贴身体，以防阻碍驾驶人操作。其实，汽车发生碰撞时，最危险的是与驾驶人并排坐在副驾驶座位上的人。因汽车发生碰撞时，在惯性作用下，驾驶人有转向盘等装置支撑身体，而副驾驶座位上的乘员却没有，更容易因惯性撞向风窗玻璃而受伤。所以，驾驶人要督促副驾驶座位上的乘员遵守交通法规，系好安全带。

现代汽车大多设有未系安全带提示音，驾驶人听到未系安全带提示音或看到未系安全带提示信号时，应及时检查自己或副驾驶座位上的乘员是否系好安全带。驾驶人发现自己未系安全带时，禁止边开车边系安全带，更禁止为防止发出未系安全带的提示音，而将安全带锁扣用异物插死的行为。

6. 检查安全带的方法与禁忌

汽车一旦发生碰撞或翻车，驾驶人会被甩离座位，在车内产生二次或三次以上的碰撞。两次以上的碰撞严重危及驾驶人的生命安全。如果驾驶人系有安全带，遇到碰撞时，安全带的束缚会使驾驶人在车内自由运动范围受到约束，防止二次碰撞。同时，由于安全带的缓冲作用吸收了大量动能，驾驶人与物体的碰撞速度会大大减小，从而减轻驾驶人受伤的程度。所以，为了驾驶人的人身安全，交通法规强制性地规定了驾驶人必须使用安全带。

汽车碰撞时，乘员具有向前的惯性，若采用刚性较大的不能伸缩的安全带，固然可以防止乘员向前移动，但把乘员牢牢地固定在座椅上，有可能因安全带不能伸缩而勒进乘员身体，引起骨折或内脏破裂。所以，安全带必须要有伸缩性能，但伸缩性又不可太大，若伸缩性太好，会把乘员以撞车时的原有速度拉回到座椅上而使其受伤害，这也失去了系带安全带的意义。正是由于以上原因，要求安全带有适当的伸缩性。驾驶人在使用安全带时，必须检查安全带的伸缩性。检查方法是用手快速拉动安全带，如果安全带在达到一定伸长比后产生缓冲阻力，然后完全拉不动，说明安全带符合要求。

在检查安全带时，若发现锁扣失效，带体破损，应及时修复或更换，禁止凑合着使用。对陌生车辆的安全带禁止未做检查就盲目使用；发现安全带没有伸缩性时，应及时更换。

系安全带时不得使其勒在坚硬或易碎的物件上，如钢笔、眼镜、钥匙和手机等。系安全带时，应始终把脚放在前面地板上，身体坐直，座椅靠背不应过分向后倾斜，整个后背应靠在座椅靠背上，否则，一旦出现紧急情况，安全带反而会伤害颈部和腹部。

7. 调整安全带固定点高度的方法

在驾驶人和副驾驶座椅旁边，一般都配有安全带固定点调节器，用于调节安全带高度，以便不同身材高度的驾乘人员能使安全带的肩带部分通过肩部中间（安全带既要远离面部和颈部，又不滑到肩部以下）。调整方法是：

（1）拉住安全带。

（2）按下释放按钮并将调节器移到所需位置，以推动滑块来移动调节器。

（3）将调节器调整到所需位置后，在松开释放按钮的情况下试着下移调节器，以确定是否已锁定到位。

禁止在车辆行驶中调节安全带固定点。调整好安全带并系好后，在关闭车门前要检查安全带是否妨碍关车门，否则会影响安全带和车辆的使用。

8. 汽车钥匙使用禁忌

汽车钥匙是打开或闭锁车门，起动、熄停发动机的关键部件。汽车钥匙大致上分为金属板机械式钥匙、芯片钥匙、遥控钥匙和智能钥匙四种类型。不同型号、不同牌号的汽车，根据不同的配置会有不同类型的钥匙，各类汽车钥匙的功能和使用方法也不尽相同。如何正确使用本车钥匙，应参照本车使用说明书。

汽车钥匙是随车配给的，一般有两套以上。汽车钥匙上一般嵌有印着钥匙编号的金属片，在使用钥匙前，应将有编号的金属片取下，妥善保存。利用金属片号码，可到本车4S店配制新钥匙。

芯片钥匙、遥控钥匙、智能钥匙都属于电子产品，禁止将这些钥匙与具有干扰作用和破坏电子产品的物品过于靠近。例如，不要将这些钥匙和手机、磁铁、核磁等放在一起，并适时更换电池。

9. 点火开关使用技巧与禁忌

汽车的点火开关大多是复合式的，具有多功能性。一般的点火开关有四个功能：一是锁住转向盘；二是关闭点火装置；三是起动发动机；四是正常运行。

使用点火开关钥匙时，应将钥匙按规定插到相应位置，然后转到四个功能位置中的任一位置。取出钥匙时，应先按住钥匙并松开开关拉杆，再将点火钥匙转到锁紧（LOCK）位置，即可取出钥匙。

一般汽车均带有钥匙提醒器，如果钥匙留在点火开关内，驾驶人打开车门时，报警装置将会闪烁或蜂鸣，以提醒驾驶人。

使用点火开关时应注意以下事项：

（1）在汽车行驶期间，不得拔掉点火开关钥匙或将钥匙转到锁止（LOCK）位置，因为这样会锁住转向盘而失去方向控制。因此，在行驶过程中需要断开点火开关时，只需将钥匙转到断开（OFF）位置即可。

（2）驾驶人不得随意放置点火开关钥匙，应妥善保管，以防失窃。

（3）车辆因故熄火时，不得使点火开关处于原始状态，应将点火开关钥匙转向关闭的位置，以防车辆长时间处在放电状态而引发事故。

（4）使用点火开关钥匙将转向盘锁住时，不可强行转动转向盘，以免扭坏转向盘和转向机。

（5）未用点火开关钥匙打开相关锁止装置前，不可起动发动机，以免引起车辆起步后无法转向和行进，造成事故。

10. 操纵转向盘的技巧与禁忌

转向盘用来控制汽车的行驶方向，通过转动转向盘，控制转向车轮的摆转角度，使汽车沿着需要的方向行驶。汽车转向盘大多设有调节装置，调节开关通常在转向盘柱的中下方，呈拉杆状，拉开拉杆，可调节转向盘的高低和倾斜度，调节好后推上拉杆便可锁止。操纵转向盘时，两手稳握转向盘缘左、右两侧，四指由外向内握，拇指在内自然伸直靠住盘缘。握转向盘时，一般是左手握在时钟9：00~10：00位置，右手握在时钟3：00~4：00位置，这样便于空出右手操纵其他机件，如图1-4所示。握转向盘时，肘关节和腕关节均应自然放松。在平直道路上行驶时，既要用手握住转向盘，又要借用转向盘支撑手臂。在平直道路上使用转向盘时，两手动作要平衡，靠腕关节拨动转向盘，稍做修正，避免不必要的晃动。汽车转向，尤其是大转向时，必须根据应转角度转动转向盘，一般可一手拉动，一手辅助推送，用力要均匀柔和。转动转向盘的速度与行驶速度要适应，连续快速转向时可以两手交替操作。以右转弯为例，操作的方法是：左手向右推送，右手顺势拉动，左手推至时钟3：00～4：00位置时，即空出右手握住时钟11：00～12：00位置接力拉动，同时左手迅速从右手下退出，回握盘缘8：00～9：00位置，继续向右推送到3：00～4：00位置，视需要反复进行。两手交替快速转向时，动作要持续协调，避免双手同时脱离转向盘，转动转向盘不可用力过猛。操纵转向盘时，要注意以下事项：

（1）在汽车停止后，不得原地转动转向盘，以免损坏机件（说明书上注明可原地转动车轮的汽车除外）。

（2）在砾石路或高低不平的路上行驶时，要紧握转向盘，以免转向盘在汽车颠动的作用下而猛烈转动，击伤驾驶人手指或手腕。

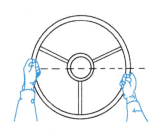

图1-4 两手握转向盘的正确方法和位置

（3）除有时一手必须操作或调整其他机件外，严禁单手或两手集中于一点操纵转向盘。

（4）汽车转向盘管柱上一般设有刮水器开关、转向灯组合开关，在驾驶车辆时，不可将手穿过转向盘去操作转向柱上的开关，以免汽车转向时弄伤手臂。另外，当用钥匙开转向盘时，手必须离开转向盘，否则，当停放的汽车前轮有转角时，转向盘将要回弹，可能会伤害手或手臂。

（5）连续大转向时，不可双手串送转向盘，应满把转动转向盘，以免来不及转向。

（6）转动转向盘时，应保证转动转向盘的幅度与转向轮转向角度相一致，否则会导致盲目转向，造成蛇形行驶。

（7）在汽车行驶过程中，禁止调节转向盘。

11. 行驶中转向盘的操纵技巧

当汽车在较好的道路上行驶时，驾驶人可轻握转向盘，以便能够轻松灵活地操纵转向盘。在高速运动如超车时，要紧握转向盘，做好左右手随时交换的准备，并注意可能出现的剧烈反冲现象。在高速公路上驾驶时，可把两手放在转向盘下轮辐上，以保持轻松的姿势。

若转向盘轮辐是八字形的，可采用比 9∶15 型稍微向下方的握法；若轮辐为 T 字形或横一字形，可用大拇指扣住上面的轮辐。

行驶中需转弯时，按下述方法操纵转向盘会更轻松一些：如果是较缓右转弯，则两手相对转向盘的位置保持不变，向右转动转向盘，当转弯变小时，把右手移动到转向盘的上端部位，握住转向盘转动，左手则相对转向盘保持不动。如果是较急的右转弯，首先移动右手，握住转向盘的上端部位，然后以右手转动转向盘，让左手在原来的位置上移动。如果要把转向盘再多转动一点，则用左手把转向盘往上推，右手移动握住上端部位，用右手拉动转向盘，然后左手移动并握住转向盘下方。左转弯时双手动作与之相反，这样由于两手不需交叉，可保持轻松的驾驶姿势。几种常见的错误操纵转向盘的方法如图 1-5 所示。

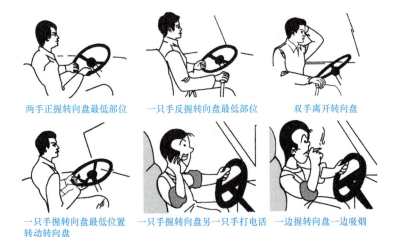

图 1-5　几种常见的错误操纵转向盘的方法

12. 操纵加速踏板的技巧与禁忌

加速踏板俗称"油门",在汽油车上用来控制化油器或电喷系统节气门的开度,在柴油车上用来控制喷油泵柱塞的有效行程,并在一定范围内调节车速。操纵加速踏板时,将右脚掌前部踏在加速踏板上,以右脚跟为支点,用踝关节伸屈的力量踏下或抬起。踏下的动作要柔和,踏下的程度应按汽车的行驶状况来定,要做到轻踏、缓抬。对于手动档汽车,操纵加速踏板时要和操纵离合器踏板的动作配合一致。当踏下离合器踏板时,要及时抬起加速踏板,防止发动机无故高速空转。在汽车行驶过程中,右脚除必须操纵制动踏板外,其他时间都要轻放在加速踏板上。操纵加速踏板时,应注意以下事项:

(1) 禁止将加速踏板当制动踏板使用,以免出现本想停车反而加速的现象,从而引发事故。

(2) 熟练掌握加速踏板的自由行程,否则踩踏时会没有过渡感,使车辆加速过猛或不能及时加速。

(3) 踏加速踏板时不可无故忽抬或连续抖动,否则会造成车辆行驶抖动和不稳定。

(4) 不可只将部分脚掌放在加速踏板上,也不可将脚掌斜放在加速踏板上,以免造成操作不当或加速不及时。

(5) 禁止将右脚悬空式地踏在加速踏板上,否则很快会引起右腿的疲劳,并且难以掌握踩踏的幅度。

13. 操纵制动踏板的技巧与禁忌

制动踏板俗称"脚制动"。制动踏板是车轮制动的操纵装置,用来降低车速和停车。制动踏板用右脚操纵(自动档汽车也可用左脚操纵)。操纵时,两手握稳转向盘,先放松加速踏板,然后用右脚掌踏在制动踏板上,以膝和踝关节的屈伸动作踏下或放松。应根据不同的制动装置和要求的制动效果,选择踏下制动踏板的行程和速度,可分别采用立即完全踏下、先轻踏再逐渐重压或随踏随放等方式,以达到平稳减速或停车的目的。紧急制动时,应用力将制动踏板迅速踏下,使汽车在最短距离内停住。对于液压制动的制动踏板,按技术规范要求,应踏一次有效,但在实际使用中,为了增强制动力,可以先踏一次,迅速放松,接着再迅速踏下,直到感到阻力时，再根据情况决定用力的大小。不使用制动踏板时，右脚应离开，踏在加速踏板上。操纵制动踏板时，禁止以下事项：

（1）踏制动踏板时，忘记双手稳定转向盘，制动时未能按照先方向后制动的原则，致使车辆制动时跑偏，发生事故或险情。

（2）踏制动踏板时，不顾本车制动踏板的样式和制动形式，动作过猛或过轻，使制动过急或过缓。

（3）未能掌握本车制动踏板的自由行程，踩踏时没有过渡感，使制动过硬或过软。

（4）不顾制动力的需要，一次将制动踏板踏到底，造成紧急制动。

（5）在将脚从加速踏板移至制动踏板的过程中，抬腿太高，动作过大，既费体力又延误制动的时间。

（6）踏制动踏板的动作不准确，不是用脚掌中上部踏，而是用脚尖或脚跟踏，造成制动不力。

（7）穿拖鞋或高跟鞋等不适宜驾车的鞋子操纵制动踏板。

14．操纵离合器踏板的技巧与禁忌

自动档汽车没有离合器踏板，但所有驾驶人必须学会操纵离合器踏板。

离合器踏板是离合器的操纵机构，用以控制发动机与传动系统接合或脱离，从而实现动力的传递或切断。离合器踏板安装在驾驶室仪表板左下方，位于驾驶人左脚位置。操纵离合器踏板时，应两手握稳转向盘，双眼注视前方，用左脚掌踏在离合器踏板上，以膝和踝关节的伸屈动作踏下或放松。踏下离合器踏板时，应迅速并一次踏到底，在离合器尚未接合前的自由行程阶段应稍快，当离合器开始接合时应稍慢，已完全接合后应迅速将脚从离合器踏板上移开，放在离合器踏板的左下方。离合器踏板的操纵如图1-6所示。

操纵离合器踏板时，禁止以下事项：

（1）左脚上抬时与离合器踏板发生碰撞，这是由于左脚摆放位置不对，会影响操纵的及时性。

（2）不将离合器踏板一次踏到底，使离合器踏板与驾驶室地板之间还有一段距离，造成离合器分离不彻底。

（3）放松离合器踏板时瞬时升到最高位置，在自由行程距离

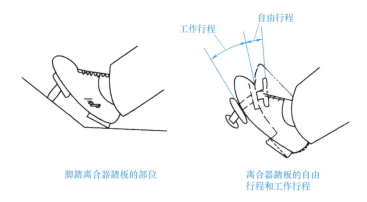

脚踏离合器踏板的部位　　离合器踏板的自由
行程和工作行程

图1-6　离合器踏板的操纵

间没有缓抬的动作，使离合器突然接合，造成汽车窜行。

（4）左脚长时间放在离合器踏板上，使离合器长时间处在半联动状态，易造成离合器损伤。

（5）对于陌生车辆，未感受离合器踏板自由行程弹力便起步行车。

15. 制动时松抬离合器踏板的技巧

在汽车行驶过程中，需采取制动的情况较复杂，驾驶人必须根据实际情况操纵离合器踏板。如果从制动时的稳定性来考虑，应先不踏下离合器踏板。因为在制动时，若车轮被抱死，则汽车易产生滑移。为防止车轮被抱死，不踏下离合器踏板，可使驱动轮仍和驱动装置连接旋转，降低车轮被抱死的可能性。如果从保护机件的角度考虑，在制动时就应先踏下离合器踏板，使驱动车轮与驱动装置脱离，以避免发动机曲轴连杆机件及传动机件在强烈制动时产生反作用力矩和冲击。如果从利用发动机牵阻作用进行制动的角度来考虑，那么又以不松离合器踏板为好。综上所述，制动时是否要先松开离合器踏板应根据具体情况而定。一般情况下，制动时可先不踏下离合器踏板，而等汽车快要停车时，再将其踏下。禁止不顾行车情况，一松加速踏板就踩下离合器踏板的现象。

16. 操纵变速杆的禁忌

操纵变速杆时，应两眼注意汽车行驶的前方，一只手稳住转向盘，另一只手以手掌贴住变速杆头，五指握向手心，如图 1-7a 所示。换档时，在左脚踏下离合器踏板的同时，右脚松开加速踏板，以适当腕力和臂力推动或拉动变速杆，使之换入预选的档位。操纵动作应轻快、准确、柔和。挂倒档时，一般需要压缩倒档弹簧或提起倒档提钮，并在汽车停止状态下进行。有些汽车上，在 2 档、3 档、4 档、5 档上装有同步器，从而使换档轻便。为了延长同步器的使用寿命，最好仍采用踏两次离合器踏板的方法换档。同时应注意，对于 1 档和倒档，挂档时一定要挂到位，否则会因齿轮啮合长度不够，使齿轮非正常损坏。

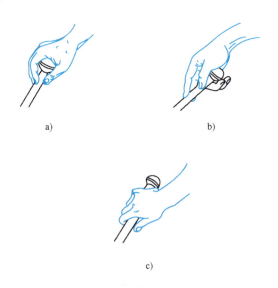

图 1-7　手握变速杆的方法

a）正确的方法　b）、c）错误的方法

操纵变速杆时，禁止以下事项：

（1）右手操纵变速杆时，身体随着右手动作而右倾，影响正确操作姿势，并且由于左右手同时动作，右手动作时带动左手不由自主地跟随动作，从而使转向盘转动，引起汽车跑偏。

（2）右手操纵变速杆时，眼睛注视变速杆，影响观察车前情况。

(3)操纵变速杆时,单纯靠手臂力量推拉,不用手腕的转动,使操纵变速杆动作生硬不柔和。

(4)汽车还未停稳时,就立即挂倒档,造成变速器齿轮碰撞,极易使其损坏。

(5)不了解变速杆的特性,强行操作,极易挂错档,损伤汽车部件。

17. 操纵自动变速器的技巧与禁忌

自动变速器按操作方式分为半自动变速器和全自动变速器两种。半自动变速器仅在汽车走动和部分档位自动换档;全自动变速器在全部档位范围内均能实现自动变速。自动变速器有前进档、倒档和空档3种档位,前进档中又有低速档、中速档和高速档,换档时,不需用手操纵,而是根据车速自动换入。自动档汽车没有离合器踏板,只需将变速杆挂入档位即可。某型自动档汽车自动变速器排档位置如图1-8所示。

P——驻车档。汽车停止后,将变速杆置于此位置上,此时,发动机可以运转。

图1-8 某型自动档汽车自动变速器排档位置

R——倒档。换入倒档或由倒档换入其他位置时,必须在汽车停止时进行。

N——空档。由空档可换入其他任何一个档位。变速杆置于此位置时,发动机可以运转。

D——前进档。正常行驶状态下的档位。

Z(有的汽车在D旁注"+")——第二档。在这一档位上,可以利用发动机起轻微的制动作用,适合山路行驶。

L(有的汽车在D旁注"-")——低速档。在这一档位上,可以充分利用发动机牵阻作用,多用于劣质道路行驶,不能升降档。

自动档汽车变速杆顶部有操纵手柄,手柄的前部有闭锁按钮,手握住操纵手柄时,前手指自然握住闭锁按钮。图1-8中,之间为"→"的档位,可以直接从某一档位换入另一档位,不需要有什么特殊操作;之间为"--→"的档位,需按下闭锁按钮后,方可由某一档位换入下一档位。

汽车前进时，只要把变速杆置于 D 位，传动机构即可自动地根据发动机转速换档，如果需要加速行驶，只要踏下加速踏板就行了。如果前进档有两个以上，在车速达到一定程度时，应手动操纵变速杆从低速档换到高速档。需要降低车速时，可利用发动机牵阻作用，将变速杆换入 L 位。

车辆起步时的操作方法是：踏下制动踏板，选择所需要的档位，然后缓慢松开制动踏板，缓缓踏下加速踏板，车辆就会慢慢起步。

行车途中禁止将变速杆置于 P 位。起动发动机之前，就应将变速杆置于 P 位或 N 位。禁止在发动机起动时，将变速杆置于 R 位或 D 位。

18. 操纵电动汽车变速杆的技巧

电动汽车是指以车载电源为动力，用电动机驱动车轮行驶，符合道路交通安全法规各项要求的车辆。电力驱动及控制系统是电动汽车的核心，也是区别于内燃机汽车的最大不同点。因而，电动机调速控制装置是为电动汽车变速和方向变换而设置的，它与传统变速器有很大不同。故电动汽车一般只有 R、N、D 三个档位，有的电动汽车没有变速杆，而是 R、N、D 三个按钮。当要让电动汽车前行时，应像自动档汽车一样，先踩下制动踏板，将变速杆置于 D 位，抬起制动踏板，逐渐踏下加速踏板（也称为"电门"），车辆便前行。要减速时，抬起加速踏板或踩下制动踏板，停车后，应踩下制动踏板，将变速杆置于 N 位。需要倒车时踩下制动踏板，将变速杆置于 R 位，松抬制动踏板，踩下加速踏板，车辆便可倒行。电动汽车的变速操作更为简单，其制动踏板和加速踏板的配合与自动档汽车操作类似。

19. 操纵驻车制动器的禁忌

驻车制动器的操纵方法，因装置形式不同而异。驻车制动操纵装置大体有四种形式：一是传统的拉杆式，二是抽拉式，三是踏板式，四是电子按钮式。现在多数车辆采用的是拉杆式，即驻车制动器操纵杆。驻车制动器操纵杆大多装在仪表板下方，与变速杆靠近。其操纵方法是：将四指并拢，虎口向上，大拇指虚按在杆顶的按钮上（见图 1-9），将杆柄向后拉紧，即起制动作用；放松时，先将杆稍向后拉，然后用大拇指按下杆顶的按钮，再将杆向前推到底，即解除制动。对于钢索式绞盘驻车制动器操纵杆，使用时要用手反复拉动数次，直到感到拉紧时，即起制动作用。其放松方法与普通驻车制动器操纵杆相同。

操纵驻车制动器操纵杆时，禁止以下事项：

（1）不了解驻车制动器操纵杆的类型，强拉强扭，不但不能使车辆制动，而且可能造成驻车制动器的损坏。

（2）驻车制动器操纵杆未拉到底（或未拉紧），使驻车制动器处在半制动状态，危及停车安全或影响制动效果。

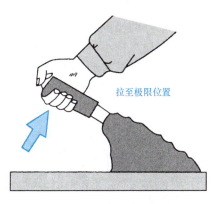

图 1-9　拉紧驻车制动器操纵杆

（3）驻车制动器操纵杆未松到底，在驻车制动器还处于制动状态时就使车辆行驶，极易造成车辆起步困难，即使起步行驶了，也会增加耗油，烧坏驻车制动器。

（4）在车辆未完全停止时，就使用驻车制动器操纵杆，从而使车辆紧急制动，损伤车辆各相关部件。禁止在行驶中使用驻车制动器。

（5）不熟悉驻车制动器操纵杆位置，错将变速杆或加力杆作为驻车制动器操纵杆使用，延误紧急制动的时机。

电子驻车系统一般以按钮的形式安装在变速杆附近，拉起按钮为制动，按下按钮为解除制动。当点火开关位于"ON"位置时，按钮上红色指示灯亮起，表示电子驻车系统启用。如果红色指示灯闪烁，表示电子驻车系统未夹紧或正在实施动态制动。如果绿色指示灯亮，表示电子驻车系统正在实施控制。

20. 汽车仪表的识别方法

不同汽车的驾驶操纵装置和仪表的种类、布局是不尽相同的。要正确识别车上的操纵装置和仪表，就需要阅读该车型的使用说明书，或向熟悉该车型的人员请教。当没有说明书或暂时找不到熟悉该车型的人员时，可在车上逐一辨认。辨认时应注意，凡涂有红色标志、标线之处，不要轻易乱动乱摸，以免发生意外。在认清一般装置后，再逐步弄清疑难装置的用途。在将装置辨认清楚后，发动车辆，再识别各种仪表并掌握操纵装置的使用方法。各种车型的操纵装置和仪表虽然有所不同，但是基本装置的用途和布局大同小异，只要熟悉了某几种车型的操纵装置和仪表，其他车型就比较容易识别了。一般小型汽车仪表和驾驶室面板布置如图1-10所示。

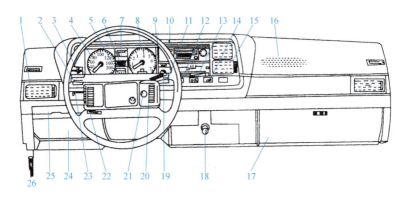

图1-10 一般小型汽车仪表和驾驶室面板布置

1、15—出风口 2—灯光开关 3—阻风门与制动信号灯 4—车速里程表 5—电子钟 6—警告灯 7—冷却液温度表 8—带有燃油表的发动机转速表 9—暖风及通风控制杆 10—收音机 11—空格 12—雾灯开关 13—后风窗玻璃加热开关 14—紧急灯开关 16—扬声器 17—杂物箱 18—点烟器 19—风窗玻璃刮水器及风窗玻璃洗涤器拨杆 20—喇叭按钮 21—转向器锁与点火开关 22—阻风门拉手 23—转向信号及变光灯拨杆开关 24—熔断器保护壳 25—小杂物盒 26—发动机盖锁钩脱开手柄

很多汽车上仪表标注有英文字母，识别这些字母是正确识别仪表和开关的基础。

（1）燃油表。进口汽车燃油表上大都有"FUEL"字样。指针指向"F"时表示满，指向"E"时表示空。

（2）机油压力表。进口汽车的机油压力表一般有"OIL"

字样。

（3）冷却液温度表。进口汽车的冷却液温度表有"TEMP"字样，通常用摄氏温度表示，少数用华氏温度表示，其换算关系式为

$$t=(\theta-32)\times 5/9$$

式中　t——摄氏温度（℃）；

　　　θ——华氏温度（℉）。

有的表盘上还有字母"H"和"C"。指针指向"H"时表示温度过热，指向"C"时表示温度过低，指向两个字母之间位置时表示温度正常。

（4）电流表。电流表上一般有"AMP"字样，指针指向"-"时表示放电，指向"+"时表示充电。

（5）气压表。气压表一般有"AIR"字样，单位是 kPa（或 kgf/cm^2，$1kgf/cm^2\approx 98kPa$）。

（6）车速里程表。车速里程表上一般有"SPEED"字样，单位为 km/h。

（7）转向器锁。进口汽车上标有"LOCK"字样的装置为转向器锁。要打开该锁，必须把点火开关钥匙插入，将标有"PUSH"字样的转向器锁按钮按下。

（8）点火开关。点火开关上一般标有"ON"字母。

（9）起动位置标有"START"字母。有的柴油汽车，在"START"前还标有"HEAT"字样，表示预热装置。

（10）附属设备电路接通位置标有"ACC"字样。

（11）开关一般用"SW"字母表示，"ON"表示接通，"OFF"表示断开。

21. 汽车警告灯与信号灯的判读方法

汽车仪表板及面板上装有各种用途的警告灯和信号灯，其不同的工作状况，分别表示不同信息，提醒驾驶人注意。具体信号的意义应参阅所用车的使用说明书。常见的警告灯、信号灯的表示字母见表 1-1。常用标识符号如图 1-11 所示。

车上灯光都有指示灯示意，各类重要设置也都有警告灯示意，驾驶人应熟知各类指示灯和警告灯的含义。

表1-1 常见的警告灯、信号灯的表示字母

名　　称	表 示 字 母
驻车制动信号灯	PEAK
制动信号灯	STOP
充电指示灯	CHG
油压警告灯	OIL
关门警告灯	DOOR
安全带警告灯	BELT
真空度警告灯	VAC
蓄电池液量警告灯	BAT
洗涤器液量警告灯	WASH
远光指示灯	BEAM
转向指示灯	TURN
排气温度警告灯	EXH·TEMP

车灯　　　示宽灯　　转向　　驻车灯　　风扇　　前风窗玻璃　风窗玻璃
一般指前照灯　指示灯　指示灯　　　　　　　　　刮水器　　洗涤器

前风窗玻璃　　前风窗玻璃除霜　安全带未系警告灯　喇叭　制动系统　　阻风门　危险报警灯
刮水器及洗涤器　　　　　　　　　　　　　　　　　　　故障警告灯

发动机冷却　　灯光总开关　前雾灯　　机油压力　　燃油油量　　蓄电池
液温度　　　　　　　　　指示灯　　过低警告灯　过低警告灯　警告灯

图1-11　常用标识符号

远光指示灯：一般为蓝色，当前照灯远光开启时，该灯点亮。

近光指示灯：一般为绿色，当前照灯近光开启时，该灯点亮。

示宽灯指示灯：一般为绿色，当示宽灯开启时，该灯点亮，打

开车门后示宽灯还开启时，指示灯会点亮并伴有警告音。

后雾灯指示灯：一般为黄色，当后雾灯开启时，该灯点亮。

前雾灯指示灯：一般为绿色，当前雾灯开启时，该灯点亮。

系统故障信息指示灯：黄色/红色，当存在一般故障时，该灯点亮黄色；当存在严重故障时，该灯点亮为红色。

安全气囊警告灯：红色，当点火开关位于"ON"位置时，该灯点亮进行自检，并于自检结束后熄灭，如果该灯不熄灭或在行驶中点亮，表示安全气囊系统有故障。

安全带未系警告灯：当点火开关位于"ON"位置时，该灯点亮进行自检，并于自检结束后熄灭，如果该灯不熄灭，表示驾驶人或前排乘客未系好安全带。

巡航控制指示灯：绿色/黄色，如果巡航开启，控制系统进入待命状态，该灯点亮为黄色；当巡航系统工作时，该灯为绿色；当巡航控制系统存在故障时，该灯点亮为黄色并闪烁。

机油压力过低警告灯：红色，当点火开关位于"ON"位置时，该灯点亮进行自检，并在车辆起动后熄灭；如果该灯在车辆起动后不熄灭或在行驶中点亮，则表明机油压力过低。

发动机故障警告灯：红色，当点火开关位于"ON"位置时，该灯点亮进行自检，并在车辆起动后熄灭；如果该灯在车辆起动后不熄灭或在行驶中点亮，表示发动机存在故障。

蓄电池警告灯：红色，当蓄电池电量不足时，该灯闪烁并伴有警告音，此时系统会限制或关闭部分用电设备，应及时起动发动机给蓄电池充电。

TPMS轮胎气压监测系统警告灯：黄色，当点火开关位于"ON"位置时，该灯点亮进行系统自检，并于自检结束后熄灭；如果该灯不熄灭或在行驶中点亮，表示轮胎气压偏低。

ABS故障警告灯：黄色，当点火开关位于"ON"位置时，该灯点亮进行系统自检，并于自检结束后熄灭；如果该灯不熄灭或在行驶中点亮，说明防抱死制动装置发生故障。

制动系统故障警告灯：红色，当点火开关位于"ON"位置时，该灯点亮进行系统自检，并于自检结束后熄灭；如果该灯不熄灭或在行驶中点亮，表示制动系统出现故障。

电子助力转向警告灯：黄色，当点火开关位于"ON"位置时，该灯点亮，由红色变黄色，并于系统自检结束后熄灭，该灯点亮为黄色；如果行驶中该灯一直点亮，表明发生故障；当该灯点亮为红色并闪烁时，表明电子助力转向系统出现严重故障。

发动机防盗系统警告灯：红色，当点火开关位于"ON"位置时，该灯点亮进行系统自检，并于自检结束后熄灭；如果发动机防盗系统验证失败，该灯不熄灭，亦无法起动发动机；如果遥控钥匙电池电量过低，该灯也闪烁。

智能起停节油系统指示灯：黄色/绿色，如果智能起停节油系统指示灯为绿色，表明车辆智能起停节油系统被激活并工作。

22. 车速里程表的判读与运用技巧

车速里程表是汽车的主要仪表之一。车速里程表是向驾驶人提供即时车辆行驶速度和累计行驶里程的仪器。该仪表一般醒目地布置在仪表盘左侧，如图1-12所示。

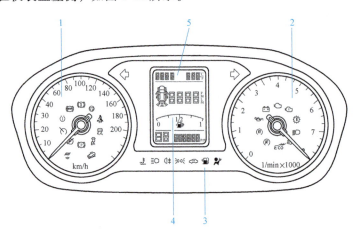

图 1-12 普通组合仪表
1—车速表 2—转速表 3—发动机冷却液温度表 4—燃油表 5—里程表

车速表通常都是圆形指针式，用于指示车速，以 km/h（千米/小时）为单位。这是因为指针更便于驾驶人判读即时的车速，而数字显示对变化的车速反应过于敏感，读数不稳定，使驾驶人看不清楚。车速表按顺时针方向，从零到车辆可达到的最高车速顺序排列，感应器装在传动行驶部位，所以，车速表只有在汽车行驶后才显示速度，倒车时多数车速表指针，基本不动。

里程表有机械式数码显示的，也有电子屏式显示的，不管哪种，都有显示该车累计行驶里程的功能。有的汽车的里程表还可显示段落里程，重新归零等相关功能。驾驶人主要靠判读车速表掌控车速，时间长了，驾驶人不用看仪表，也能判断即时车速。但对于有时速限制的路段，驾驶人还应及时观察车速表，看车速是否超速。所以，在行车过程中要及时观察车速表，按交通法规掌控好行车速度，保证行车的安全。

23. 转速表的判读与运用技巧

转速表是汽车的主要仪表之一。转速表是向驾驶人提供即时发动机转速和功率情况的仪器。该仪表一般醒目地布置在仪表盘右侧，如图 1-12 所示。转速表与车速表一样，通常都是圆形指针式，指示发动机转速，以 ×1000r/min 为单位，便于驾驶人判读。由于转速表感应器与发动机飞轮部分相连，所以，只要发动机转动（工作），转速表就会有反应，进入工作状态。在发动机停转后，转速表也停止工作。驾驶人在行车中不必像观察车速表那样频繁观察转速表，只需在汽车初驶阶段，不要让发动机转速超过 3000r/min，以及当车速较高，将加速踏板踩下较多时观察转速表。此外，在汽车通过复杂道路、爬坡、越野、涉水时，应观察转速表，加大汽车功率时，不要让转速表指针超越红线范围。当转速表指针指到红线范围时，应适时抬起加速踏板，防止发动机因过度负荷而损伤，以保证发动机的工作期限。

24. 燃油表的判读与运用技巧

燃油表是汽车主要仪表之一。燃油表是向驾驶人提供即时燃油数量的仪表。该仪表一般布置在仪表盘的中心位置。燃油表有传统的指针式，也有电子图示式。只要发动机一接通电源，燃油表便会工作。一般汽车的燃油表大多用图标和文字将油位显示在仪表屏中。这种仪表通过点亮的条形格数量来显示燃油箱内的油位。当油箱中的油量过低时，燃油油量过低警告灯点亮。当油量持续下降时，燃油油量过低警告灯会变为闪烁，有的还伴有"油量过低，请加油"的文字和语音提示，进一步提醒驾驶人。有的燃油表与行车 ECU 相结合，通过操作，燃油表会显示即时油耗、平均油耗、续驶里程，为驾驶人提供燃油消耗更详细的信息。驾驶人在行车前应判读燃油表，对所驾车辆还有多少燃油，还能行驶多少千米做到心中有数。行车中，尤其长途行车时，应适时判读燃油表，提前选择加油点。当燃油油量过低警告灯亮时，一般燃油箱中还有行驶100km左右的燃油。当燃油油量过低警告灯闪烁或有语音提示时，一般燃油箱中的燃油还可行驶20km左右（各车辆设定不同）。在高速公路上一般50km左右设置一个加油站（服务区），在高速公路的出入口附近也常设有加油站，驾驶人应根据燃油表提供的信息选好加油点。

驾驶人要想了解燃油表发出警示信息后，车辆还能行驶多少千米，可先了解本车燃油箱容积，然后加满油行驶到警示信息时再将燃油箱加满，看加了多少油，用燃油箱容积减去实际加油数，便知警示信息时燃油还有多少。

25. 冷却液温度表的判读与运用技巧

冷却液温度表是汽车主要仪表之一，是向驾驶人提供即时冷却液温度的仪表。该仪表一般与燃油表一样布置在仪表盘的中心位置，有传统的指针式，也有电子图示式。冷却液温度表只要发动机一接通电源，便会工作，显示冷却液温度，一般用图标将温度显示在仪表屏中，通常用点亮的条形格数量来指示发动机冷却液温度。当发动机冷却液温度警告灯点亮为蓝色时，说明发动机冷却液温度过低；当发动机冷却液温度警告灯点亮为红色时，说明发动机冷却液温度过高，有的车还伴有"发动机温度过高"语音或文字提示。发动机冷却液温度过高时，可能导致发动机严重损坏。出现这种情况时，应立即安全靠边停车，采取相应的降温措施。

汽车驾驶人初次起动发动机时，若天气寒冷且冷却液温度表显示低温，应让发动机转动两三分钟，使冷却液温度升高后再挂档行驶。在常温状态下，冷却液温度表显示低温并不影响行车。行车中，重要的是驾驶人要及时观察冷却液温度表是不是指示温度过高，尤其在炎热天气条件下驾驶时，一旦发现冷却液温度警告灯闪亮，就应及时停车采取措施。

现代汽车的行车 ECU 可提供车外温度信息，驾驶人可参考车外自然环境温度判读冷却液温度表。

26. 显示屏综合信息的判读与运用技巧

现代汽车的仪表，大多以显示屏承载各种综合信息。综合信息的格式、显示图标、字体因车型不同而有所不同，操作方式也不尽相同。综合信息大体有以下内容：

（1）数字式时钟：以数字形式显示当前时间，大多车型都设有时钟调节按钮。

（2）温度：以数字形式显示当前环境温度，有的车还显示环境湿度。

（3）档位显示：当点火开关位于"ON"位置时，显示当前自动变速器的变速杆位置，若显示"EP"，则表明自动变速器出现故障。

（4）警告信息：各车都用相应的图标，通过闪烁或警告灯表示某设备有故障，提醒驾驶人注意。

（5）行车 ECU：车型配置不同，选择显示行车 ECU 的操作方式也有所不同。行车 ECU 又包括以下内容：①小计里程，显示车辆本次行驶的里程；②行驶时间，显示车辆本次行驶的时间；③平均车速，显示车辆本次行驶的平均车速；④平均油耗，显示车辆自上次复位后行驶的平均油耗；⑤即时油耗，显示当前发动机工作时的油耗，当车辆行驶速度小于 5km/h 时，即时油耗单位为 L/h，当速度超过 5km/h 时，即时油耗单位为 L/100km。

（6）胎压复位：轮胎充气后，应进行胎压复位操作。

（7）限速报警：当车速超过预设速度时，显示的速度值会闪烁。

（8）ECO 模式：绿色图标，表示车是否在最环保条件下运行。

27. ESP 的正确使用

ESP 是车身电子稳定系统，目前已在汽车上广泛使用。其作用就是当汽车即将失稳的时候，做出快速反应，对不同的车轮施加不同的制动力，从而迅速地将汽车调整回相对平衡的行驶状态。它综合了 ABS（防抱死制动系统）、BAS（制动辅助系统）和 ASR（加速防滑控制系统）三个系统。装有 ESP 的车辆都有 ESP 开关，当遇到湿滑路面、斜坡道路等影响汽车稳定性时，应打开该系统开关，使该系统进入工作状态。该系统开关一般以按钮形式安装在自动变速杆后方，按钮上有黄色指示灯，如果在行驶中该灯闪烁，表示系统正在实施控制以辅助驾驶人，如果该灯在行驶时点亮，表示系统存在故障。

28. ECON 模式的使用技巧

ECON 是经济模式，即省油模式。该模式的工作原理是，在开启情况下，发动机、变速器、ECU 都依照最低燃油消耗的模式智能地执行驾驶人的意图，以快速升档、平稳提速来实现最佳的燃油经济性，使空调也处于节能状态。该模式开启后能使行车省油，但汽车一旦进入该模式，驾驶人突然加大节气门时往往没有反应，因该模式限制了突然加大节气门的功能，会使驾驶人有种欲速不达的感觉。为此，该模式最好在城市驾驶时使用，因城市驾驶速度不高，行车要求平稳，适合使用 ECON 模式。在平顺的长途行车中，驾驶人根据自己驾驶习惯，也可开启 ECON 模式，以达到省油目的。在爬坡、涉水、复杂道路行驶条件下，应关闭 ECON 模式，让车辆进入正常工作状态。

29. HDC 系统的使用技巧

有的自动档汽车上装有 HDC 系统，即陡坡缓降控制系统。该系统一般以按钮形式控制，按钮通常安装在变速杆后方。当汽车在陡坡上要停降时，按下 HDC 按钮，指示灯亮为绿色，表示陡坡缓降控制系统进入待命状态。当该灯显示为绿色闪烁时，表示当前正处于陡坡缓降控制状态，再一次按下 HDC 按钮，该灯熄灭，表示陡坡缓降控制系统功能解除。驾驶人驾车下陡坡时应按下 HDC 按钮，让车有牵制力地下坡，下坡结束，到普通道路时，再关闭 HDC 开关。

30. 车载互联网的使用方法

汽车越来越电子化、数据化、互联化、智能化，从而最终走向无人驾驶的全智能化。目前，我国也有了车载互联网汽车。车载互联网最大的特点是将汽车上的电子信息、数据与互联网相连，更趋于智能。目前，车载互联网仪表盘大都如图 1-13 所示。仪表的显示屏很大，将导航、娱乐系统、蓝牙以及可数据化的指示功能集于一体，像计算机一样，智能化程度很高。车载互联网受移动通信的限制，同时具有私密性，它只能与车主的手机捆绑，因此，有些功能（如娱乐系统的搜索）还必须依靠流量来支撑。同时，它也没有必要像计算机一样有那么多功能，它所承载只是与汽车相关的数据智能。例如，它可通过手机远程起动发动机、开启空调，可在行驶中给路途风景拍照并可同时通过手机发到网上，也可用语音选择导航歌曲、开关天窗等。总之，车载互联网必定会日益普及。车载互联网的具体使用方法应根据使用说明书操作，对熟悉计算机、手机的驾驶人会更便捷地使用。但对车载互联网不可像对计算机、手机一样过于痴迷，以免分散驾驶人行车时的注意力，保证行车的安全性。

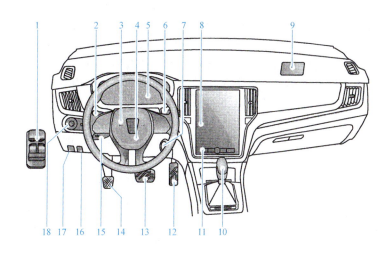

图 1-13　车载互联网仪表盘

1—电动车窗开关　2—灯光拨杆开关　3—喇叭按钮　4—驾驶人侧安全气囊
5—组合仪表　6—刮水器拨杆开关　7—点火开关　8—车载娱乐系统
9—前排乘客侧安全气囊　10—变速杆　11—娱乐、空调控制开关　12—加速踏板
13—制动踏板　14—离合器踏板　15—巡航拨杆开关　16—发动机罩释放手柄
17—燃油注入口小门释放手柄　18—外后视镜和主灯光高度开关

二、主要附属装置的使用

31. 开关车门的注意事项与禁忌

驾驶人应根据所驾车的结构要求，正确开关车门。通常情况下，车辆越先进，车门封闭性越好，车门上的装置也越多，操作程

序也就越复杂。从车外需要打开车门时，应先用遥控器或点火开关钥匙打开车门锁，然后再按动车门把手拉开车门。开启任何一个车门时，禁止将门拉手强行往上推拉。对于有按钮的拉手，禁止不按下按钮就拉或推。开车门时，除非需要，否则不要将其完全开启，若为人员进出，车门开到 80% 左右即可，因外开式车门完全打开后会占据道路上较大空间，特别是车辆两侧车门大开时，会大幅增加车辆侧向占道距离，不利于安全。驾驶人打开驾驶座位侧的车门时，应用左手开门，右手握住转向盘，同时右脚先跨入驾驶室，然后侧身进入驾驶室。从车内打开车门时，首先要看左右两侧的后视镜，在确认前后方均无妨碍打开车门的行人和车辆时，尤其是确认左后方无相向而行的车辆时，再开启车门锁按钮，打开车门。一定要防止突然打开车门，以免碰撞到行人和车辆。若车内有乘员要下车，驾驶人应事先提醒乘员下车开门的注意事项，并协助观察车后来车情况，确认安全后，再开启中央控制门锁，让乘员打开车门。安全起见，车辆在道路上临时停车时，左侧车门原则上不允许打开。

关车门时，应稍用力将车门向内拉动，利用惯性将车门弹簧卡夹住。任何车辆，禁止在车门未关牢时就起步行驶，以防行车时车门因转向或制动的惯性而突然打开，使乘员摔出车外。有中央控制门锁的车辆，开车门时，需解除中央控制门锁，若中央控制门锁未解除，禁止强行推拉车门，以免损坏车门。

32. 电动门锁的特点与使用方法

现代汽车的车门锁大多为电动门锁，电动门锁控制装置在汽车上的布置如图 1-14 所示。

电动门锁是指门锁带有自动闭锁系统，当车速升至某一规定值（一般为 20km/h）时，自动闭锁系统就会自动锁死车门。此时，即使车内有人（包括驾驶人）按动开锁开关，门锁仍是锁死的。当车速降至某规定值（一般为 10km/h）时，自动闭锁系统将自动解除控制，此时若按下开锁开关，门锁就能开。自动闭锁系统主要用于保证行车安全。它的使用有以下特点：

（1）闭锁。用门锁钥匙或手动门锁开关使门锁开关处于闭锁档位时，电动门锁自动闭锁系统迅速将各车门闭锁。

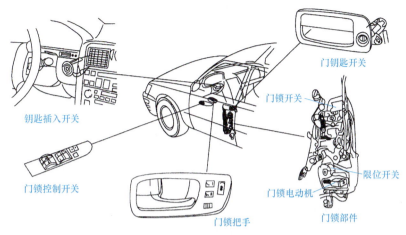

图 1-14 电动门锁控制装置在汽车上的布置

（2）开锁。用门锁钥匙或手动门锁开关使门锁开关处于开锁档位时，电动门锁自动闭锁系统迅速将各车门开锁。但当汽车在运行途中时，若电动门锁自动闭锁系统通过速度传感器所测到的速度达到规定车速值，电动门锁将拒绝执行开锁指令。

（3）限定。电动门锁有钥匙限定防止系统。该系统的作用是当点火开关钥匙未从点火开关上取下时，驾驶人侧车门就不能闭锁（不论用手动门锁还是用门锁钥匙，都不能闭锁），可防止将点火开关钥匙锁在车内。

33. 车门锁的使用注意事项

汽车的车门锁构造较复杂、精密，尤其是高档汽车的车门锁。其作用一是为使用方便，开锁便捷灵巧；二是具有很强的防盗性能。因此，驾驶人在使用汽车时，首先应熟悉该车的车门锁及钥匙，以便日常打开和关锁车门。

一般的汽车在新车交付时，均随车配有几把钥匙，其中一把为车门钥匙（多数汽车车门锁和点火开关是同一把钥匙）。车门内部装配的是翘板式锁钮，当人离开车时，为了防盗和防止出现意外事故，均应按下车门锁（LOCK）开关，然后关上车门，车门即可自行锁上。打开车门时，必须用专门随车配给的钥匙。同样道理，在汽车内的人关上车门并按下车门锁开关后，车外的人若没有车门钥匙是不能开启车门的。安全起见，平时关锁车门时，应将所有车门窗玻璃升至顶位，以防止有人从未关严的车门窗玻璃处伸手将车门打开。多数汽车的车门锁均按防外不防内的原则设计，即使车门锁开关已经按下，但用车门内的车门锁开关依然可打开车门。

各种车型的车门锁均有不同之处，有的汽车车门锁已采用智能卡、全信息图像等高科技，使用时应按使用说明书操作。有的汽车上装有车门未关严报警信号装置，只要车门未关到位，驾驶人前面仪表板上就有红灯闪亮，进行提示。

几乎所有汽车车门上均装有车门灯，打开电源开关后，只要打开车门，车门灯就亮。车门灯均在车门下方，车门灯照亮范围通常以让进出的人能看清为准。

为了车辆安全，即使驾驶人本人在车上，也应将车门锁锁上，当车外人要上车时，再开启车门锁开关，以充分发挥车门锁的作用。

34. 电动车窗的使用技巧与禁忌

现在多数汽车车窗玻璃的升降由电力驱动，称为电动车窗。

电动车窗由电动机、传动机构及开关三部分组成。电动机分为永磁式和双绕组直流式两类。传动机构有齿轮齿条式、链带式与胶带式多种结构，其中齿轮齿条式应用较多。开关由总开关和各车窗单独开关两部分组成。

电动车窗的总开关位于驾驶人侧车门内侧，驾驶人可以通过该开关遥控各车窗玻璃的升降。各车窗的单独开关位于各车门内侧，单独开关与总开关互不干涉，均可独立地控制车窗玻璃升降。总开关上设有锁定开关，如果此开关不接通，则各车窗单独的开关不起作用。

使用电动门窗时禁止对总开关和各门窗单独开关同时进行相反的操作，这样会因信号指令不同而损伤机件；在电动门窗升降过程中，禁止人为地下压或提升玻璃，以免损伤齿轮齿条。

35. 电动后视镜的调整方法与技巧

电动后视镜分别由两个电动机进行上下、左右四个方向的调整。电动机多采用可逆永磁式电动机，通过改变电枢电流方向来改变电动机旋转方向。每个电动后视镜都有控制开关，开关可以上下、左右拨动，以便控制电动机。

调整后视镜时，应先调整好驾驶座椅。驾驶人以正确的驾驶姿势坐在座椅上，再观察左右两旁的后视镜，根据后视镜的反光面调整后视镜各种角度。调整时，向下拨动左开关，开关罩向下运动，接通左侧电动机电路，驱动左后视镜向下偏转；反之，向上拨动左开关，电动机反转，驱动后视镜向上偏转。左后视镜的左右方向以及右后视镜四个方向的调整方法与此类似。

部分汽车的电动后视镜还没有电子控制系统。各后视镜调整好后，以电信号的形式存储在存储器中，需要调整后视镜时，只要按下所需调整项目的按钮，后视镜便可调整至满意的角度。

36. 电动天线和天窗的使用方法

汽车上由电力驱动进行收缩的收音机天线称为电动天线。电动天线由电动机、减速器、驱动板、缆绳、继电器以及开关等组成。电动天线还设有限位开关，当天线伸缩至极限位置时，限位开关将切断电路。使用时，乘员只需打开或关闭收音机旁的天线控制开关即可。一般收音机天线设在车的后方，使用时驾驶人可从后窗玻璃中观察。

有些汽车设有天窗。天窗的开启与关闭由电动机驱动。电动机为永磁可逆直流式，通过拨动开关改变电枢电流的方向，即可使电动机旋转方向改变。电动机经减速器减速提高转矩，通过齿轮齿条机构控制天窗的开启或关闭。有的电动天窗设有限位开关与减速电阻，后者可使天窗运动至终点时的速度降低。使用电动天窗时只需操纵控制开关即可。

有的汽车除配有手动操纵天窗控制开关外，还配有智能语音控制功能。这种车，只要驾驶人在转向盘处按下语音键，发出开启天窗或关闭天窗的口令，天窗便会自动打开或关闭。

37. 发动机罩打开与关闭的方法

各车型发动机罩的开合装置有所不同，大多数汽车发动机罩靠机械方式开和关，操作方式基本相同。

要打开发动机罩，需先拉出位于仪表板左下方的拉杆或拉开标有发动机罩标识的拉钮，使发动机罩锁钩脱开。在锁钩脱开后，发动机罩会略微抬起，再将锁钩拨向一边使其脱出。锁钩一般在发动机罩正下方,伸手抬发动机罩时可摸到此钩按钮,将此按钮向上抬即可拨开锁钩,然后抬起发动机罩。有发动机罩支撑杆的,可从支撑杆夹内取出支撑杆,顶入发动机罩加强板的孔内。发动机罩向下的一面装有照明灯,在前照灯开关打开的情况下抬起发动机罩,此灯即亮,以方便检修。

关闭发动机罩盖时,将发动机罩略微抬高,退出支撑杆并将其放回原处,让发动机罩在约30cm高度处自由落下锁上,感到未锁止时,可用手按一下罩盖。

为了安全,在汽车行驶时,发动机罩必须关好。在行驶中,驾驶人应注意发动机罩的情况,若发现关闭不严,应停车重新将其关好。关上发动机罩后再用手抬一下,若抬不起发动机罩,说明其已经关牢。

38. 开合行李箱盖时的注意事项

一般汽车均有行李箱。行李箱盖通常要用主钥匙(点火开关钥匙)才能打开。

用钥匙开行李箱时,需要将主钥匙插入钥匙孔,顺时针方向拧转,当钥匙孔处于水平位置时,按下锁芯就可掀起行李箱盖,一般不要让行李箱盖自行弹起。

对于使用电子智能钥匙的车辆,只需在车辆停驶状态下,按下钥匙上标有开启行李箱符号的按钮便可打开行李箱盖。

对于一键式起动的钥匙,只要带着钥匙靠近行李箱,用手按住行李箱盖电子接收孔区便可打开行李箱盖。

要关闭行李箱时,应将行李箱盖向下拉,轻轻关闭后还应向上略微抬一下,以检查是否关闭牢靠。否则,在汽车行驶时,即使已用钥匙锁住,行李箱盖有时也会突然跳开。

在使用行李箱时,必须使车停稳,并要使用驻车制动,以保证安全。另外,在行李箱盖打开及未完全关闭的情况下,不要起动车辆,否则发动机排出的废气会进入车内,影响驾乘人员的健康。

39. 巡航控制装置的使用方法与禁忌

有的汽车上设有巡航控制装置,巡航控制也叫恒速控制。在高等级公路上长时间行驶时,汽车往往长时间保持在某一速度上,驾驶人总是以一种固定姿势踏在加速踏板上,会感到枯燥单调,易产生疲劳。为解决这一问题,巡航控制装置可用"速度控制"开关将汽车速度控制在某一值上,以减轻驾驶人的工作量。

在汽车行驶中,当驾驶人打开"速度控制"开关时,速度控制系统就开始工作。当驾驶人按下"设定"按钮时,行驶速度信息不断存储在存储器中。当松开"设定"按钮时,ECU 将行驶速度锁定,此时的速度成为速度控制系统保持的目标。如果由于行驶阻力变化而使汽车行驶速度发生变化,ECU 会根据车速信息,控制速度伺服装置,伺服装置利用真空吸力吸动膜片,拉动节气门拉索,控制节气门开度,从而达到控制车速的目的。

使用巡航控制装置时,禁止驾驶人因工作过于轻松而打瞌睡或丧失观察交通情况的警惕性,禁止在道路交通情况复杂和拥挤的道路上使用巡航控制装置。

40. 喇叭的使用方法与禁忌

汽车喇叭按钮一般装在转向盘的中央位置,便于驾驶人按动。使用喇叭时,应一手握住转向盘,保持车辆行驶方向,另一手按动喇叭按钮。喇叭声的长短与按动时间的长短有关,喇叭的响度与按动力度无关。

在使用喇叭时,应注意是否处在允许鸣喇叭的区域或道路上,禁止在不确定是否禁鸣喇叭的情况下使用喇叭。机动车在非禁鸣喇叭的区域和路段使用喇叭时,音量必须控制在 105dB 以内,每次鸣喇叭的时间禁止超过 0.5s,连续鸣喇叭的次数禁止超过 3 次,禁止在城市区域使用喇叭,禁止用喇叭唤人叫门,禁止夜间行驶时使用喇叭。警车、消防车、救护车、工程抢险车安装警报器和标志灯具,必须经公安机关核准,并只允许在执行任务时按规定使用,禁止在无紧急任务或已完成任务回程时使用警报器和标志灯具。

41. 灯光信号的使用方法与禁忌

现代汽车大多将灯光和信号开关组合在一个拨杆上,该拨杆集中了各式灯开关,通常装在转向柱左上方,驾驶人用左手操作。将该拨杆向右上方拨动,右转信号灯亮,向左下方拨动,左转信号灯亮。

机动车向右转弯、向右变更车道、靠路边停车时,必须开右转向灯;向左转弯、向左变更车道、驶离停车地点或掉头时,必须开左转向灯。禁止不开转向灯就变更车道、靠路边行驶或掉头。机动车在夜间路灯照明良好或遇阴暗天气视线不清时，必须开防炫目近光灯、示宽灯和尾灯，禁止在夜间行驶时不及时开启示宽灯和尾灯。当车辆跟随重要车队行驶，遇有紧急情况或遇险报警时，可开启危险报警闪光灯，使示宽灯和尾灯闪烁。禁止车辆在无上述情况下开启危险报警闪光灯。

城市内不宜鸣喇叭，用闪灯的办法提醒前后方车辆及行人是一种较好的方法，驾驶人应了解并掌握灯语。

灯语一：前照灯闪一下或两下，催促前车行驶。

灯语二：远近光灯切换两下，让来车变为近光灯会车。

灯语三：前照灯闪一下，让对方向自己示意行驶路线（提醒对方按行车道行驶或开转向灯）。

灯语四：前照灯一闪表示同意，前照灯连闪表示拒绝，提醒前后方车辆避免因变道并线引起追尾事故。

灯语五：连续闪烁前照灯，突然近光变远光，并加鸣喇叭，表示有较紧急情况，前后车及行人都应注意。

灯语六：间歇点亮制动车灯，提醒后车保持车距（本车将要减速或转弯靠边）。

灯语七：先闪前照灯后打开转向灯，表示本车要超车，前后车需注意。

42. 刮水器的使用方法与禁忌

刮水器不单是下雨下雪时用来清扫前风窗玻璃上的雨雪，保证驾驶人视野清晰，还可在前风窗玻璃被灰尘、雾霾模糊时用来清扫。此外，在行车中，尤其在夜间行车时，有很多飞撞到前风窗玻璃上的昆虫，会严重遮挡视线，应及时打开刮水器予以清扫。在使用刮水器清扫风窗玻璃上的灰尘和污染物前，应先拉开玻璃水开关，使玻璃水先喷洒到风窗玻璃上，再打开刮水器中档开关。玻璃水有很强的去污和洗净效果，同时也在刮水器胶片和风窗玻璃摩擦时予以润滑。禁止不喷玻璃水就打开刮水器开关，用干摩擦方式清洁车窗，这样不但清洁不了车窗，还会因有灰尘颗粒及污物黏性，损伤刮水器胶片、划伤前风窗玻璃。在行车中若要清洁前风窗玻璃，在喷玻璃水前应降速行驶，在确保前方交通条件较好时再喷玻璃水，因为玻璃水喷到风窗玻璃上后的开始几秒钟，前风窗玻璃会被玻璃水覆盖，使驾驶人视线受到影响。因此，禁止在交通条件复杂、高速行车状态下使用刮水器清洁前风窗玻璃。

43. 行车记录仪的应用

行车记录仪还不是汽车标准配置，但近几年在我国汽车市场逐渐火爆起来，很多汽车都安装了行车记录仪。目前，行车记录仪还没有国家标准，但已有几十种品牌，产品种类已有数百种，价格参差不齐，功能五花八门。行车记录仪又称为汽车的黑匣子，用于记录汽车行驶全过程的视频图像和声音，可为交通事故提供证据。喜欢自驾游的人，还可用它来记录和见证旅途中艰难风趣的过程。有了行车记录仪就可以边开车边录像，把时间、速度、位置都记录下来。它还可在家中用作 DV 拍摄生活乐趣，或作为家用监控使用，平时还可用作停车监控。

行车记录仪的行车记录可作为事故处理的有力证据，特别对"碰瓷"类诈骗案件和交通事故责任认定都有特殊的作用。所以，如果想更加安全地行车的话，可给自己的车加装一款行车记录仪。最好选择功能较多，能拍摄车后方情景，显示屏大小适宜的行车记录仪，这样可给驾驶人提供车后方情况，有利于汽车的安全驾驶。

44. 车载监控的选用

车载监控的全称是多功能无线车载监控系统。该系统并不是汽车配置，而是用于安全监控的外来选配系统。只要在汽车适当位置装上微型探头，该系统便可通过 GPS、公共网络与监控中心相连，监控中心便可实时对汽车的位置、车内外的情况实施监控。该系统在公共汽车、长途客车、出租车、执法车、特种汽车、运钞车上已被广泛使用。车上装了车载监控，可极大地提升车辆的安全性，驾驶人在紧急情况下可得到及时的救助。需安装车载监控的车辆，应持机动车行驶证和车主身份证到当地监控中心申请。

45. 点烟器的使用方法与禁忌

车上人员用点烟器点过烟后，加热丝上会残存一些烟丝，若不及时将这些烟丝清除，烟丝会烧焦粘在加热丝上，时间久了插孔内也会粘上烧焦的脏东西，这些脏东西慢慢积累，会导致插孔接触不良，甚至短路烧断熔丝。驾驶人应尽量少用它来点烟，并且定期对点烟器进行清理，但不要在点烟后立即清理，以免被烫伤。

点烟器也是车上的一个电源插口，为使用方便，可给点烟器插座配上电源分配器或逆变器，这样一个点烟器接口就会变成多个接口，或将车上12V直流电转换为220V交流电源，使各种小电器，如手机充电器、行车记录仪、空气净化器、车载MP3、车载充气泵、车载小保温瓶等有电源可用。

点烟器电源接口是有最大可承受功率的，大多车型的最大功率是120W，因此禁止使用大功率设备或同时使用多个车载用电设备，以免出现负荷过大，引发烧断熔丝，甚至损毁车辆电路或用电设备等情况。禁止在发动机熄火状态下把用电设备长时间插入点烟器电源插口，以免过度消耗蓄电池的电量，缩短蓄电池使用寿命，并防止起动发动机时突然的强电流烧毁设备。

46. 暖风装置的使用注意事项

现代汽车空调装置有不少制热功能仍使用暖风装置。暖风装置的结构因车型不同而不同，但原理和使用方法大同小异。使用方法是：将进水阀门手柄扳至垂直方向，使发动机冷却液由气缸盖经水管流入暖风散热器中，然后经出水管流入散热器出风管，最后进入水泵使之循环。在发动机冷却液温度正常后，打开暖风电动机开关，即有热风经左、右送风管吹到风窗玻璃上，打开暖风管下部的送风门，一部分热风便从风门送出，供驾驶人脚部取暖。使用暖风装置时应注意以下几点：

（1）为发挥暖风装置效能，发动机冷却液温度应保持在80℃左右。

（2）暖风装置的每次连续使用时间不宜过长，以免缩短暖风电动机的使用寿命。

（3）冬季在使用暖风装置前，应检查进、出水软管及左、右送风管有无松脱、破裂等现象。

（4）在不使用暖风装置的季节，应关闭进水阀，使暖风装置与发动机冷却系统隔离。

47. 蓄电池加热保温装置的使用方法

有些汽车为提高起动系统的输出功率和改善发动机的低温起动性能，装设了蓄电池加热保温装置。使用该装置时应保证充电装置正常充电,并使蓄电池处于充足电的状态,以防止蓄电池硫化。注意保持蓄电池的清洁,减少自行放电。使用该装置时应注意以下事项:

(1)按使用说明书的规定操作。应注意:天气温暖时,要把手动开关置于断开位置。当使用DQJ-111型温度自动控制器时,每天停车时都应把手动开关置于断开位置。

(2)温度传感器的连接线要保证接触良好,千万不要拔掉电子温度控制系统传感器的连接导线。

(3)箱盖要盖严,密封条要压紧,橡胶密封圈要封好。要充分认识到任何缝隙引起的漏损都会造成蓄电池的损坏。

(4)用蓄电池固定装置把蓄电池压紧。

(5)保持蓄电池、加热板及保温箱内部清洁,要经常用温水清洗。

48. 汽车空调器的使用方法与技巧

要打开汽车空调器,必须起动汽车发动机,因汽车空调器一般由发动机提供动力。将送风速度调节开关和温度调节旋钮置于适当位置(最小位置),冷风或热风便从排气口吹出。关闭空调器时,应将送风速度调节开关置于"OFF"位置。

温度调节旋钮的使用方法是:在开启空调器电源开关时,应先把温度调节旋钮置于适当位置(调节旋钮盘面上的数字不是车内的实际温度),转动旋钮,即可改变车厢内的温度。通常,旋钮所对应的盘面上的数字越大,车内温度越低。根据人体对温度、湿度、风速和空气清洁度的要求,驾驶人还要根据车外天气条件和车内乘员情况正确使用空调器,让车内温度控制在20~25℃,再根据乘坐情况打开不同的出风口,并要经常换气和利用空气净化装置,以使人感到舒适。

使用汽车空调器时应注意以下几个问题:

(1)空调器运转时,车窗和门均应关闭,有人进出时,应迅速开关车门。

(2)如果车内温度较高,使用空调器前可先打开车窗,行驶2~3min,在将车内热空气排出后,再关上车窗起动空调器。

(3)空调器较长时间(1个月以上)不用时,应每周试运行几分钟,并且运行时让发动机处在怠速运转状况下,以利于空调器内部机件的正常润滑。

(4)空调器工作时,由于发动机冷却系统的运行增加了附加负荷,冷却系统温度表将显示出比正常情况下更高的温度。这是正常情况,不要误以为是故障。

(5)较长时间停车时,要选用中等或较高的发动机转速,以帮助冷却。

(6)停车后使用空调器的时间不宜太长,以免散热器冷凝压力过高而损坏制冷系统。禁止在发动机怠速运转时开启空调器在车内休息、过夜,以防车内一氧化碳浓度升高而中毒。

有些汽车上安装的是智能空调。设计好车内所需温度,当车内温度与设计所需的温度有一定差距时,空调器便会自动开启。互联网汽车还具有远程控制空调器的功能,当车主需要时,可在远离车辆的地方,利用手机发送开启指令,车上互联网接到指令便会自动起动发动机,开启空调器,根据车内温度,或制冷或暖风,到舒适温度时便会停机。

三、基本驾驶操作

49. 化油器发动机起动的技巧与禁忌

不同类型的汽车发动机,起动时的技巧大同小异。相比较而言,越是高档车越易起动,动作也越简单。化油器发动机起动的技巧与禁忌如下:

(1)冷起动

① 在气温低于0℃时,打开点火开关,把化油器阻风门手柄完全拉出,锁止在第四个棘爪上,指示灯亮。

② 将点火开关旋至起动位置,起动起动机,不踏加速踏板。如果发动机不能立即起动,起动过程应在10s后停止,间隔30s后再重新起动,禁止连续起动发动机。

③ 发动机起动后停几秒钟,把阻风门手柄推回到第三棘爪,即可行驶。之后,随着发动机温度上升,逐渐将阻风门手柄推回,直到最后一个棘爪,此时以发动机能平稳运转且汽车行驶不抖动为准。

④ 在发动机起动后，禁止连续猛踏加速踏板，以免造成发动机损伤。

（2）暖起动

① 起动前把变速杆移至空档，并拉紧驻车制动器操纵手柄，禁止挂档踏着离合器踏板起动。

② 对于采用机械式变速器的汽车，起动时应把离合器踏板踏到底，这样，起动机只需带动发动机。

③ 打开点火开关，起动起动机，但不需踏加速踏板。

④ 发动机一旦起动，应立即松开点火开关的钥匙，以免使起动机和发动机同时运转。

⑤ 起动发动机后可立即起步行驶，不必停车对发动机进行预热。

⑥ 在发动机温度未达到正常之前，禁止让发动机高速运转和将加速踏板踏到底。

50. 起动电喷发动机时的禁忌

电喷发动机配备了电子控制燃油喷射系统，即电喷系统。在每一个工况下，电喷系统都会自动提供合适比例的油气混合气。因此，不论冷发动机还是热发动机，起动程序均是一样的。起动电喷发动机时，禁止以下事项：

（1）起动时踏下加速踏板，这样无形中给发动机加了油，破坏了原有电子配油的比例，反而使发动机难以起动。

（2）打开点火开关起动发动机 10s 仍不能起动时，不关闭点火开关，仍使用起动机起动发动机，使蓄电池电量大量消耗。

（3）前一次起动发动机未成功，未隔 0.5min 重又起动，造成蓄电池电流未恢复而再次使用，易损伤蓄电池。

自动档汽车大多采用电喷发动机，有的汽车蓄电池虽然有电，但是按下点火开关却起动不起来，原因多是档位没有在 D 位上。很多汽车在设计时，只允许 D 位才能起动，所以这类汽车起动前一定要将变速杆推到 D 位上。

51. 停熄发动机的技巧与禁忌

对于手动档汽车，只需关闭点火开关即可将发动机停熄。发动机停熄时，应查看电流表指针摆动情况，以确定电路是否已经切断，禁止停熄发动机后不观察仪表工况。

在关闭点火开关前，右脚应彻底抬离加速踏板，禁止猛踏加速踏板。如果发动机温度过高，停熄前应怠速运转 1~2min，在机件均匀冷却后，再关闭点火开关。禁止在发动机高转速运转的情况下突然停熄发动机。

自动档汽车发动机的停熄，各车型略有不同，总体上比手动档汽车简单，但有的汽车变速杆不处于 D 位，发动机熄不了火，这类汽车熄火前必须把变速杆推到 D 位，再按下点火开关关闭发动机。

在汽车长时间高速行驶后，禁止立即关闭发动机，应让发动机以高于怠速的转速再运行 2min，以便把温度逐渐降下来。

有的汽车（如奥迪轿车）发动机装有风扇离合器，在点火开关关闭后，发动机虽停止运转，但温度还很高，散热器风扇还要继续运转一段时间，有时停止后又会突然运转，因此，刚熄火后禁止在发动机旁工作。

52. 汽车起步时的操作要求与禁忌

要想使汽车平稳起步，应按下列顺序和要求进行操作。

（1）上车前环视车辆周围、上下情况，观察前轮的转向位置。

（2）进入驾驶室后，应扫视变速杆是否在空档，制动器是否处在制动状态，若符合起动要求，则起动发动机，扫视各仪表工作是否正常。

（3）有导航装置，需要导航的，向导航装置输入目的地，让导航装置进入导航状态。

（4）系上安全带，副驾驶座有人的，督促其也系上安全带。

（5）踏下离合器踏板，将变速杆挂入适当档位（低速档或前进档）。

（6）打开左转向灯，鸣喇叭，同时观察车前、左右、上方及后视镜，看是否存在妨碍起步的情况。

（7）放松驻车制动器操纵手柄。

（8）握稳转向盘。

（9）较快地放松离合器踏板，当听到发动机声音下降，车身稍有抖动时，稍停放松离合器踏板，同时缓慢踏下加速踏板并缓慢地松抬离合器踏板，使汽车平稳起步。

（10）对于自动档汽车，左脚抬起制动踏板，右脚缓慢踏下加速踏板即可。

要使汽车平稳起步，操作顺序中（8）、（9）、（10）是关键。当抬起离合器踏板时，若感到动力不足，发动机将要熄火，则应立即少许踏下离合器踏板，适当加大节气门开度，重新起步。如果离合器踏板放松得过快或加速踏板踏下得不够，会造成发动机熄火。若离合器踏板放松得过慢，会使离合器摩擦片加快磨损。若加速踏板踏下得过猛，又会使汽车向前冲。

汽车起步时，禁止以下事项：

（1）匆忙上车就发动车辆起步，不了解车辆前后左右交通情况，极易发生车祸。

（2）不了解停车时车轮转向角度，极易使车辆一起步就顺转向角度转向而导致事故。

（3）起步前未检视各仪表工作情况，特别是对制动、气压、油压等重要仪表检视不仔细，使车辆起步后不能正常工作，导致事故。

（4）忘记系安全带，不打左转向灯就行驶。

（5）挂错档位或忘记挂档，造成车辆无法起步甚至高速起步或向相反方向起步，引发事故。

（6）不检视后视镜，特别是左方后视镜，不了解左方交通情况就贸然起步向左行驶。

（7）未解除驻车制动就踏下加速踏板起步，使车辆无法起步或烧蚀驻车制动器，损伤机件。

53. 快速进行加速换档的技巧

汽车从零时速到最高时速的过程叫作加速过程。越是高档的汽车，从零时速到最高时速的时间越短，有的车从零时速到120km/h的时间只需要 6s。因此，加速过程要视车的性能来决定。

对有多级档位的汽车，要快捷加速，可采用以下操作程序：

（1）将加速踏板踏下到所需要的位置。

（2）踏下离合器踏板，同时将变速杆拨到空档位置，然后迅速松抬离合器踏板。

（3）再踏下离合器踏板，同时将变速杆挂到下一级档位，然后迅速松抬离合器踏板。

或者采用不松加速踏板，用踏一次离合器踏板的换档方法。其操作程序是：根据车速和发动机的转速，加重踏下或轻抬加速踏板，掌握好时机以较快的动作在踏下离合器踏板的同时摘档并迅速换上所需档位。采用此方法时手脚应配合协调，否则会产生齿轮撞击响声。

快速换档的主要特点是：在有预见性的换档时机下，控制好一定的节气门开度，并保持稳定不变，在连续踏一次或两次离合器踏板的同时，将变速杆依次由原档位经空档位再挂到下一级档位。因此，换档全过程几乎没有间歇时间。这就要求手和脚在配合上互相连贯、迅速敏捷、柔和协调。采用快速换档法时，若踏下加速踏板过重或过轻，均会产生齿轮碰撞响声和不能进档的现象。故换档前应正确掌握汽车的运动状态和相应的节气门开度，这是完善地运用这种操作方法的关键。不论发动机瞬间的负荷如何变化，踏下加速踏板的程度都应根据发动机的功率进行调整。当发动机的负荷较小、转速较高且车速较快时，踏下加速踏板的程度便可增加，反之需相应地松抬加速踏板。

对于自动档汽车，只要档位在前进档，只需逐渐踩下加速踏板即可。若要快速加速，可将加速踏板踩下一段后稍抬一下，然后再踩下，车速会更迅速提升。

54．低速档换高速档的操作方法与禁忌

汽车在行驶中，用低速档已难以满足动力输出和车速时，需要由低速档换入高速档，此操作称为增档。

对自动档汽车来说，起步时只要挂入前进档即可，不存在低速档换高速档的操作。但只要存在两个前进档，就有低速档换高速档的操作。操作方法是：在汽车起步后，只要道路和地形条件允许，就可逐渐踏下加速踏板提高车速，当车速适合换入高一级档位时，立即抬起加速踏板，同时踏下离合器踏板，将变速杆挂入空档，随即松开离合器踏板，再踏下离合器踏板，并迅速把变速杆换入高一级档位，接着边抬离合器踏板、边踏下加速踏板，待加速至更高一级档位的车速时，再依上述操作方法换入更高一级档位。低速档换

高速档的关键是要掌握好"冲车"的程度。所谓"冲车",就是踏下加速踏板提高车速至所增档的最低车速的过程。"冲车"时应当平稳、有力,不可过缓,也不可过猛。通常情况下,重车"冲车"时间要长一点,高速档"冲车"距离要比低速档"冲车"距离长一点,上坡增档"冲车"要比平路上"冲车"猛一点。

（1）低速档换高速档时的禁忌

动力不足时强行增档,当发动机动力及转矩未达到上一档位所需动力时就换档,会使换档失败。

（2）在上坡时换高速档。除特殊情况,汽车上坡时不宜由低速档换高速档。

（3）平时行车中,禁止车辆长时间在低速档行驶,只要道路情况允许,车辆情况正常,应及时将低速档换入高速档,进入经济行驶状态。

55. 高速档换低速档的操作方法与禁忌

汽车在行驶中,用高速档难以提供足够的驱动力时,需要由高速档换入低速档,此操作称为减档。一般减档操作方法是:抬起加速踏板的同时踏下离合器踏板,把变速杆挂入空档,接着抬起离合器踏板,随即踏下加速踏板加空油（根据汽车发动机的情况适当加空油,小型汽车不用）,再迅速踏下离合器踏板,将变速杆换入低一级档位后,松离合器踏板,同时踏下加速踏板,使汽车继续行驶。减档的关键在于掌握加空油的程度。加空油的程度随车速与档位而定。换同一档位,车速快,空油要多加,而车速很慢时,几乎可以不加空油。不同的档位减档时加空油的区别是:减速比差小的,空油可少加;减速比差大的,空油要多加;带同步器的,可不必加空油。

在由高速档换低速档的过程中,禁止以下事项:

（1）当汽车动力不足时,只顾开大节气门而坚持不减档,这种做法既耗油,又损伤机件。

（2）当汽车动力充足,在高速档能正常行驶时,强制性地给汽车减档,造成汽车行驶抖动和失衡。

（3）减档时不顾车速和发动机动力实际情况,一味加大空油或空油过小,造成拖档和增加耗油。

(4) 小坡时汽车具有惯性加速的特征,在不需使用发动机制动的情况下,硬性给车辆减档。

56. 合理选择档位与车速的方法

为了延长发动机的使用寿命以及降低发动机工作噪声和燃油消耗,行车中,驾驶人应根据车型,选择最佳的档位和车速。小型汽车的档位与最佳车速见表 1-2。

表 1-2 小型汽车的档位与最佳车速

档位	车速/(km/h)
1	≤28
2	25~45
3	40~60
4	55~90
5	≥75

57. 汽车上坡起步的操作技巧与禁忌

在上坡道路上起步时,应一手握驻车制动器操纵杆,调节制动的轻重,另一只手握转向盘对正方向,一只脚适当踏下加速踏板,另一只脚相应地缓慢松离合器踏板。当离合器已接合,汽车开始前移时,应进一步放松驻车制动器操纵杆,同时完全放松离合器踏板,并适度踏下加速踏板,使汽车平稳起步。当汽车发生后溜时,应立即拉紧驻车制动器操纵杆,使汽车停住,重新起步。无特殊情况,不允许不使用驻车制动器而用右脚兼踏加速踏板和制动踏板的办法在坡道上起步。

汽车上坡起步时,禁止将驻车制动器操纵杆松放得过迟,否则会出现发动机熄火,汽车难以起步的情况。同时,禁止过早放开驻车制动器操纵杆,以免造成汽车后溜,引发事故。由于汽车上坡起步动作复杂,驾驶人要避免只注意起步操作而忘记观察车前交通情况的现象,特别是车前近距离有障碍物时。不可为克服上坡阻力加速过快,汽车蹿跳式起步极易造成事故。

自动档汽车在上坡停车时,应挂前进档同时踩下制动踏板,松开驻车制动器操纵杆;在起步时,应在松开制动踏板后迅速踩加速踏板于适当位置。

58. 汽车下坡起步的操作技巧

在下坡道路上起步时,挂上前进档后,慢松离合器踏板,缓慢踏下加速踏板，同时放松驻车制动器操纵杆即可。如果坡道坡度能使汽车向前滑动，可挂上档位，踏下离合器踏板，放松驻车制动器操纵杆，让汽车自然下滑起步，待车速上升到一定速度后，再打开点火开关，抬起离合器踏板，使发动机在惯性作用下起动。此方法只适用于小坡道和液压制动的手动档汽车。

59．汽车转向时的注意事项

（1）要对车辆转向轨迹有正确的估计。一般限制转弯角度的因素有最小转弯半径（汽车转向盘向左或右转到底，绕圈行驶，前外轮轨迹中心线至所转圈中心的距离）和内轮差（汽车转弯时，前内轮轨迹中心线和后内轮轨迹中心线的距离），如图1-15所示。汽车转向时，要依据上述两个因素及地形，采取适当的转弯角度，不使前外轮越出道路或碰撞其他障碍物，同时还要注意内轮差，防止后内轮过不去。

（2）要掌握汽车的稳定性。稳定性分为纵向稳定性（汽车上、下坡时不致纵向翻车）和横向稳定性（不致横向翻车或侧滑）。在汽车转向时，主要掌握汽车的横向稳定性。汽车转弯时横向力（离心力）过大，会引起汽车侧滑或造成翻车。

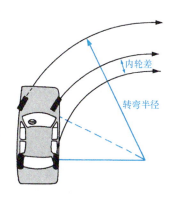

图 1-15　最小转弯半径及内轮差

（3）为保持汽车转向的稳定性，汽车转弯时应先降速后转弯，禁止边转弯边加速。转弯要制动时，应先制动后转弯，禁止一边动转向盘，一边制动。

（4）转向时，要根据道路的弯度和侧斜情况，降低车速；转动转向盘时禁止猛打猛回，禁止紧急制动。

60．停车的操作技巧与禁忌

停车从操作方法上分为缓慢停车和紧急停车两种。缓慢停车是常用的停车方式，一般采用预见性制动方法。紧急停车是在危险情况下，采用紧急制动的方法将车紧急停住，以避免发生事故的停车方式。

缓慢停车的操作步骤是：使汽车滑行到较低速度时换入低速档行驶，快到停车点时，松开加速踏板，踏下离合器踏板，缓踏制动踏板，在车辆快要停止时，稍松制动踏板，使车辆平稳停住，然后拉紧驻车制动器操纵杆，将变速杆挂入空档，使发动机熄火，松离合器踏板，松制动踏板。

在停车的过程中，不要忘记平稳地操纵转向盘，以防止车辆不能准确地停在预定的地点；禁止高速驶进停车点，单纯利用制动踏板使车辆紧急停住；禁止长时间踏住制动踏板，使车辆长时间处于制动滞留状态；禁止过早挂入低速档，利用"别档"的方式降低车速；不要在停车后忘记拉紧驻车制动器操纵杆。

紧急停车即采用紧急制动的方式在最短时间内将车停住。操作时应握稳转向盘，右脚迅速有力地踏下制动踏板，同时拉紧驻车制动器操纵杆，使车辆尽快停下。紧急停车时不要遇险慌乱，错将加速踏板当制动踏板，忘记拉驻车制动器操纵杆，延误制动时机；禁止使方向失控，引发事故。

61. 倒车的操作技巧与注意事项

（1）按照交通法规的规定，不要在铁路道口、交叉路口、单行路、弯路、窄路、桥梁、陡坡、隧道和交通繁华路段倒车。

（2）倒车时，一定要选好目标，以此控制转向盘的转动幅度，保证倒车的准确性。选择倒车目标，一般应选择明显、易观察、牢固安全、不易被车辆碰到并具有对比角度的目标；注视后窗倒车时，可通过行李箱后两角，在场地、库门或停靠位置的建筑物中选定适当的目标，如车库的两直柱和路旁的树干等；注视侧方倒车时，应选择能见到的场地或车库的边缘为目标；注视右侧后视镜时，应选择后视镜中出现的目标线和辐射的边缘影像为目标。倒车时应看清楚周围情况，必要时应下车查看，并注意前、后有无来车。

（3）发出倒车信号，然后把变速杆换入倒档，选用合适的驾驶姿势，对准目标，用与前进起步时同样的操作顺序进行后倒。

（4）倒车时，应稳住加速踏板、控制车速，不可忽快忽慢，防止熄火，或因倒车过猛而发生危险。

（5）倒车过程中，要随时做好制动停车的准备，感到有危险时，应立即停车，弄清情况后再倒车。

（6）直线倒车时，转向盘的运用与前进时一样，如果后倒方向向左（或右）偏，应将转向盘向右（或左）稍稍回转，等车尾摆直后再将转向盘回正。

62. 转向倒车的操作技巧与禁忌

转向倒车时，应掌握"慢行车、快转向"的操作方法。倒车时要注意车前车后情况。由于转向倒车时，前外侧车轮轮迹的弯曲度大于后轮，因此，在照顾全车动向的前提下，还要特别注意前外侧的车轮，避免它碰到路旁的物体。倒车时的车速不应超过5km/h。转向倒车时，若车尾要倒向左（或右）方，转向盘也应向左（或右）方相应回转，回转程度应视转向时的车身位置和车速而定。

一次倒车无法转向，需反复前进、后退时，应在每次后退或前进接近停止前的瞬间，迅速地向预定的方向回转转向盘，为接着要进行的前进或后退做好充分的准备，使每次前进或后退完成的转向角度更大一些。

不管用何种方法倒车，都禁止在汽车停止后强力回转转向盘，这样会损伤转向机构。

63. 利用倒车雷达和倒车显像仪进行倒车的方法与禁忌

有不少汽车装配了倒车雷达或倒车显像仪。有了这些装置，驾驶人倒车方便了很多。对有倒车雷达的汽车，驾驶人可以根据倒车时雷达提供的语音提示或警示信号及时了解车后方情况，以掌控倒车进程。对有倒车显像仪的汽车，驾驶人可根据显示屏上提供的车后影像掌控倒车的进程。有的倒车显像仪还会提供倒车时的车轮轨迹，驾驶人按提示的轨迹转动转向盘就可准确地将车倒到所选位置。不管倒车雷达还是倒车显像仪，使用时都禁止过分依赖，最可靠的还是驾驶人下车实际观察倒车的环境和位置，这样才能心中有数。更要注意的是，只注重倒车雷达的提示或者只注视倒车显像仪，而不注意车头车身转动情况，很容易造成顾尾不顾头而发生擦碰的情况。

64. 指挥倒车的技巧与禁忌

在有人指挥倒车时，驾驶人必须与指挥人员密切配合，事先要与指挥人员商定好指挥或联系的信号,并尽量使指挥者照看右后方及驾驶人的视觉盲区。倒车时,驾驶人既要倾听或注视指挥人员的信号,又要注意自己的判断。指挥人员一旦发出危险或停车信号,驾驶人应立即停车,绝不可自以为是地继续倒车。

指挥倒车时,指挥者应站在车的侧面,禁止在车后倒退着指挥倒车,也不可站在汽车后倒时的轨迹上指挥倒车,以免被车撞。指挥倒车时,发出转向、回转方向和停车信号均应有一定的提前量。

65. 新能源汽车的驾驶方法

新能源汽车大致有三种类型,每种类型的汽车驾驶方式也略有异同。

一种是采用以发动机为主动力,电动机作为辅助动力的并联方式的新能源汽车。这种汽车与普通燃油发动机汽车驾驶方法一样。

第二种是采用低速时只靠电动机驱动行驶,速度提高时发动机和电动机相配合驱动的串联、并联方式的新能源汽车。驾驶这种汽车时,要慢起步、缓加油,除这点以外,其他驾驶方法与普通燃油发动机汽车相同。

第三种是采用只用电动机驱动行驶的串联方式的新能源汽车。这种类型的汽车驾驶方式与普通燃油发动机汽车的驾驶方法相同。

第二部分

交通法规的遵守与禁忌

交通法规是行车的准则。对准则的遵守只有严格，没有技巧；对交通法规的遵守只有责任，没有侥幸。驾驶人正确理解交通法规是遵守交通法规，确保安全行车的前提。

一、交通信号、标志、标线的识别

1. 驾车时看交通信号灯的方法

交通信号灯一般设立在主要道路的交叉路口处，交叉路口每个方向都设有信号灯。驾驶人观察信号灯时，应以车辆行驶前方的交通信号灯为执行标准，不能以车辆待转方向的信号灯为执行标准。

驾车过程中必须提前观察前方是否有信号灯，并及时捕获信号灯的变化情况。通常情况下，在距离信号灯300m左右就应观察到前方信号灯的变化，看到信号灯后，应该反复确认，预测信号灯变化，不能过急，要从容行驶。

行车过程中，发现前方有信号灯时，应判断一下信号灯周期。通常情况下，绿灯亮过后是黄灯亮，黄灯很快会变为左转弯信号灯，左转变灯后便是红灯，此时是让道路另一侧车辆通行，红灯亮起时间较长，待红灯结束绿灯再亮时为一个周期。在这个周期内，驾驶人可做以下判断：绿色信号灯亮时，所驾车辆可以通行，但不一定来得及通过，应根据黄色信号灯判断能否通过，因此，应做好随时减速停车的准备；黄色信号灯亮时，应根据到达交叉路口停车线的距离来判断是停车还是继续行驶，若车已驶近停车线，即使制动也会越过停车线，则应继续行驶，避免为在停车线前停车而紧急制动，若能稳定地在停车线前制动停车，则应稳缓地在停车线前停车，不可为抢黄灯而加速行驶；红灯亮时，应停车，从远处看，应预测变绿灯的时间，调整车速，平缓地行驶到交叉路口。

等待信号灯时，应注意观察正面、侧面的交通信号灯，以及行人和其他车辆的情况，根据交通信号灯周期的预测时间，决定是踩制动踏板还是使用驻车制动器操纵杆，以及把握挂档行车的时机。等待时，即使绿色信号灯亮，允许通行，但观察到车前人行横道上有行人，或者前方闯红灯的车辆时，也不可通行。若放行前交通情况混乱、堵塞，即使能行车了，但在下个红灯亮起时过不了交叉路口中心线，也不要行车通行。

2. 区别车道信号灯和人行横道信号灯的方法

交通信号灯分为机动车信号灯、非机动车信号灯、人行横道信号灯、车道信号灯、方向指示信号灯、闪光警告信号灯、道路与铁路平面交叉道口信号灯。其中，车道信号灯和人行横道信号灯容易混淆。

交通信号灯有红、黄、绿三种颜色，红灯亮表示禁止通行；绿灯亮表示准许通行，黄灯亮便是警示。

在车道上，绿色箭头灯亮时，本车道准许车辆通行；红色叉形灯或者箭头灯亮时，本车道不准车辆通行。在人行横道上，绿色灯亮时，准许行人通过人行横道；红灯亮时，不准行人进入人行横道，但已进入人行横道的，可以继续通行或者在道路中心线处停留等候。

3. 识别交警手势信号的方法

交警手势信号分为八种：

（1）停止信号：交警左臂向前上方直伸，掌心向前，表示不准前方车辆通行。

（2）直行信号：交警左臂向左平伸，掌心向前；右臂向右平伸，掌心向前，向左摆动，表示准许右方直行的车辆通行。

（3）左转弯信号：交警右臂向前平伸，掌心向前；左臂与手掌平直向右前方摆动，掌心向右，表示准许车辆左转弯，在不妨碍被放行车辆通行的情况下可以掉头。

（4）左转弯待转信号：交警左臂向左下方平伸，掌心向下；左臂与手掌平直向下方摆动，表示准许左方左转弯的车辆进入路口，沿左转弯行驶方向靠近路口中心，等待左转弯信号。

（5）右转弯信号：交警左臂向前平伸，掌心向前；右臂与手掌平直向左前方摆动，手掌向左，表示准许右方的车辆右转弯。

（6）变道信号：交警右臂向前平伸，掌心向左，右臂向左水平摆动，表示车辆应当腾空指定的车道，减速慢行。

（7）减速慢行信号：交警右臂向右前方平伸，掌心向下；右臂与手掌平直向下方摆动，表示车辆应当减速慢行。

（8）示意车辆靠边停车信号：交警左臂向前上方平伸，掌心向前；右臂向前下方平伸，掌心向左；右臂向左水平摆动，表示车辆应当靠边停车。

交警在夜间没有路灯、照明不良或者遇有雨、雪、雾、沙尘、冰雹等低能见度天气环境下执勤时，用右手持指挥棒，按照上述手势信号指挥。

驾驶人判读交警的指挥手势，应以车正前方面对指挥交警的手势为准，即驾驶人以正面看交警姿势为准。在繁华的交叉路口，往往有多名交警和协警维持交通，通常各路口都有交警，此时，驾驶人要以站在路中央或岗台上的交警指挥为准。若在路口交警走近车辆，并注视车辆驾驶人做出指挥手势，以走近的交警指挥为准。

遇有信号灯和交警同时指挥的场合，以交警指挥为准。

4. 根据交通标志的颜色识别交通信息的方法

交通标志的颜色具有特定的交通信息，标志的各种颜色有不同的运用范围。

（1）红色：用于"停车让行""禁止进入"等标志的底色；禁令标志的圈、斜杠；"会车让行""会车先行"标志中的箭头；地点识别标志中"急救站"的十字；国道编号标志的底色；铁路叉形符号等。

（2）蓝色：用于指示标志和一般道路指路标志的底色；施工标志的底色。

（3）绿色：用于高速公路指路标志的底色。

（4）黄色：用于警告标志的底色；"省道编号"标志、"高速公路终点提示"标志、"减速慢行"标志的底色；车距确认标志中"追尾危险""车距确认前方200m"标志的底色；施工标志的图案底色。

（5）白色：用于辅助标志的底色及图案、文字的对比色。

（6）黑色：用于"警告标志""辅助标志"及其他部分标志的图案、文字的对比色。

（7）棕色：用于旅游标志的底色。

驾驶人在行车中，对红色和黄色的交通标志要格外注意，因为这两种颜色的交通标志所表示的信息都带有强制性和禁止性，禁止违反这两种颜色的交通标志所表示的信息。

5. 根据交通标志形状识别标志种类的方法

道路上有各种形状的交通标志，不同形状的交通标志代表不同类别的交通信息，其识别方法如图2-1所示。

图2-1 各种形状的交通标志

（1）正三角形：用于"警告标志"。

（2）倒等边三角形：用于"减速让行"标志。

（3）八角形：用于"停车让行"标志。

（4）圆形：用于禁令标志和指示标志。

（5）长方形（含方形）：用于指路标志，指示标志中的"干路先行""会车先行""车道行驶方向""人行横道"等标志，以及辅助标志、旅游标志和施工标志。

（6）箭头形：用于指路标志中的"地点识别"标志。

（7）菱形：用于分流、合流诱导标志。

（8）交叉形：用于铁路道口叉形符号。

驾驶人行车时，对圆形的交通标志要格外注意和遵守，因为禁令标志和指示标志均为圆形的，禁令标志和指示标志提供了很多行车必须遵守的交通信息，禁止违反。

6. 识别辅助标志的方法

现代交通中，辅助标志的形式越来越多。通常情况下，辅助标志附设在主标志下，形状为长方形，颜色为白底、黑字、黑边框，一般可分为5种。

（1）表示时间：根据需要对某些标志表示的信息规定时间范围。

（2）表示车辆种类：牌面上绘有图像或写有文字，运用时根据需要对某些标志表示的信息规定车辆种类。

（3）表示区域或距离：牌面上一般写有距离，该距离是根据需要对某些标志表示的信息规定的区间距离或区域。

（4）表示警告、禁令的理由：牌面通常写有文字，文字简短，根据实际情况选用。

（5）组合辅助标志：是以上4类标志的组合，通常在主标志下需要安装两块以上辅助标志牌时使用。

辅助标志表示的交通信息通常是本地交通管理的细则，带有明显的地方特点，尤其是文字式的说明，驾驶人要认真判读，理解后再遵照执行，禁止不做判读冒失行驶。

7. 识别交通标志辅助设施的方法

除配合交通标志使用的辅助标志外，还有其他几种辅助设施。

（1）施工路栏：设在有施工作业、落石、塌方等危险路段的两端或周围，可单个使用，也可多个排列使用。

（2）锥形交通路标：设在指引车辆绕过障碍物的路段。

（3）导向标：分指示性导向标和警告性导向标两类。指示性导向标设在方向发生改变的地方，颜色为红、白相间。导向标一般均采用反光材料。

（4）道口标柱：设置在公路沿线较小岔路口两侧。

行车过程中遇到上述及类似交通设施时，应注意减速避让，禁止穿行于这些设施中，特别是临时活动时所摆设的路障，以免造成危险。

8. 识别可变信息标志的方法

可变信息标志是一种因交通、道路、天气等状况的变化，可以改变显示内容的标志。这种标志主要用于高速公路、一级公路和城市主要道路上。例如：在正常情况下，高速公路上车辆限速为120km/h，如果天气变化使路面变滑，限速就需降低至80km/h，此时，标志上限速数据就会根据需要由"120"变为"80"，待天气好转，路面恢复正常，可变信息标志又显示"120"的限速数据。这种标志具有随变性，也有实用性。可变信息标志通常设在道路的右侧或悬挂在道路正上方，均采用电子显示屏。显示文字时，既有逐行显示，也有全文显示。驾驶人应根据当时所显示的信息行车，不可误认为此信息就是此段道路的永久信息，也不可误认为其他标志所示信息失去作用。只有其他标志所示信息与可变信息标志所示信息冲突时，才可遵守可变信息标志所示的信息，除此之外仍应遵照执行其他标志信息。

9. 根据功能对交通标线进行分类的方法

道路交通标线是由标画于路面上的各种线条、箭头、文字、立面标记、凸起路标和轮廓标等构成的交通安全设施。它的作用是管制和引导交通，可以与标志配合使用，也可以单独使用。道路交通标线功能可分为3类。

（1）指示标线：指示车行道、行车方向、路面边缘、人行横道等设施的标线。

（2）禁止标线：告示道路交通的遵行、禁止、限制等特殊规定，车辆驾驶人及行人需严格遵守的标线。

（3）警告标线：促使车辆驾驶人及行人了解道路上的特殊情况，提高警觉，准备防范或采取应变措施的标线。

行车过程中，遇到交通标线时应迅速判明该线属于哪种标线，对所有标线所示信息均应遵守。禁止不顾交通标线行驶，尤其禁止违背禁止标线所示信息行驶。

10. 识别指示标线的方法

指示标线是指示车行道、行车方向、路面边缘、人行横道等设施的标线，有下面几种：

(1) 双向两车道路面中心线：该标线为黄色虚线，用于分割异向行驶的交通流；在保证安全的情况下，允许车辆越线超车或向左转弯。在异向车道上有车辆行驶时，禁止越线超车或向左转弯。

(2) 车行道分界线：该标线为白色虚线，用来分割同向行驶的交通流，设在同向行驶的车道分界线上。在保证安全的情况下，允许车辆越线变换车道行驶。车辆行驶时应选择适合的车道稳定地行驶，禁止频繁变道或骑（或轧）线行驶。

(3) 车行道边缘线：该标线为白色实线，用于指示机动车道的边缘，或用来划分机动车道与非机动车道的分界。在机动车需要跨越边缘线的地方，除设有紧急停车带的路段外，画白色虚线，以让机动车跨越边缘线（虚线）进入支路。禁止轧线、越线行驶；在画有实线的道路上，未遇虚线时，禁止从实线处进入支路。

(4) 左弯待转曲线：该线为白色虚线，用来指示左转弯车辆可在直行时段进入待转区，等待左转。左转时段终止，禁止车辆在待转区内停留。该标线为两条平行并略带弧形的白虚线，线宽为15cm，线段及间隔长均为50cm，其前端画有停车线，在待转区内写有白色"左弯待转区"文字。

(5) 左转弯导向线：该标线为白色虚线，表示左转弯的机动车与非机动车之间的分界，主要用于畸形平面交叉路口。禁止非左转弯车辆进入该导向线所示车道。

(6) 人行横道线：该标线为白色平行粗实线（斑马线），表示准许行人横穿车行道。在信号灯控制的路口用两条平行的粗实线画出人行横道线的范围，有的不画斑马线。城镇地区在路段中间设置人行横道线时，在到达人行横道线前的路面上设有预告标志，用来提示驾驶人前方接近人行横道，需注意行人横过马路。人行横道预告标志为白色菱形图案。禁止车辆在人行横道区域内停车。

(7) 高速公路车距确认标线：车距确认标线为白色平行粗实线，用于为驾驶人保持行车安全距离提供参考，设于经常发生超车、易发生交通事故或其他有需要的路段。

(8) 高速公路出入口标线：出入口标线是为驶入或驶出匝道的车辆提供安全交会信息，减少车辆与凸出的路缘石发生碰撞的标线。它还包括出入口的横向标线、三角地带的标线。出入口标线的颜色为白色，主要用于高速公路和其他采用立体交叉并有必要画这种标线的道路（如城市快速路）上。出入口标线按直接式和平行式两种情况设置。

（9）停车位标线：该标线为白色，表示车辆停入位置。停车位标线可分为平行式停车标线、倾斜式停车标线和垂直式停车标线三种。在有停车位标线的地方，应在划定的停车区域内停车，禁止跨线、越线停车。

（10）港湾式停靠站标线：港湾式停靠站标线的颜色为白色，表示公共客车通向专门的分离引道和停靠位置，包括公共客车进出引道的横向标线和斑马线。非公共汽车在不影响公共汽车通行时，可驶入港湾，但禁止停车。

（11）收费岛迎车流方向地面标线：收费岛头地面标线的颜色为白色，表示收费车道的位置，为缴费车辆提供清晰标记。在进入收费岛前，要认清车流标线，及早选准收费口，不可在驶入标线后临近收费口时再变道选择收费口。

（12）导向箭头：导向箭头的颜色为白色，表示车辆的行驶方向。导向箭头主要用于交叉路口的导向车道内、出口匝道附近及对渠化交通的引导。

11. 识别禁止标线的方法

禁止标线用于告示道路交通的通行、禁止、限制等特殊规定，驾驶人及行人必须严格遵守。禁止标线除禁止超车线、禁止变道线和禁止路边停放车辆线外还有其他几种。

（1）停车线：该线为白色实线，表示车辆等候放行信号的停车位置。遇到此线并有停车信号时，车辆应在该线内停车，禁止越线停车。

（2）让行线：让行线有两种。一是停车让行线，设在"停车让行"标志的路口，表示车辆在此路口必须停车让干道车辆先行。停车让行线由两条白色实线和一个白色"停"字组成。行车遇到此线时，若干道有车辆，则应将车停在线内，禁止越线抢行。二是减速让行线，设在"减速让行"标志的路口，表示车辆在此路口必须减速让干道车辆先行。减速让行线为两条平行的虚线和一个倒等边三角形标志，颜色为白色。

(3) 非机动车禁驶区标线：用以告示骑车人在路口内禁止驶入的范围。左转弯骑车人必须沿禁驶区外围绕行，以保证路口内机动车通行空间和安全侧向净空。该标线设置于交通信号灯控制的路口。

(4) 导流线：表示车辆需按规定的路线行驶，不得轧（或骑）线或越线行驶。该线主要用在过宽、不规则或行驶条件比较复杂的交叉路口和立体交叉的匝道口或其他特殊地点。导流线根据交叉路口的地形和交通流量、流向情况进行设计。导流线的颜色为白色，进入导流线行驶时，禁止轧（或骑）线或越线变向行驶。

(5) 中心圈：在一些交叉路口中心设有交警指挥岗台时，往往在路口中心用白实线画有大小不等的圆圈。中心圈直径及形状是根据交叉路口大小确定的。中心圈为白色，代表交警的指挥位置，也具有分道线和安全岛的作用，用以区分车辆转弯的大小并作为快、慢车辆迂回转弯的地点。同时，它也表示该处为交叉路口的中心。凡是事先画的这种圆圈，均表示车辆应沿圆圈逆时针方向行驶，禁止车辆轧或越中心圈线行驶。除非在中心圈处有左转弯导向箭头或交通警察指挥，左转弯车辆均应围绕中心圈实施左转弯，禁止不围绕中心圈实施小转弯。

(6) 网状线：用以告示驾驶人禁止在设置该标线的交叉路口或其他出入口处停车，防止交通阻塞。该线设于易发生临时停车的交叉路口或其他出入口处。该线为黄色。在交通量较小的交叉路口或其他出入口处，网状线是简化的，即在方框中加叉。车辆需停车时，若遇到网状线，要么越过此线区域停车，要么在此线区域前停车，禁止在网状线区域内停车。网状线通常在重要交叉路口处出现。

(7) 专用车道线：用以指示仅限于某种车辆行驶的专用车道，其他车辆及行人不得进入。该标线由黄色虚线及文字组成。专用车道线从起点开始标绘，每经过一个交叉路口重复出现一次字符。如果交叉路口间隔距离较长，则在中间适当地点增加标画字符。交通法规定：在专用车道内，只准许规定的车辆通行，其他车辆禁止进入专用车道内行驶。

(8) 禁止掉头标记：用于禁止车辆掉头的路口或区间。该标记为黄色。车辆遇此标记时，禁止大幅度转向、变道或掉头。

12. 识别禁止路边停放车辆线的方法

禁止路边停放车辆线有以下两种：

（1）禁止路边长时间停放车辆线：在禁止路边长时间停放车辆的路段，于道路缘石正面及顶面画黄色虚线，无缘石的道路将标线画于路面上，距路面边缘以 30cm 为度。该标线大多配合"禁止停放"路面文字和"禁止停放"标志一并使用。

（2）禁止路边临时或长时间停放车辆线：在禁止路边临时停放车辆的路段，于道路缘石正面及顶面画黄色实线，无缘石的道路可将标线画于路面上，距路面边缘以 30cm 为度。该标线大多配合"禁止临时停放"路面文字和"禁止停放"标志一并使用，并根据需要在辅助标志上标明禁止路边停放车辆的时间或区间。

行车过程中需路边停车时，应判别是否有禁止路边停放车辆线，若有黄色实线，即表示不可停车；若有黄色虚线，表示只可临时停车，而不可长时间停放车辆。

13. 识别禁止变道线和禁止超车线的方法

禁止变道线用于禁止车辆变换车道和借道超车。此标线为白色实线。该标线设于交通特别繁杂而同向具有多条行车道的桥梁、隧道、弯道、坡道、车行道宽度渐变路段、交叉路口驶入段、接近人行横道的路段及其他要禁止变道的路段。

禁止超车线是禁止标线的一种，它有以下三种：

（1）中心黄色双实线：此线表示严格禁止车辆跨线超车或轧线行驶。该线用于划分上下行方向各有两条或两条以上机动车道而没有设置中央分隔带的道路，除交叉路口或允许车辆左转弯（或回转）的路段外，一般均连续设置。遇到这种黄色双实线时，车辆禁止越线、跨线、轧线行驶。

（2）中心黄色虚实线：此线表示实线一侧禁止车辆越线超车或转弯，虚线一侧准许车辆越线超车或转弯。该标线为一条实线和一条与其平行的虚线组成的标线，用以划分在双向通行的三条机动车道，以及需要实行单侧禁止超越的其他道路上。

（3）中心黄色单实线：该线用在上下行方向各只有一条或两条车道（一条机动车道和一条非机动车道）的道路和双方通行三车

道道路上，以及上下坡、转弯路段及其他危险需禁止超车的路段。遇到这种黄色实线时，车辆禁止越线超车或轧线行驶。

总之，在道路上遇到黄色实线的分道线时，均应严格地在规定车道线中行驶，禁止越、轧此线行驶。

14. 判读交通标线的方法

道路上的交通标线除上面介绍的禁止变道线和禁止超车线（中心黄色双实线、中心黄色虚实线、中心黄色单实线）外，还有以下各种标线：

（1）白色虚线：设于路段中时，用以分隔同向行驶的交通流或作为行车安全距离识别线；设于路口时，用以引导车辆行驶。

（2）白色实线：设于路段中时，用以分隔同向行驶的机动车和非机动车，或指示车行道的边缘；设于路口时，可用作导向车道线或停车线。

（3）黄色虚线：设于路段中时，用以分隔对向行驶的交通流；设于路侧或缘石时，用以禁止车辆长时间在路边停放。

（4）双白虚线：设于路口时，作为减速让行线；设于路段中时，作为行车方向随时间改变的可变车道线。

（5）双白实线：设于路口时，作为停车让行线。

15. 识别减速让行线的方法

有些道路由于种种原因，不准也没有条件超车，即前车无法让后车，但当因道路宽度或其他原因，允许前车让后车时，就要在路面上设置减速让行线。另外，在一些路口，为了保证主车道通行，往往在一些路口分别设置减速让行线。减速让行线表示车辆必须减速让行。减速让行线的颜色为白色。设有减速让行标志的路口，均有减速让行线。减速让行线为两条平行的虚线。在双向行驶的路口，减速让行线与车行道中心线连接；在单向行驶的路口，减速让行线横跨整个路面。减速让行线一般设在有利于驾驶人瞭望的位置。车辆在减速让行线内行驶时应减速，让后车超越或让主干道车辆先行，禁止在减速让行线内以原速度行驶。后车若需超车，当前车刚进入减速让行线内时就应立即加速，在超车道内及时完成超车。禁止占道不提速，禁止双车并道行驶。

16. 判读路面文字标记的方法

路面文字标记是利用路面文字指示或限制车辆行驶的标记。常见的路面文字标记有以下几种：

（1）最高时速限制标记：表示限制车辆行驶的最高时速。限速数字的颜色为黄色，限速数值根据实际需要确定。黄色文字均表示禁止内容，禁止车辆违反。

（2）大型机动车道标记：用于大型机动车道内，可在各较大的交叉路口外重复设置。该标记为白色，文字标记竖向排列。车辆应根据文字内容，选择自己的车道，禁止不根据路面文字标记行车。

（3）小型机动车道标记：用于小型机动车道内，可在各较大的交叉路口外重复设置。该标记为白色，文字标记竖向排列。

（4）超车道标记：用于超车道内，可在各较大的交叉路口处重复设置。该标记为白色，文字标记竖向排列。禁止各种车辆在超车道上进行非超车行驶。

二、交通法规的遵守与禁忌

17. 驾车携带有关证件的要求与禁忌

交通法规定：机动车驾驶人应当按照驾驶证载明的准驾车型驾驶机动车；驾驶机动车时应当随身携带机动车驾驶证。驾驶人出车时除需携带与所驾机动车车型相符的驾驶证外，还应携带行驶证，从事营运的驾驶人还应携带营运驾驶人从业资格证书、道路运输证（该证由交通管理部门将车辆购置附加费证、营运证、运输管理费缴讫证合并而成）、机动车保险证。

行驶的车辆，要将检验合格标志、保险标志（有些地方还规定环保标志）粘贴在车辆前风窗玻璃右上角。个别准许通行证，在需要用时，应在车辆前风窗玻璃上显出，一般不长期固定粘贴。

禁止证件不齐或携带过期无效证件；禁止将证件随意丢放在车内，应将证件妥善保管，放在安全且方便取出的地方。

18. 对交通优先权的理解与遵守

优先原则是交通管理的一种基本方法。只有规定好交通优先权，交通物体在同时间和空间相遇时，才会知道谁应让谁，否则，矛盾双方发生争执时,就无法判明是非。所以,交通法规中均有优先权的条款。优先权,包括流向优先和交通物体优先两类。流向优先通常包含以下内容:直行车辆优于转弯车辆;在干路上运行的车辆优于支路上运行的车辆;通过无管制的交叉路口时只有在右边无车辆驶入路口时才可通行等。交通物体优选包含以下内容:火车和有轨电车在行进时优先于其他一切交通物体;紧急车辆优先于其他车辆;在人行横道内行走的行人优先于车辆等。车辆在道路上行驶时要理解和遵守交通优先权,使交通有序地进行。行车过程中不具有优先权的车辆不得侵犯具有优先权的车辆行驶的权利,以免违章。

19. 对法定路权的遵守与禁忌

各行其道是指车辆、行人按道路的划分,明确谁的道谁走,这是交通参与者应享有的法定路权。车辆、行人如果走了规定中不属于自己应走的道路或道路部位,就属于违反交通法规的行为。侵犯了他人的法定路权,出了事故就要追究侵犯者的责任。否则,车辆和行人没有明确路线,交通就会混乱,出了事故也追查不到谁的责任。所以,交通法规中规定了各种法定路权,驾驶人在行车中必须尊重、遵守这种路权,禁止侵犯别人的路权。侵犯了别人的路权,一旦发生事故就要承担责任。例如,在没有施划行车道的道路上,机动车应在道路中央行驶,如果机动车过于偏左或偏右行驶,碰撞到非机动车或行人就要承担事故的相应责任。

20. 区分"借道"和"主道"的界限

车辆因转弯、会车、超车、停车等有必要占用他人的通道时,属于"借道"行驶。如果借道行驶,就有让"主道"车优先通行并保障其安全的义务。这是因为借道者并不是依自己的路权行驶,而是依别人的路权行驶,而主道者往往是群体、主流交通体以及那些依法定路权行驶的车辆。

21. 借道超车和借道让超车的方法

常规情况下,大型机动车道内的车辆,在不妨碍小型机动车道内的车辆正常行驶的情况下,可以借道超车。小型机动车道内的车辆低速行驶或遇后车超越时,应改在大型机动车道内行驶。这里的大型机动车道内的车辆可借道超车,是指在道路一侧仅划分一条小型机动车道和一条大型机动车道的情况。在小型机动车道内行驶的车辆种类较少，车速差别不大。在大型机动车道内行驶的车辆种类多，车速差别较大，车辆在同一辆车道内行驶时，必然产生后边高速车需要超越前方低速车的情况。鉴于大型机动车道只有供一车行驶所需的宽度，其右边又是非机动车道，后车超越时已不能使前车让道驶至非机动车道内，这就需要在不妨碍小型机动车道内的车辆正常行驶的条件下借道超车。这里所说的不妨碍，是指小型机动车道内后边无来车或来车较远时，大型机动车道内的车辆在不致使小型机动车道内的车辆减速慢行的条件下方可借道超车。此外，小型机动车道内的车辆由于车况不佳等原因而低速行驶或遇后车超越时，则必须改行大型机动车道，以免妨碍后边车辆通行。

22. 分道行驶的规定与禁忌

《中华人民共和国道路交通安全法实施条例》规定："在道路同方向划有 2 条以上机动车道的，左侧为快速车道，右侧为慢速车道。在快速车道行驶的机动车应当按照快速车道规定的速度行驶，未达到快速车道规定的行驶速度的，应当在慢速车道行驶。摩托车应当在最右侧车道行驶。有交通标志标明行驶速度的，按照标明的行驶速度行驶。慢速车道内的机动车超越前车时，可以借快速车道行驶。在道路同方向划有 2 条以上机动车道的，变更车道的机动车不得影响相关车道内机动车的正常行驶。"

《中华人民共和国道路交通安全法》（以下简称《道路交通安全法》）规定：警车、消防车、救护车、工程救险车执行紧急任务时，在确保安全的前提下，不受行驶路线、行驶方向、行驶速度和信号灯的限制，其他车辆和行人应当让行，非执行紧急任务时，不享受前述的道路优先通行权；洒水车、清扫车等机动车按作业标准作业，在不影响其他车辆通行的情况下，可以不受车辆分道行驶的限制，但是不得逆向行驶。

23. 同时有交通信号和交警指挥时的处理方法

交通警察指挥交通的特点是：根据当时的交通情况由交通警察单方面决定，不需要征求车辆和行人的同意，车辆和行人只有服从的义务，没有拒绝的权利。所以，在道路上指挥交通的交通警察发出的信号是高于其他交通信号的。也就是说，遇到交通警察示意的内容与交通信号灯、交通标志、交通标线示意的内容有矛盾的情况时，就要服从交通警察的指挥。否则，在交叉路口处遇到交通信号与交通警察指挥不一致时就会出现两种指挥信息，要是不能确定服从哪个，就会使交通出现混乱。从这一点出发，规定出现多种交通指挥信号时，以现场交通警察指挥为准。行车过程中禁止只看交通信号而不观察现场交通警察的指挥。当服从交通警察指挥而未服从交通信号灯的指挥被拍照，出现违章罚单时，驾驶人在处理罚单时可提出申诉，交管部门会查实撤单。

24. 车辆停放的规定与禁忌

交通法规定：机动车应当在规定地点停放。车辆必须在停车场或准许停放车辆的地点依次停放，禁止在车行道、人行道和其他妨碍交通的地点任意停放。车辆停放时，需关闭电路，拉紧驻车制动器操纵手柄，锁好车门。车辆在停车场以外的其他地点需临时停车时，还必须注意以下事项：

（1）按顺行方向靠道路右边停放，驾驶人不准离开车辆，妨碍交通时必须迅速驶离。

（2）在车辆未停稳前，禁止开车门和上下人；开车门时不得妨碍其他车辆和行人通过。

（3）在设有人行道护栏（绿篱）的路段、人行横道、施工地段、障碍物对面，禁止停车。

（4）交叉路口、铁路道口、弯路、窄路、桥梁、陡坡、隧道以及距离上述地点 20m 以内的路段，禁止停车。

（5）公共汽车站、电车站、急救站、加油站、消防栓或消防队门前以及距离上述地点 30m 以内的路段，除使用上述设施的车辆外，禁止其他车辆停放；大型公共汽车、电车除特殊情况外，禁止在车站以外地点停车。

25. 临时停车的禁忌

车辆因故停车或临时停在车行道旁时，其停放位置应选在良好的视觉范围内，以便来往车辆及时发现，禁止将车停放在视觉盲区。在夜间遇风、雨、雾天需停车时，必须开示宽灯、尾灯，以显示停车位置和车辆的体积，禁止在夜间或黑暗处停车时不开启示宽灯或尾灯。车辆因故障停车时，必须移至不妨碍交通的地点，在车身后设警告标志或开危险报警闪光灯，夜间还需开示宽灯、尾灯或设置明显标志。车辆在行驶过程中发生故障不能行驶时，必须立即报告附近的交通警察或自行将车移开。制动器、转向器、灯光等发生故障时，必须及时选择适当的地点停车，修复后方可行驶，禁止因停车不便而带故障行车。

26. 遇执行紧急任务的车辆时的操作方法

行车过程中遇到警车、消防车、救护车、工程抢险车等执行紧急任务的特种车，应及时让行，禁止穿插或跟随，更不可超越。对特种车让行有两个前提：一是特种车必须在执行紧急任务；二是要确保安全的原则。其他车辆遇到执行任务的特种车时，不论其来自何方，凡是可能妨碍其通行的都应立即避让。

27. 受人指使、强迫违反交通法规时的禁忌

交通法规定：任何人不得强迫、指使、纵容机动车驾驶人违反交通安全法律、法规和机动车安全驾驶要求驾驶机动车。

指使、强迫机动车驾驶人违反交通法规，在法律上是指对驾驶人有行政管理权的领导或者其他人，利用职权或其他办法指使或者强迫驾驶人违反交通法规的行为。例如：强迫无有效驾驶证的人员驾驶车辆；指使、强迫驾驶人转借、涂改、损毁机动车牌证、驾驶证，或超载、超速行驶和违反交通标志、信号行驶等。如果发生了交通事故，责任一般由驾驶人负责。因此，驾驶人遇到上级领导、亲友和同事或他人怂恿、迫使自己违反交通法规时，应主动诚恳地向他们宣传交通法规，指出违反交通法规的危险和严重后果。宣传无效时，应拒绝执行，并及时向有关部门反映，禁止碍于情面而违规驾驶车辆。

三、交通管理与交通违法行为的处理

28. 遇交通检查人员示意停车时的禁忌

行车过程中，当遇到交通检查人员迎面用左手持停车示意牌向上伸起，发出停车信号时，应立即降低车速，靠道路右侧缓行。检查人员将右手向下方某处垂下，一般是示意某处为停车点，驾驶人应将车平稳地停在指定停车点。禁止不降车速或不靠近指定路段停车。在夜间，检查人员一般用红色信号灯辅助指挥，驾驶人要注意

观察，及时停车，禁止不采用变光而用前照灯直接照射检查人员。驾驶人将车停稳后，应关闭点火开关，带齐随车证件，立即下车，到检查人员处接受检查。检查人员若要检查车辆，驾驶人应主动配合，并协助检查人员检查。

驾驶人在夜间偏僻之处遇到交通检查时，应注意辨别示意停车人员的真伪。根据规定，检查人员应着制式服装并佩戴整齐；临时检查应有组织，达三人以上。在未辨别情况前，禁止随意停车或下车，以免发生意外。

29. 遇交警拦车时的注意事项与禁忌

根据规定，交警和任何单位都不得在道路上定点设卡和逢车必查。交警只有在执勤时，发现下列情况，才可以指挥驾驶人立即停车，接受检查、处理：

（1）车辆无号牌、年检合格标记，或者违反规定安装号牌。

（2）车辆违章超员、超重、超宽、超高。

（3）车辆违反交通信号、标志、标线指示。

（4）车辆超速行驶、逆行，违章超车、会车、转弯、掉头、变更车道、占道行驶，不按规定避让警车、护卫车队和其他特种车辆，违反禁止或限制通行规定。

（5）不按规定使用灯光，或者违反规定使用标志灯具、警报器。

（6）车辆行驶中有曲线、急停等非正常现象，驾驶人有可能无证驾驶、酒后驾车、疲劳驾驶。

（7）有其他明显交通违章行为。

如果驾驶车辆无上述明显违章行为，一般不会被交警拦车检查，但下列两条特殊情况除外：一是需查缉犯罪嫌疑人或者交通肇事逃逸人；二是发现与被公安机关查缉的被盗抢机动车特征相同的机动车。

遇交警拦车时，应判明属于上述哪种情况，并及时将车停至指定地点。禁止被交警拦车时，还不知自己有哪种违法行为。如果不知原因，可向交警咨询，若真有违法行为，则要虚心接受处罚；对拦查嫌疑车辆的，应积极配合。

30. 遇交警执勤处罚时的注意事项与禁忌

根据有关规定，交警只有在道路上执勤时，对当场发现的违法行为才有处罚权。因此，驾驶人有权拒绝不是在道路上执勤的交警或非交警人员的处罚行为。根据规定，交警在道路上执勤时，对轻微违法的违法行为人，认为其情节轻微，未影响道路通行和安全的，应当口头告知其违法行为的基本事实、依据，向违法行为人提出警告，纠正违法行为后放行。因此，轻微违法行为驾驶人应主动向交警认错，表示改正，以免处罚，禁止强词夺理，强调客观原因。

《道路交通安全法》规定："对道路交通违法行为人予以警告、200元以下罚款，交通警察可以当场做出行政处罚决定，并出具行政处罚决定书。行政处罚决定书应当载明当事人的违法事实、行政处罚的依据、处罚内容、时间、地点以及处罚机关名称，并由执法人员签名或者盖章。"

根据上述规定，一般在道路上执勤的交警只有处以200元以下罚款的权利，超过200元罚款和处以吊扣驾驶证的，必须由交警上报交警大队后才能实施。驾驶人应了解这个处罚权限和尺度，以保护自己的合法权益。

31. 辨明执法告知词的技巧

《道路交通安全违法行为处理程序规定》规定：交警对当事人现场予以处罚的，应先口头告知其违法行为的基本事实，拟做出的行政处罚、依据及其依法享有的权利；交警有义务听取违法行为人的陈述和申辩，违法行为人提出的事实、理由或者证据成立的，交警应当采纳。这是处罚的程序。若交警未遵守法定程序，未依法告知的，行政处罚无效。

驾驶人应掌握执法告知词，若要减轻处罚，维护自己的权益，可从警察告知词中了解维权的信息和处罚的规定。在交警告知处罚理由后，大胆地从违法行为性质、情节、危害等方面表明自己的看法和态度。同时，也可从违法行为适用的法律法规发面进行申辩，努力使交警认为你的陈述和申辩可信、有理由，从而改判，尽量使处罚进入到不开处罚决定书的程序。

32. 遇有"电子警察"时的禁忌

所谓的"电子警察"是指公安机关交通管理部门运用照相机、计算机、视频雷达等技术和设备，对路口和主要道路违反交通法规的行为实施监控的系统工程。

利用"电子警察"查处交通违章具有科学性、客观性、公正性。"电子警察"可昼夜 24h 监控，具有很强的威慑力。驾驶人驾车时应遵守交通法规，尤其在城市有红绿灯的路口和重要交通干道上，禁止看不到警察就闯红灯或违规超速行驶，其实"电子警察"正在执勤，会将违法行为记录下来，如图 2-2 所示。

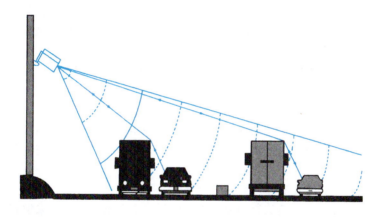

图 2-2 "电子警察"监控交通情况

有的驾驶人利用没有警察值勤的机会，看到直行红灯时，就将车驶入右转弯车道，右转弯进入交叉路口后，估计已驶出"电子警察"对准直行路口的区域后，又向左转向直行，以此逃避"电子警察"而闯红灯。这种既不安全又故意违法的做法应当禁止。通常，多数备有"电子警察"的路口均是交通要道，在这些地方公安部门也备有整个路口的监控探头，这种逃避"电子警察"的做法极易引起监控人注意，一旦查证，将加重处罚。

公安机关交通管理部门有专门负责处理"电子警察"记录信息的处室。"电子警察"记录信息称为交通技术监控记录资料。这些职能部门会依据"电子警察"拍摄的图像或测到的数据信息，对有违法行为的机动车辆，按车主、号牌、违章日期、违法行为地点的顺序逐一制表，一式两份，一份备查，一份审核后进行告示，并提出按章处罚的要求。

33. 交通违法行为实施简易程序处罚的方法

交警对于当场发现的违法行为，认为情节轻微，未影响道路通行和安全的，将会口头告知违法行为人违法行为的事实，并提出警告，在纠正违法行为后放行。

交警对于当场发现的违法行为，要对个人处以200元以下罚款的，将实施简易程序给予处罚。其方法是：先口头告知违法行为人违法行为的事实，拟做出罚款的依据和违法行为人依法享有的权利，然后听取被处罚人的陈述和申辩，并决定是否采纳。如果依然要罚款，交警将当场写简易程序处罚决定书，并要求被处罚人在处罚决定书上签字，被处罚人不签字的，交警将在处罚决定书上注明，然后将简易程序处罚决定书交给被处罚人，被处罚人拒收的，交警将在处罚决定书上注明。

按照规定，实施简易处罚由一名交警实施即可，但处罚决定书上必须要有执行交警本人的签名或盖章，要有公安交管部门的印章方可有效。

34. 交通违法行为实施一般程序处罚的方法

交警对严重违法行为要处以200元以上罚款，以及要采取行政强制措施的，均实施一般程序处罚方法。一般程序处罚的程序基本上与简易程序处罚相同，只是交警当场填写的是道路交通安全违法行为处理通知书。如果处罚还有行政强制措施，交警将当场填写行政强制措施凭证，兼作道路交通安全违法行为处理通知书，被处罚人应按处理通知书的要求，在规定时间内到指定地点接受处理。

在现场制发道路交通安全违法行为处理通知书和做出行政强制措施决定的，由一名交警实施即可。

35. 交通违法行为非现场处罚的方法

根据"电子警察"或其他交通技术监控记录资料，对违法的机动车所有人、管理人或驾驶人给予处罚的称为非现场处罚。非现场处理均需由公安机关交通管理部门事先通知被处罚人员在规定时间、指定地点接受处罚。处罚时，也分为简易程序和一般程序。对处以 200 元以下罚款的，采用与交警现场简易程序处罚相同的程序；对处以 200 元（不含）以上罚款、暂扣或者吊销机动车驾驶证的，将按照一般程序做出处罚决定。不论用哪种程序处罚，公安机关交通管理部门都应提供技术监控资料记录供被处罚人查询。

非现场处罚按一般程序处罚的方法如下：

（1）询问当事人违法行为的基本情况，并做笔录。当事人拒绝接受询问签名或盖章的，在询问笔录上注明。

（2）书面告知当事人违法行为的基本事实，拟做出的行政处罚、依据及其依法享有的权利。

（3）对当事人陈述、申辩进行复核，复核结果应在笔录中注明，由当事人签名、复核人签名、公安机关交通管理部门盖章。当事人拒签的，在笔录中注明。

（4）制作公安交通管理行政处罚决定书。

（5）处罚决定书由当事人签名，当事人拒签的由执行交警当场在处罚决定书上注明。

（6）当场宣告处罚决定书并交付当事人，当事人不在场的，将在 7 日内送交当事人。

非现场进行一般程序做出处罚决定的，必须由两名以上交警实施。

36. 异地交通违法行为的处罚方法

公安机关交通管理部门对非本辖区（以设区的市为界）的机动车有违法行为记录的，会将记录违法行为的信息、证据转至机动车号牌核发地的公安机关交通管理部门。

机动车号牌核发地的公安机关交通管理部门会设法告知当事人违法行为的基本事实、拟做出的行政处罚、依据和其依法享有的权利，以及接受处理的地点、期限和不接受处理的后果。

若违法行为人对事实无异议，机动车号牌核发地的公安机关交通管理部门将做出处罚决定。若违法行为人对事实有异议，机动车号牌核发地的公安机关交通管理部门将告知其到违法行为地的公安机关交通管理部门接受处理。

37. 记分周期的计算方法

根据有关规定，公安机关交通管理部门对驾驶人道路交通安全违法行为实行记分制。记分制采用累积记分周期的方法，即记分周期。一个周期12个月,满分为12分,从机动车驾驶证初次领取之日起计算。一次记分分值是按违法行为的严重程度决定的,一次记分分值分别为12分、6分、3分、2分、1分。各项违法行为记分分值如下:

(1)机动车驾驶人有下列违法行为之一,一次记12分。

① 驾驶与准驾车型不符的机动车的。

② 饮酒后驾驶机动车的。

③ 驾驶营运客车(不包括公共汽车)、校车载人超过核定人数20%以上的。

④ 造成交通事故后逃逸,尚不构成犯罪的。

⑤ 上道路行驶的机动车未悬挂机动车号牌的,或故意遮挡、污损、不按规定安装机动车号牌的。

⑥ 使用伪造、变造的机动车号牌、行驶证、驾驶证、校车标牌或使用其他机动车号牌、行驶证的。

⑦ 驾驶机动车在高速公路上倒车、逆行、穿越中央分隔带掉头的。

⑧ 驾驶营运客车在高速公路车道内停车的。

⑨ 驾驶中型以上载客汽车、载货汽车、校车、危险品运输车辆在高速公路、城市快速路上行驶超过规定时速20%以上,或者在高速公路、城市快速路以外的道路上行驶超过规定时速50%以上,以及驾驶其他机动车行驶超过规定时速50%以上的。

⑩ 连续驾驶中型以上载客汽车、危险品运输车辆超过4h未停车休息或者停车休息时间少于20min的。

⑪ 未取得校车驾驶资格驾驶校车的。

(2)机动车驾驶人有下列违法行为之一,一次记6分。

① 机动车驾驶证被暂扣期间驾驶机动车的。

② 驾驶机动车违反道路交通信号灯通行的。

③ 驾驶营运客车(不包括公共汽车)、校车载人超过核定人数未达20%的,或者驾驶其他载客汽车载人超过核定人数20%以上的。

④ 驾驶中型以上载客汽车、载货汽车、校车、危险物品运输车辆在高速公路、城市快速路上行驶超过规定时速未达20%的;

⑤ 驾驶中型以上载客汽车、校车、危险物品运输车辆在高速公路、城市快速路以外的道路上行驶，或者驾驶其他机动车行驶超过规定时速20%以上未达50%的。

⑥ 驾驶载货汽车载物超过核定质量30%以上或违反规定载客的。

⑦ 驾驶营运客车以外的机动车在高速公路车道内停车的。

⑧ 驾驶机动车在高速公路或城市快速路上违法占用应急车道行驶的。

⑨ 低能见度气象条件下，驾驶机动车在高速公路上不按规定行驶的。

⑩ 驾驶机动车运载超限不可解体的物品，未按指定的时间、路线、速度行驶或未悬挂明显标志的。

⑪ 驾驶机动车运载爆炸物品、易燃易爆化学物品以及剧毒、放射性危险品，未按指定的时间、路线、速度行驶或未悬挂警示标志并采取必要的安全措施的。

⑫ 以隐瞒、欺骗手段补领机动车驾驶证的。

⑬ 连续驾驶中型以上载客汽车、危险物品运输车辆以外的机动车超过4h未停车休息或停车休息时间少于20min的。

⑭ 驾驶机动车不按规定避让校车的。

（3）机动车驾驶人有以下违法行为之一，一次记3分。

① 驾驶营运客车（不包括公共汽车）、校车以外的载客汽车载人超过核定人数未达20%的。

② 驾驶中型以上载客载货汽车、危险物品运输车辆在高速公路、城市快速路以外的道路上行驶或驾驶其他机动车行驶超过规定时速未达20%的。

③ 驾驶载货汽车载物超过核定载质量未达30%的。

④ 驾驶机动车在高速公路上行驶低于规定最低时速的。

⑤ 驾驶禁止驶入高速公路的机动车驶入高速公路的。

⑥ 驾驶机动车在高速公路或在城市快速路上不按规定车道行驶的。

⑦ 驾驶机动车行经人行横道，不按规定减速、停车、避让行人的。

⑧ 驾驶机动车违反禁令标志、禁止标线指示的。

⑨ 驾驶机动车不按规定超车、让行的，或逆向行驶的。

⑩ 驾驶机动车违反规定牵引挂车的。

⑪ 在道路上车辆发生故障、事故停车后，不按规定使用灯光和设置警告标志的。

⑫ 上道路行驶的机动车未按规定定期进行安全技术检验的。

（4）机动车驾驶人有下列违法之一，一次记2分。

① 驾驶机动车行经交叉路口不按规定行车或停车的。

② 驾驶机动车有拨打、接听手持电话等妨碍安全驾驶行为的。

③ 驾驶二轮摩托车，不戴安全头盔的。

④ 驾驶机动车在高速公路或城市快速路上行驶时，驾驶人未按规定系安全带的。

⑤ 驾驶机动车遇前方机动车排队或者缓慢行驶时，借道超车或占用对面车道、穿插等候车辆的。

⑥ 不按规定为校车配备安全设备，或不按规定对校车进行安全维护的。

⑦ 驾驶校车运载学生，不按规定放置校车标牌、开启校车标志灯，或不按经审核确定的线路行驶的。

⑧ 校车上下学生，不按照规定在校车停靠点停靠的。

⑨ 校车未载学生在道路上行驶，使用校车标牌、校车标志灯和停车指示标志的。

⑩ 驾驶校车上道路行驶前，未对校车车况是否符合安全技术要求进行检查，或者驾驶存在安全隐患的校车上道路行驶的。

⑪ 在校车载有学生时给车辆加油，或在校车发动机引擎熄灭前离开驾驶座位的。

（5）机动车驾驶人有下列违法之一，一次记1分。

① 驾驶机动车不按规定使用灯光的。

② 驾驶机动车不按规定会车的。

③ 驾驶机动车载货长度、宽度、高度超过规定的。

④ 上道路行驶的机动车未放置检验合格标志、保险标志，未随车携带行驶证、机动车驾驶证的。

38. 记分的查询与处理方法

驾驶人应及时了解自己被记分的分值，公安机关交通管理部门将向社会公布查询驾驶人违法行为记分的方式，驾驶人可根据此方式查询。对查询的分值或处罚不服的，可申请行政复议或提出行政诉讼，若依法裁决变更处罚决定的，相应记分分值也会被变更或撤销。若记分已近满分，应谨慎驾驶，尽量少驾驶车辆到交通环境复杂的地方（特别是城市），当记分达到12分时，应在15日内到驾驶证核发地或违法交通管理部门接受为期七日的交通法规教育和考试，合格后在一个周期内重新记分。新交通法规定，一个记分周期内记分达到12分，处罚已经缴纳，记分予以清除，罚款未缴纳的，记分转入下一记分周期。若被记12分，拒不参加学习和考试，将被公安机关交通管理部门停止使用驾驶证。

驾驶证在6年有效期内，每个记分周期均未满12分的，换发10年有效期的驾驶证；10年有效期内，每个记分周期均未满12分的，换发长期有效驾驶证。

39. 对酒后驾驶的处罚规定

酒后驾车是属于严重违反交通法的行为。对是否酒后驾车，通常由交警现场用专用仪器对驾驶人进行测定，然后根据测定结果，对照标准来确定。交通法对酒后驾车处罚分为两个等级，一是饮酒后驾驶，二是醉酒驾驶。

经酒精测试仪现场测定，血液中酒精含量小于20mg/100mL，不构成饮酒驾车行为，不违法；血液中酒精含量大于或等于20mg/100mL，为酒后驾驶，属于违犯交通法行为；血液中酒精含量大于或等于80mg/100mL，为醉酒驾驶，属于刑事犯罪行为。

对不构成饮酒驾车行为的，不予处罚；对饮酒驾驶的，罚款1000~2000元，记12分并暂扣驾照6个月；饮酒驾驶营运机动车的，罚款5000元，处以15日拘留，吊销机动车驾驶证，并且5年内不得重新取得机动车驾驶证；醉酒驾驶机动车的，吊销机动车驾驶证，依法追究刑事责任，5年内不得重新获取机动车驾驶证；醉酒驾驶营运机动车的，吊销机动车驾驶证，依法追究刑事责任，10年内不得重新获取机动车驾驶证，终生不得驾驶营运车辆。

40. 对醉酒驾驶从重处罚的认定

醉酒驾驶属于刑事犯罪行为，因此，交警当场对被检查人测试出酒精含量超过80mg/mL时，会特别谨慎。通常会让被检查人再测试一次，当再次检测的酒精含量达到醉酒驾驶标准时，会立即将被检查人送到当地医院抽取血样，测定血液中酒精含量。与呼吸测试仪测定的值相比，血样测定是法院认定的确信标准。血样测定认定醉酒驾驶后，被检查人将处于拘押状态。在整个检查测定过程中，交警都会有记录、拍照、录音录像，并收集证人证言，以作刑事犯罪起诉时的证物。

最高人民法院、最高人民检察院和公安部将醉酒驾驶定为刑事案件，以危险驾驶罪定罪处罚。依据刑罚，醉酒驾驶处罚有下列情况之一的会加重处罚：

（1）造成交通事故且负事故全部或者主要责任，或者造成交通事故后逃逸，尚未构成其他犯罪的。

（2）血液酒精含量达到200mg/mL以上的。

（3）在高速公路、城市快速路上驾驶的。

（4）驾驶载有乘客的营运机动车的。

（5）有严重超员、超载或超速驾驶，无驾驶资格驾驶机动车，使用伪造或者变造的机动车牌证等严重违反道路交通安全法的行为。

（6）逃避公安机关依法检查或者拒绝、阻碍公安机关依法检查尚未构成其他犯罪的。

（7）曾因酒后驾驶机动车受过行政处罚或者刑事追究的。

（8）其他可以从重处罚的情形。

41. 控制酒后驾车的方法

控制酒后驾车的最好方法自然是不喝酒，或者喝了酒请"代驾"开车，喝酒者不开车。一旦喝了酒，酒后多长时间开车才不算酒后驾车，或者喝多少酒不会被查出酒后驾车？对这个问题，应清楚血液中酒精含量与喝了多少酒和酒后时间的长短有关：酒有不同浓度的酒，所谓浓度就是酒精含量，酒的度数越高，酒精含量越大。正常情况下，普通人喝一杯啤酒，血液中酒精含量就会达到20mg/100mL；喝两瓶啤酒或3两（150g）50度（乙醇体积分数为

50%）白酒，血液中酒精含量就会达到 80mg/100mL；喝三瓶啤酒或半斤（250g）50 度白酒，血液中酒精含量就会达到 100mg/100mL。此指标，随人的体重和身高情况略有变化。同样数量的酒精，身材矮小或体重很轻的人测试含量就会高一些，身材高大或体重较重的人测试含量就会低一些。

血液中的酒精是靠人的肝脏排泄分解的。血液中的酒精排泄和分解一般需 10~20h。血液中酒精浓度越高，排泄分解所需时间越长。喝一杯啤酒和喝半斤白酒的排泄时间必定不同。此外，各人体质不同，肝脏功能有强弱，排泄分解所需时间也就不同。因此，同在第一天喝同量的酒，第二天有的可能被查出酒后驾驶，有的则查无饮酒。

能否测出酒后驾车，一是与饮酒的数量和酒的浓度有关，二是与体重身高有关，三是与酒后排泄分解时间长短有关，四是与饮酒者肝脏功能强弱有关，而与一个人的酒量大小无关。

为控制酒后驾车，一要喝低度酒；二要尽量少喝；三要在饮酒后 10h 再驾车；若饮白酒超过 3 两以上，应在 24h 后再开车；四要多喝水，适当运动，加快酒精的排泄和分解。

42. 闯红灯抓拍的处罚标准

根据规定，是否闯红灯有以下判断标准：闯红灯自动记录系统应记录机动车闯红灯过程中两三个位置的信息。

第一个位置信息，应能清晰辨别闯红灯的时间、车辆类型、红灯信号，机动车车身未越过停车线的情况。第二和第三个位置信息，应能清晰辨别闯红灯的时间、车辆类型、红灯信号和整个机动车车身已越过停车线，并且在相应红灯亮时继续行驶的情况。多数地方判断是否闯红灯只需两张照片，一张是机动车车身未越过停车线，另一张是红灯亮起的情况下整个车身越过停车线。

如果在前轮越线后，车辆及时停了下来，"电子警察"只能拍到一张照片，无法形成第二张照片，就不能按闯红灯来处罚。不过根据交通法规规定，在等信号灯时如果前轮越线，则按照越线处罚。许多驾驶人在前轮越线后怕曝光，往往会选择倒车，这种行为被交警看见，会按照越线停车和在快车道倒车一起处罚。

43. 对违规停车被拖走的处理方法

对违反机动车停放、临时停车规定，驾驶人不在现场或虽在现场但拒绝驶离，妨碍交通的，将实施拖走的处罚。拖走处罚按照下列程序实施：

（1）因违反机动车停放、临时停车规定，驾驶人不在现场，妨碍其他车辆、行人通行时拖移车辆的，交警将通过拍照等方式记录违法事实。

（2）将违反停车规定的机动车拖移至指定地点。

（3）违法行为人接受处理的，及时发还机动车。

交警不得将车辆拖移至停车收费价格明显高于当地平均停车收费水平的停车场停车。

按照规定，公安机关交通管理部门应公开拖车查询电话，并通过标志牌或者其他方式告知当事人。驾驶人若在外停车，发现车被拖移，应及时通过电话查询接受处理的地点、期限和被拖车的停放地点，并及时进行处理。

44. 违规被移车的处理条件

汽车驾驶人在以下 4 种情况下，无其他驾驶人替代驾驶汽车时，交警除给予处罚外，还会将其驾驶的车辆移至不妨碍交通的地点或者相关部门指定的地点停放。

（1）不能出示本人有效驾驶证的。

（2）驾驶的机动车与驾驶证载明的准驾车型不符的。

（3）饮酒、服用影响驾驶的精神药品或麻醉药品、患有妨碍安全驾驶的疾病，或过度疲劳仍继续驾驶的。

（4）学习驾驶的人员没有教练人员随车指导单独驾驶的。

若出现以上 4 种情况被交警要求移车，可及时通知自己相熟的驾驶人到现场将车辆开走，以免被移车。

45. 拖走和锁车轮处罚的区分方法

平时人们所说的拖走是指交通违法行为中被处以拖曳车辆的处罚，锁车轮是指被处以锁定机动车车轮的处罚。

有以下 3 种情况的，公安机关交通管理部门会指派清障车将车辆拖曳至不妨碍交通或者指定的地点。

（1）在道路上违章停放，驾驶人不在现场或者拒绝将车辆移走的。

（2）因故障不能行驶且不能立即修复，无法将机动车移至不妨碍交通地点的。

（3）因交通事故不能行驶或者需要进行事故检验、鉴定的。

对拖曳可能损坏车辆，以及驾驶人不在现场或拒绝将机动车移走的，交警将采用锁车轮的方法。

拖曳车辆、锁定机动车车轮时，应当按照下面的程序实施：

（1）拖曳违章停放的车辆、锁定机动车车轮时，应当通过标志牌或者其他方式明示驾驶人接受处理的地点和联系电话。

（2）将违章停放和事故车辆拖曳至指定的地点，将故障车拖曳至不妨碍交通的地点或者驾驶人选定的修理厂。

（3）交通法规定：公安机关交通管理部门拖走车辆不得向当事人收取费用，并应当及时告知当事人停放地点。各地拖曳车辆如何收费，由当地的交通管理细则规定。若收费，则应当开具收费票据，当场交付车辆驾驶人。车辆驾驶人拒绝接受的，在票据上注明情况，视为送达。

（4）当事人接受处罚和缴纳有关费用后，应当及时发还车辆或者解除锁定机动车车轮。

46. 暂扣机动车的条件与处理方法

《中华人民共和国道路交通安全法》规定：公安机关交通管理部门扣留机动车，应当场出具凭证，并告知当事人在规定期限内到公安机关交通管理部门接受处理。

交警对下列情形之一，因无其他机动车驾驶人代替驾驶，交通违章行为尚未清除，需调（侦）查或者到公安机关交通管理部门按照一般程序接受处罚等原因不能立即放行的，将暂扣机动车。

（1）酒后驾驶或醉酒驾驶机动车。

（2）无机动车驾驶证或者机动车驾驶证正证和副证被滞留期间驾驶机动车的。

（3）持转借、挪用、涂改、伪造、冒领、失效的机动车驾驶证驾驶机动车的。

（4）驾驶与机动车驾驶证准驾车型不符的机动车的。

（5）学习驾驶的人员违反相关规定的。

（6）在实习期内违反相关规定的。

（7）在患有妨碍安全行车的疾病或者过度疲劳时驾驶机动车的。

（8）驾驶两轮摩托车未戴安全头盔的。

（9）涂改、伪造、冒领、挪用、转借、机动车号牌或使用失效的机动车号牌的。

（10）驾驶未经检验或者检验不合格的机动车的。

（11）机动车无号牌和行驶证，且没有其他临时行驶核发凭证的。

（12）机动车号牌或者发动机、底盘号码与机动车行驶证记载不符的。

（13）造成交通事故或者有交通肇事以及其他违法犯罪嫌疑的。

（14）与被查缉的走私或者被盗抢机动车特征相同的。

交通法规定：公安机关交通管理部门对被扣留的车辆应当妥善保管，不得使用；超过期限不接受处理，并且经公告3个月仍不接受处理的，对扣留的车辆依法处理。

四、交通事故的处理

47. 判定道路交通事故的方法

《道路交通安全法》对"道路"的解释是，公路、城市道路和虽在单位管辖范围但允许社会机动车通行的地方，包括广场、公共停车场等用于公众通行的场所；对"交通事故"的解释是，车辆在道路上因过错或者意外造成人身伤亡或者财产损失的事件。因此，交通事故具有以下四个基本特征，四个基本特征缺少一个就构不成交通事故。

（1）当事人有一方或一方以上使用车辆。

（2）事故必须发生在公路、城市道路和虽在单位管辖范围但允许社会机动车通行的地方，包括广场、公共停车场等用于公众通行的场所。

（3）必须有造成人员伤亡或财产损失的后果。

（4）必须是行为人的过错或其他意外原因造成的。

48. 道路交通事故的分类方法

道路交通事故有多种分类方法，不同类型的交通事故有不同的处理方式。

（1）按事故损害后果分类。以道路交通事故的损害后果为标志，道路交通事故分为死亡事故、伤人事故和财产损失事故。

① 死亡事故是指造成人员死亡的交通事故，包括道路交通事故受害人在事故现场当场死亡和因抢救无效而死亡的。我国交通事故统计中的死亡以事故发生日起 7 日内死亡为限，7 日以后死亡的以重伤统计，但在追究当事人责任和赔偿时，死亡不以事故发生日起 7 日内死亡为限。

② 伤人事故是指造成人员重伤、轻伤或轻微伤的道路交通事故。重伤和轻伤有详细的评判标准。我国交通事故统计中只计入重伤和轻伤数字，对轻微伤不做统计。

③ 财产损失事故是指仅造成财产损失的道路交通事故。财产损失是指道路交通事故造成的车辆、财产直接损失折款，不含其他费用。

（2）按事故形态分类。按事故形态的不同，道路交通事故分为碰撞、刮蹭、碾压、翻车、坠车、失火和其他共七种。

① 碰撞是指交通强者的正面部分与他方接触的事故形态。碰撞的特征是：至少有一方是正面接触；接触能量较大，影响双方的运动状态。

② 刮蹭是指交通强者的侧面部分与他方接触的事故形态。刮蹭的特征是接触能量较小。

③ 碾压是指交通强者对弱者的推碾或轧过的事故形态。碾压的特征是弱者与车轮轮胎的胎面接触。

④ 翻车是指车辆行驶过程中受侧向力的作用，使部分或全部车轮悬空，车身着地的事故形态。

⑤ 坠车是指车辆整体脱离路面，经过一个落体的过程，落于路面高度以下地点的事故形态。

⑥ 失火是指车辆在行驶发生事故的过程中，起火造成损害的事故形态。

⑦ 其他是指碰撞、刮蹭、碾压、翻车、坠车、失火以外的事

故形态,如爆炸事故。

(3)按事故主要责任者的交通方式分类。按事故主要责任者的交通方式不同,道路交通事故分为机动车事故、非机动车事故、行人事故、乘车人事故等。

49. 轻微交通事故当场快速私了的方法

《中华人民共和国道路交通安全法》鼓励人们对轻微交通事故进行快速私了处理,以尽快恢复交通,减轻处理事故的社会成本。除以下八种情况外,事故当事人都可协商私了。

(1)造成人员死亡、受伤的。

(2)发生财产损失事故,当事人对事实或者成因有争议的,以及虽然对事实或者成因无争议,但协商损害赔偿未达成协议的。

(3)机动车无号牌、无检验合格标志、无保险标志的。

(4)载运爆炸物品、易燃易爆化学物品,以及毒害性、放射性、腐蚀性、传染病病源等危险物品的。

(5)碰撞建筑物、公共设施或其他设施的。

(6)驾驶人无有效机动车驾驶证的。

(7)驾驶人有饮酒、服用国家管制的精神药品或者麻醉药品嫌疑的。

(8)当事人不能自行移动车辆的。

所谓私了是私自了结损害赔偿事宜的简称。在实践中,私了有两层含义。第一层含义是双方当事人协商好赔偿方式,都同意后,当场付费,既不报警,也不报保险公司,各自开车离开事故现场,各自处理修车、治伤等后续事宜。这种方法快捷、方便,特别适合轻微刮、碰、追尾等小事故。因这些小事故造成的损失不大,折合成现款当事人都可接受,若再报警、报保险公司,既浪费时间,又有很多程序要走,很麻烦。保险公司有了案底,第二年保险费就失去优惠。交警来处理,必然会对交通违法者开出行政处罚单(记分和罚款)。如果将时间成本、保险公司优惠额及交警罚款合计与当场结算成本相比还是当场结算划算的话,应采用当场私了的方式。第二层含义是当场无法现款结算私了,就走填写"自行协商解决损害赔偿协议书"进行处理的方式,此处理方式虽也称为私了,但仍需进入相关程序,在保险公司、车辆管理单位都会留下案底。

驾驶人要事先大致了解本车及其他车型易擦伤部件修理更换的价格，一旦发生车辆追尾、擦碰事故，就能及时掌握双方损伤修复或更换所需价格。当与对方协商时，应先观察对方是否饮酒、是否携带有效驾驶证件等，以掌握协商赔付的主动权。

50. 自行协商解决损害赔偿的方法

这是无法当场私了解决交通事故，仍利用私了解决交通事故的第二种方法。

《中华人民共和国道路交通安全法》规定："在道路上发生交通事故，未造成人身伤亡，当事人对事实及成因无争议的，可以即行撤离现场，恢复交通，自行协商处理损害赔偿事宜；不即行撤离现场的，应当迅速报告执勤的交通警察或者公安机关交通管理部门。在道路上发生交通事故，仅造成轻微财产损失，并且基本事实清楚的，当事人应当先撤离现场再进行协商处理。"

根据规定，在道路上发生交通事故，只要未造成人身伤亡的，就可自行协商处理。处理方法为：在保护好事故现场后，及时与对方责任人商讨形成事故的事实，如果双方对事实都没有意见，即可撤离现场，恢复交通，然后与对方协商处理损害赔偿事宜。协商赔偿事宜时，要实事求是、力求简捷、相信对方和以高效的精神行事。协商前，应先了解对方的姓名、单位（住址）、联系方法、车号、驾驶证号、保险凭证号等相关基本资料，同时也应将自身有关情况告知对方，若时间紧急，可先离开现场，赔偿事宜可以后由保险公司或自己代理人找对方协商。

现在有很多保险公司已印制了交通事故自行协商处理协议书，驾驶人可到投保的保险公司或向交警及车管所索取，该协议书应随车携带，以备使用。一旦自行协商处理交通事故，就要认真填写协议书。填写协议书时，一定要查看对方的驾驶证和车牌号码，并互相签字确认。此协议书将是向保险公司索赔和发生争议后向法院提起民事诉讼的重要证据，协议书上应填写交通事故发生的时间、地点、天气、当事人姓名、机动车驾驶证号、联系方式、机动车牌号、保险凭证号、交通事故形态、碰撞部位、赔偿责任人等内容。没有协议书时，可用文字记录上述内容，当事人共同签名后立即撤离现场。

51. 用简易程序处理交通事故的方法

发生轻微交通事故后，若无法当场私了解决，应立即报警，并保护好现场，一旦报警，即进入简易程序处理交通事故的流程。

对适用简易程序的，一般有一名交通警察处理。交警到现场记录了相关情况后，将会责令当事人撤离现场，恢复交通。此时，驾驶人应配合撤离现场，禁止拒不执行，否则将被强制撤离（被拖车）。然后，交警将调查取证，根据事故情况确定当事人责任，当场制作事故认定书。

对自行协商处理事故撤离现场，但因损害赔偿未达成协议又报警的，交警将根据双方协商时填写的协议书或文字材料，确定当事人责任，当场制作事故认定书。

事故当事人要求损害赔偿调解的，交警将当场进行调解，并在事故认定书上记录调解结果，由当事人签名，交付当事人。

对当事人不能提供事故证据的，当事人对事故认定有异议的，当事人拒绝在事故认定书上签名的，当事人不同意由交警调解的，交警就不能施行损害赔偿调解，交警将只在事故认定书上记明有关情况后交给当事人，当事人可向人民法院提起民事诉讼，由法院判定赔偿。

交警在损害赔偿调解后，对事故的责任方开具行政处罚单（扣分、罚款），施行完行政处罚后，简易程序处理交通事故即为完结。

52. 用一般程序处理交通事故的方法

若发生较严重的交通事故，报警后，交警会及时赶到现场进行处理。事故较严重的，必须按一般程序处理，到现场进行处理的交警一般不少于两名。交警到现场后，将向被调查人表明执法身份，并告知被调查人依法享受的权利和义务，向当事人发联系卡，联系卡载有执法交警的姓名、办公地址、联系方式、监督电话等内容，驾驶人事后可根据联系卡提供的信息与交警联系。

交警到现场后会及时组织抢救受伤人员，并在现场设置警戒线等，拍照取证，然后撤离现场，恢复交通。整个工作程序与简易程序处理大体相同，只是严重交通事故大多会涉及交通肇事罪，其中就有刑事办案的程序，更为复杂，会对犯罪嫌疑人有拘押控制的可能。交警将现场调查以下内容，驾驶人应予以配合。

（1）交通事故当事人的基本情况。

（2）车辆安全技术状况及装载情况。

（3）交通事故的基本事实。

（4）当事人的道路交通安全违法行为及导致交通事故的过错或意外情况。

（5）与交通事故有关的道路情况。

（6）其他与交通事故有关的事实。

交警在现场会检查当事人的身份证件、机动车驾驶证、工作证、机动车行驶证、保险标志，验明身份等，对难以查明身份的肇事人，将予以传唤。交警将可依法对事故当事人及携带物品进行检查。交警还会对有关人员询问以下情况：发生事故时的交通方式；机动车驾驶人和机动车所有人；驾驶人的驾驶经历，驾驶前的活动、休息、餐饮情况，驾驶时的身体状况；车辆状况、行驶路线、驾驶时间、行驶速度、事故发生经过、临危采取的措施及主观心态等情况。

驾驶人对交警的现场调查和询问应如实反映和回答，不要因慌乱而忘记反映重要情况，禁止隐瞒事实。

53. 发生事故时的报警方法与禁忌

行车过程中，一旦发生事故需要交通管理部门处理时，应及时向事故地点管辖区的交通管理部门报警。报警方法有以下几种：

（1）拨打"122"交通事故台，讲述事故情况。

（2）向就近执勤的交通民警、交通管理人员报告。

（3）请顺路车辆上的驾驶人或其他人员向交通管理部门报警。

（4）用电话向保险公司报警。

（5）在边远偏僻地区，可就近向当地公安部门、行政机关报告，并请求转告。

报警时不要因紧张而不分轻重缓急或语无伦次，报警前应冷静衡量一下事故损伤情况，若有人员伤亡，应先救人，需拨打"120"或"110"讲明情况。

在报警时，应讲明事故发生的地点、车辆牌号、损失情况，特别要讲明人员伤亡情况，以便交通管理部门采取相应的措施。如果事故有重大政治影响，还应向公安部门报警。如果事故引起火灾，应先报"119"火警，后报交通管理部门。报警时不要详细讲述事故发生的经过，急于分辨责任，以免延误时间。

报警时，讲明事故地点十分重要。例如，在公路上报警时，可讲明什么公路，在公路××里程碑多少米处，找不到里程碑时，可找周围电线杆，电线杆上都有标号，将电线杆标号报给警方，警方可根据电线杆标号查出事故地点。

报警后，应根据情况及时向自己的所属单位及家人亲友报告，必要时求助相关人员到现场协助处理较重大的事故。

54. 交通事故现场保护的禁忌

发生交通事故后，驾驶人必须立即停车（见图2-3），保护现场，检查伤者，禁止移动伤者位置，以免破坏现场。因抢救伤员必须移动时，应标明位置，并立即报告公安机关。

若现场没有其他人员协助报案或运送伤者去医院，驾驶人需要离开现场报案或抢救伤者，则报案时必须明确报告本人所处位置，报案后应及时回到现场，禁止报案时不讲明自己所处位置和联系方法，更禁止报案后不回现场。

图2-3 发生事故要立即停车

事故双方当事人均在现场时，应主动与对方协商，若需报案，则应看谁报案更方便，即由谁报案。禁止双方当事人因事故责任而争执不下，既不妥协，又不报案，影响交通。双方当事人还要互相监督，防止任意改变事故现场状况。

途径交通事故现场的驾驶人和行人，应当协助交通事故当事人报案或者抢救伤者，如图2-4所示。对于交通肇事人员已经离开现场的，过往车辆驾驶人和行人应当保护现场，抢救伤者和财产，并及时报告公安机关。

现场目击者发现交通事故车辆或驾乘人员离开现场的，应当尽可能记录交通事故车辆的车型车号及其驾乘人员的特征,并及时报告公安机关。任何公民发现逃逸行为时,可拦截肇事逃逸车辆,依法将肇事逃逸人员扭送至公安机关。

除公安机关外,其他任何单位和个人禁止非法扣留交通事故车辆、货物、车辆牌证和当事人的有关证件。任何人不得拘禁、殴打交通事故车辆的驾乘人员。

图 2-4　对事故现场要予以保护

55. 车辆肇事伤人的处理方法与禁忌

车辆肇事后发现有人受伤时,应立即停车,并打开危险报警闪光灯,迅速下车检查伤者的伤势。检查伤者伤势时应先看伤者的外部情况,若伤者意识清楚,可以讲话,可进行简单对话,并查看外部有无开放式创伤。经检查,如果受伤者伤势较轻,应将其留在现场等待交通管理部门处理。禁止不先查看伤者就去处理其他的事而延误抢救时间。如果伤者出现昏迷、意识丧失或模糊、呕吐、抽筋等较重的情况,应拨打"120"急救电话,并及时拦阻过往车辆将其就近送往医院抢救。边远偏僻地区无过往车辆时,也可以驾驶肇事车辆将重伤者送医院抢救。在驾车送伤员抢救时,最好在事故现场或附近找一位证人,以便今后证明,同时应及时报案,并讲明现在自己的行踪,这样做有利于今后事故的处理。禁止不做任何说明就驾车离开现场。条件允许时,应先用电话报"120"急救中心,以便做好抢救准备。若受伤人员较多,车辆损坏或伤员不宜移动,则应立即请求医院派出救护人员和救护车辆,如图 2-5 所示。若受伤人员出血,尤其是大出血,则要先行止血。简易止血时可用橡皮筋、绷带或用手指捏住出血口的上方动脉,以中止流血,防止受伤人员失血过多发生危险。若受伤人员休克,则应进行人工呼吸抢救。驾驶人为了自身安全和救护伤员,平时应学会初级急救方法。

56. 车辆肇事造成人员死亡的处理方法与禁忌

车辆肇事造成人员死亡时,驾驶人不应搬动尸体,但也不能任凭尸体暴露在光天化日下，应用篷布、芦苇、衣物将尸体遮盖。如果尸体有被水流冲走或有至损危险，则应将尸体移至安全的地点，并做好尸体原位置的标记。此外，驾驶人还应注意以下几点：

（1）要注意辨别是真死亡还是假死亡（休克、昏迷）。为防止受伤人员丧失抢救时机，在未查明是真死亡还是假死亡之前都应及时进行人工呼吸。禁止不采取任何抢救措施，采取的抢救措施会记录到今后事故处理记录中。

图2-5　及时抢救受伤人员

（2）尽早报告有关部门进行善后处理，禁止拖而不报或忘了报案。

（3）不要过多地注视死者的惨状，以免产生不良的心理反应。

（4）尽快到交通管理部门投案并寻求保护，尽可能不与不明真相或悲愤过度的死者亲属见面，以防发生意外。禁止为了不与死者亲属见面而逃离事故现场，不接受交警问询，以免引起更大的伤害和误会。

《道路交通事故处理程序规定》规定：检验、鉴定机构对交通事故的尸体进行检验或鉴定后，将通知死者家属在10日内办理丧葬事宜；无正当理由逾期不办理的会记录在案，并经县级以上公安机关负责人批准，尸体由公安机关处理，逾期存放的费用由死者家属承担。

57. 道路交通事故责任的法律特征

道路交通事故责任是指交管部门在查明道路交通事故的原因后，根据道路交通安全管理的法律、法规和规章，对当事人在道路交通事故中所起的作用以及过错的严重程度，做出定性、定量的结论。道路交通事故责任就是一种过错责任，是一种对当事人的过错在道路交通事故中所起作用的大小及过错严重程度的评价。它具有以下法律特征：

（1）道路交通事故责任的承担人是引发事故的交通参与者。

（2）道路交通事故责任是一种法律事实。

（3）道路交通事故责任是一种综合性证据。

（4）道路交通事故责任不是法律责任。

其中，交通事故责任不是法律责任是一个非常重要的概念。交通事故责任与法律责任的区别有以下三条：一是公民承担法律责任必须达到法定责任年龄，具有责任能力，而道路交通事故责任无责任年龄、能力的要求；二是公民承担法律责任必然要受到国家强制力的约束，而承担道路交通事故责任并非一定要受到国家强制力约束；三是公民承担法律责任必然发生权利和义务的产生、变更或消失，而承担道路交通事故责任只会影响当事人权利和义务的产生、变更或消失。

虽然道路交通事故责任不是法律责任，但是道路交通事故责任与法律责任有极其密切的关系，因为在道路交通事故处理过程中，当事人责任的有无和大小会影响到其是否承担法律责任以及承担多少法律责任。

58. 事故当事人责任的确定方法

公安机关交通管理部门经过调查后，会对事故当事人确定责任。对责任的确定是根据事故当事人的行为对发生交通事故所起的作用以及过错的严重程度来进行的。责任分为全部责任、主要责任、同等责任、次要责任、无责任，一般根据以下原则划分：

（1）因一方当事人的过错导致交通事故的，承担全部责任；当事人逃逸，造成现场变动、证据灭失，公安机关交通管理部门无法查证交通事实的，逃逸的当事人承担全部责任；当事人故意破坏、伪造现场，毁灭证据的，承担全部责任。

（2）因两方或者两方以上当事人的过错发生交通事故的，根据其行为对事故发生的作用以及过错的严重程度，分别承担主要责任、次要责任或同等责任。

（3）各方均无导致交通事故的过错，属于交通意外事故的，各方均无责任。

（4）一方当事人故意造成交通事故的，他方无责任。

59. 几种常见事故责任的认定方法

道路交通事故责任的认定是十分复杂细致的工作，应视每个事故的具体情况而定。下面是几种常见责任事故的认定方法：

（1）驾驶人违反交通法规或操作规程肇事的，由驾驶人负全部责任。

（2）学习驾驶的人员违反交通法规，有教练员在旁监护的情况下肇事的，教练员负部分或全部责任。

（3）驾驶人将车交无驾驶证的人驾驶肇事的，驾驶人和开车人负同等责任；非驾驶人擅自开车肇事的，由开车人负全部责任。

（4）怂恿、迫使驾驶人违章开车（驾驶人应提出申辩表示异议并拒绝执行）肇事的，由怂恿、迫使人员负全部责任。

（5）行人违反交通法规（如拦车、扒车），以及车辆临近时突然横穿道路，儿童在道路上戏耍等，驾驶人虽已采取措施，但仍发生事故的，由引起事故者负主要责任或全部责任，学龄前儿童由监护人担责。

（6）道路条件不符合要求，如危险桥梁、险要路段应设置警告标志或指示标志的地点而未设置，致使驾驶人误行肇事的，由养护部门负全部责任；由于公路工程或养护部门堆放建筑施工材料不符合规定，导致肇事的，公路工程、养护部门负全部责任。

（7）铁路与公路的平交道口，应设标志而未设，导致肇事的，由铁路部门负全部责任。

（8）机关单位、居民、农牧民任意在道路上堆放、碾晒、作业或放牧等，导致肇事的，由堆放、碾晒、作业、放牧的单位或个人负全部责任。

（9）车辆装备不合格、保养不符合技术要求，以及没有按规定检查的机件发生故障，导致肇事，由有关人员或驾驶人负全部责任。

（10）因交通指挥失误导致肇事的，由指挥人员负全部责任。

60．乘车人发生事故的责任认定

《道路交通安全法》规定："乘车人不得携带易燃易爆等危险物品，不得向车外抛洒物品，不得有影响驾驶人安全驾驶的行为。"乘车人违反以上规定导致肇事的，责任由乘车人承担。

乘车人违反乘车规定，如车未停稳就擅自上下车，行车时将头部或肢体伸出车外，在驾驶室顶或超过车厢的货物上面坐卧，携带危险品等，导致肇事的，由乘车人负责。如果驾驶人（包括司助、乘务员）对乘车人的违章已发现，而没有教育纠正，在行车途中因选择路面、会车、让车、避免障碍致使乘车人受伤或肇事的，由驾驶人（包括司助、乘务员）负责。未经批准载人的载货汽车载人时，乘车人发生的事故由驾驶人负责。在驾驶人不知道的情况下，因乘车人扒车、攀车、偷乘或强行乘车发生的事故由乘车人负责。乘车人由于自然灾害或其他不可抗拒的原因造成的事故，双方均无责任。如果购买客票乘车的旅客发生事故，损失则由保险公司负责。

61. 交通肇事罪的特征

在交通事故案件中，多数是违反治安管理和交通法规的行为，少数才构成交通肇事罪。前者为违章造成的一般交通事故，后者是重大交通责任事故，两者以是否致人重伤、死亡或使公私财产遭受重大损失为区别标志。交通肇事罪有三个主要特征：

（1）主体是从事交通运输的人员，驾驶人属于这个范围。在实践中，也有非交通运输人员肇事的，如非正式驾驶人开车致人重伤或死亡的，刑法规定也按交通肇事罪处罚。

（2）客观方面的表现应是交通运输人员违反规章制度，发生重大事故，致人重伤、死亡或者使公私财产遭受重大损失。也就是说，如果驾驶人不违章而造成事故，则不能按交通肇事罪论处。另一方面，驾驶人若违章肇事了，但未致人重伤、死亡或财产损失不严重，也不可定为交通肇事罪。

（3）主观方面表现为过失。由于疏忽大意没有预见到可能发生严重后果，或者虽然预见，但是轻信可以避免，以致发生了严重后果的，才可定为交通肇事罪。如果主观方面表现为故意（如故意用汽车轧人、撞人，以达到某种目的），则会被定为故意杀人等其他更为严重的刑事罪。

交通肇事罪的判定要根据具体案件来确定，以上三条仅是交通肇事罪的主要特征。

62. 对交通事故检验、鉴定、评估有异议时的处理方法

交通事故发生后，根据需要会对交通事故当事人的生理、精神状况、身体损伤情况，以及尸体、车辆和行驶速度、痕迹、物品、现场的道路状况等进行检验、鉴定。这些检验和鉴定对事故责任的认定具有十分重要的作用。根据规定，这些检验和鉴定应由公安机

关交通管理部门指派或委托专业技术人员或具备资格的鉴定机构进行，对精神病的医学鉴定应由省政府指定的医院进行，对交通事故致残的伤残等级和对财产损失的评估应由具备资格的评估机构进行。这些评估机构，可由当事人自行选择。

当事人对有关部门的检验、鉴定结论有异议的，可以在接到检验、鉴定结论复印件后 3 日内提出重新检验、鉴定的申请，经上级部门批准，可另行指派或委托专业技术人员和有资格的机构进行重新检验、鉴定。对当事人自行委托的检验、鉴定评估结论有异议的，可在 3 日内另行委托检验、鉴定。申请重新检验、鉴定、评估以一次为限。

63. 交通事故损害赔偿的方法

对交通事故中发生的损害将根据事故责任的大小进行赔偿。凡发生损害未超过强制保险责任限额范围的，当事人可直接向保险公司索赔，也可双方自行协商处理损害赔偿事宜。

事故损害赔偿权利人可在收到事故认定书 10 日内向公安机关交通管理部门提出书面调解赔偿，公安机关交通管理部门将予以调解，但当事人对事故认定书有异议的将不予调解。

公安机关交通管理部门将提前 3 天向当事人约定调解的时间、地点。若当事人因故不能按期参加调解，则应在预定时间 1 日前通知承办的交警，请求变更调解时间。

参加事故调解的人员一般有：交通事故当事人及其代理人；交通事故车辆所有人或管理人；公安机关交通管理部门认定有必要参加的人员。事故当事人不参加的可委托代理人参加，代理人必须要有委托人签名盖章的授权委托书，参加调解时当事人一方不得超过 3 人。

公安机关交通管理部门通常指派 2 名交警主持调解，调解均采取公开方式进行，调解时将允许旁听，但当事人要求不予公开的除外。调解赔偿有争议时，将按照下列程序实施：

（1）先介绍交通事故的基本情况。

（2）宣读交通事故认定书。

（3）分析当事人的行为对发生交通事故所起作用以及过错的严重程度，并对有关当事人进行教育。

（4）确定当事人应承担的损害赔偿责任。

（5）计算人身损害赔偿和财产损失总额，确定各方当事人分担的数额。

（6）确定赔偿方式。

经调解达成协议的，公安机关交通管理部门将制作调解书，由各方当事人签名。调解书载明的内容有：交通事故简要情况和损失情况；各方损害赔偿责任；损害赔偿的项目和数额；当事人自愿协商达成一致的意见；赔偿方式和期限；调解终结日期。调解书生效后，赔偿义务人不履行的，当事人可向法院提起民事诉讼。

经调解未达成协议的，公安机关交通管理部门也会制作调解终结书交各方当事人。调解终结书上会载明未达成协议的原因。

64. 驾驶人保护合法权益的方法与禁忌

驾驶人保护个人的权益，可以有以下两种形式：

（1）诉讼外保护：这种方法实行得最多，效果也最好。当驾驶人发生事故或有关民事权利纠纷时，可采取以下几种诉讼外保护方法：

① 群众保护。一般由亲友调解或者由街道、乡村调解委员出面调解，使权益得到保护。

② 行政机关的保护。当个人合法权益受到妨碍或损害时，可以请求主管机关、公安机关出面保护。

③ 仲裁机关的保护。国家仲裁机关做出仲裁，使个人合法权益得到保护。

④ 公证机关的保护。为了防止自己的合法权益受到侵害、发生纠纷，可以请求公证机关明确并证明自己的利益。

除此四种主要办法外，还可以通过社会团体、党的纪律检查机构得到保护。

（2）诉讼保护：是指通过向人民法院起诉，经人民法院审理，做出裁决，使个人或法人的合法权益得到保护。《中华人民共和国道路交通安全法》规定："对交通事故损害赔偿的争议，当事人可以请求公安机关交通管理部门调解，也可以直接向人民法院提起民事诉讼。经公安机关交通管理部门调解，当事人未达成协议或者调解书生效后不履行的，当事人可以向人民法院提起民事诉讼。"

驾驶人对自己的合法权益可以依据有关法规向相关部门申诉，要求调解，或向法院提起诉讼。禁止采用不适当的方法维护权益。

第三部分

正常条件下驾驶的技巧与禁忌

正常条件下驾驶也称为一般道路驾驶,驾驶人多数情况下处于正常条件下的驾驶状态。提高正常条件下驾驶的技能,禁止不良驾驶习惯,是驾驶人在平时行车过程中最应注意的问题。

一、遇到行人和非机动车时的处理方法

行人和非机动车与机动车相比,是交通要素的弱者,而机动车发生的事故大多数与行人和非机动车有关。行人或非机动车与机动车一旦发生事故,不伤则亡。这是驾驶人最为担心和最应防范的对象。

1. 对行人动态的判断技巧与处理禁忌

对行人动态的判断和处理对安全行车十分重要,一些重大交通事故是因驾驶人对行人判断和处理失误而造成的。在判断和处理中,判断是前提,只有判断准确及时,才能为正确和快捷地进行处理提供保证。要正确地判断行人动态,必须掌握各种行人的运动规律。行车过程中遇到下列行人时,应予以注意和提防:

(1)有些行人缺乏交通经验,很远看见汽车驶来或听到汽车的行驶声,就急忙闪避到道路一边,待汽车临近时,又感到自己所处的地方不安全,便惊慌失措,左右徘徊,有时会向路的另一边跑去,造成险情。也有一些行人,发现后面来车时就向路边让,在汽车驶过后,马上回到路中间,忽略后面还会有车驶来。还有一些横穿道路已行至路中间的人,遇到右(左)方来车时,往往向后退让,而不顾身后还有车驶来,顾此失彼,不知所措。遇到这些行人时,应提前减速,并离他们远一点驶过,禁止高速驶近并鸣喇叭催促。当驾车驶近这些行人时,应做好制动停车的准备,一旦发现险

情就立即停车,在他们的行踪确定后,再继续行驶。

(2)有些行人处处以自己为核心,在道路上也表现出霸道的行为,感到自己不让路,汽车也不敢撞自己。还有的人认为汽车不敢撞自己,在机动车道上行走,看到汽车或听到喇叭声,甚至汽车已经尾随鸣喇叭了还慢慢行走,不予理会。有的行人会避让一下,但不考虑避让的效果,使汽车仍无法通过,若再鸣喇叭催促,他还朝驾驶人瞪白眼,一副霸占着道路就不让你通行的模样。遇到这种行人,驾驶人要保持平静心态,不生气,不要急促鸣喇叭,应耐心地设法避让通过,禁止急躁、意气用事、冒险通过,以免发生事故或争吵。

(3)有些行人将东西掉在道路上后,为尽快捡回失物而忘记自身的安全。有些带着宠物在路边行走的人,当汽车驶近,宠物骚动起来时,为了保护宠物而冲到路中间驱赶,常常忘记自己的安危。对于这些行人,禁止见物不见人或见人不见物地观察和联想。驾驶人既要看人又要看物,要将人和物联系起来,一旦发现有物落在行车道路上或宠物等跑到行车道上,就应做好有人来捡物或追赶宠物的准备,主动降低车速,避让物品或宠物,并做好随时停车的准备,以确保安全。

(4)陷入沉思的行人,注意力高度集中在所思考的问题上,除两腿本能机械地移动外,对外界的一切都置若罔闻,如图3-1所示。汽车的行驶声、喇叭声都不能引起他们的注意。对这类行人要注意观察,如果其垂头而行或侧向某一方以及低头看东西,则禁止

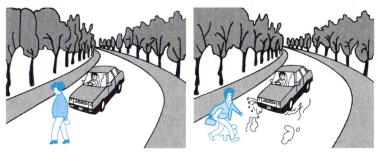

低头沉思者　　　　　　　　突然横穿者

图 3-1　对行人判断要准确

贴近他们通过，而应减速鸣喇叭，缓行绕过，并尽可能地保持较大的安全距离，以防他们突然从沉思中惊醒盲目乱跑。当道路宽阔，汽车能离行人较远绕过时，可不鸣喇叭通过。

2. 遇特殊行人时的处理技巧与禁忌

行车过程中，经常会遇到一些特殊的行人。这些行人的举止常违背正常人群的活动规律，有的行为怪异，因此处理时应格外注意。

行车过程中，遇到聋、哑、盲人时，要谨慎小心，根据具体情况做适当处理，如图3-2所示。聋哑人大多听觉失灵，根本听不到外界的声音。因此，遇到鸣喇叭而毫无反应的行人时，就应考虑其可能是听觉失灵的聋哑人，要尽快减速，从其身旁较宽的一侧缓行避让通过。禁止视其为正常人，当作其已知道来车鸣喇叭而做好了避让准备来处理。盲人的听觉一般都很灵敏，通常一听到汽车声就准备避让，但不知道自己朝什么地方避让，往往欲避让却不敢迈步。遇此情况时，应仔细观察判断，视情况通过，禁止鸣喇叭不止，以免使盲人无所适而发生危险。必要时，可下车搀扶盲人离开危险区，然后驾车通过。

图3-2 主动避让老人、盲人、残疾人

儿童一般活泼好动、思维简单，几个小伙伴在一起时，常做出一些所谓勇敢的举动。儿童遇到汽车时，常会故意不让、佯装横穿，或伸臂拦阻后又急忙躲避。特别是轿车外形美观，常引起儿童围观。在汽车起步或减速行驶时，有的儿童还追、攀车辆。遇到这样的儿童，要注意全面观察，既要看到路中的儿童，又要留心路旁的小伙伴。在孩子们逗车玩耍时，要有耐心，减速甚至停车，劝孩子们离开后，再驾车行驶。驾车起步时，应注意观察后视镜，查看儿童是否存在攀扶车体等危险行为。

3. 恶劣天气条件下遇行人时的处理技巧

行人突然遇到风雨天气时，为避风躲雨会东奔西跑，道路上的秩序会混乱。此时，车辆在行驶过程中应减速鸣喇叭，注意并掌握行人为避风躲雨而奔跑的动态。雨天，行人撑雨伞或穿雨衣，视线和听觉会受到影响。车辆特别是小汽车一般体积小、速度快，行人不能及时发现和避让。对此，驾驶人应加强观察，多鸣喇叭，从路中间缓行通过。严寒和风雪天，行人穿戴较厚，行动不便，一心赶路，对行驶的车辆不太留心。对此，驾驶人应减速鸣喇叭，从其一侧缓行通过，并且通过时要考虑道路的湿滑条件，防止车辆侧滑和行人滑倒而发生事故，如图3-3所示。

图3-3　冬季雪、冰路面湿滑，不要争道抢行

恶劣天气条件下，驾驶人遇行人时不要使用正常天气条件下的处理方法。通常情况下，天气突然变化时，驾驶人在驾驶室内感受不到，只能通过路面和行人状况等才能观察到。对此，驾驶人只有置身于行人的位置考虑，才能安全、正确地处理行车情况。

4. 遇集体行人时的处理技巧与禁忌

几人结伴而行时，如果其中一人向路的一边跑，其他人也可能跟着跑。对这些行人，要注意领头的人和那些表现比较犹豫的人，尤其在同行人大都已穿越，还剩少数人在另一边时，要特别注意这些少数人的行动。结伴而行的人，常边走边谈，一些年轻人爱打闹嬉笑、指手画脚。对此应格外注意，防止他们因打闹嬉笑而突然冲到道路上。对列队而行的团体，只需稍鸣喇叭提示，按正常速度通过即可。当队列横穿道路时，应停车等候队伍过完，禁止鸣喇叭催促，更不可抢行冲断队伍。

5. 遇精神失常的人时的处理技巧与禁忌

有些精神失常的人，往往在道路上毫无规律地游荡，有时手舞足蹈地拦阻车辆，甚至横卧于道路上。遇到这种病人时，应本着人道主义精神，设法低速缓绕而行，不应对其恫吓或用武力驱赶，必要时，可协助有关人员将其收容。当精神失常的人与汽车缠闹时，驾驶人应关闭驾驶室，不要与其纠缠，让车处在随时准备起步的状态，待其离开后立即起步行驶。

与精神失常的人打交道时，禁止提及其神经最敏感的问题，否则会引起其强烈反应，进而引起更为严重的后果，应以好言劝阻、诱导为主，尽量不让其靠近车辆，更禁止不顾安全地回避而发生事故。

6. 遇突然横穿道路的人时的处理技巧与禁忌

行人突然横穿道路，对行车安全有极大的威胁。当发现有人横穿道路时，应立即采取制动措施，同时判断行人横穿的速度和车辆可以避让的安全地方。避让横穿道路的行人时，应将转向盘朝行人奔跑的出发点转动，禁止将转向盘顺着行人奔跑的方向转动，以防止与行人同向行进而发生人车相撞的事故。对路上行人要特别注意观察，一旦发现可疑迹象，应鸣喇叭警告，同时做好防范准备。在视线不良的小路、村道与公路交叉路口，越是看不到行人动态，越要注意从巷内或小道内突然出现的横穿道路者，对此应格外谨慎，禁止不做任何防范地高速通过。

7. 人行横道上有行人时的处理技巧

人行横道上有行人通过时，机动车应让行。有些行人违章从人行横道附近抄近路，对这些人仍要以走在人行横道内的行人来对待。对在人行横道两侧等待的行人，要视机动车车流情况和行人数量来判定是停车让行还是随车流缩小车距前行。一般在绿灯放行后，机动车道上车辆很多，人行横道两侧的人较少，车辆应随车流前行。若人行横道两侧行人较多，车流较小，则应停车让行。让行人行横道上的行人时要注意后边赶过来的行人，这些行人为赶时间，通常不顾众车在等待，也会强行通过人行横道。对此，驾驶人要有耐心，让行就让得彻底点，在行人都通过后再行车。

8. 有人拦车时的处理技巧与禁忌

行车过程中，常会遇到有人拦车。有人拦车时，首先要看清拦车人举止是否会危及行车安全，有的人站在路边挥手拦车，有的人探出半截身子拦车，有的人站在路中间拦车，有的人在车驶近时突然跑向路中间拦车。对各种拦车的人应及时判明其对行车安全有无威胁，遇到危险的拦车举动时应立即减速，并注意做好相应的避让准备。其次，要看清拦车人的面容，并迅速判断拦车人大体属于什么样的人，如看其是自己的熟人、交通管理人员、陌生人还是精神不正常的人等。然后，应确定此路段是否能停车。最后，做出是否停车的决定。判断是否停车时应注意以下几点：

（1）遇到交通管理员或其他行政人员如军人、道班人员等，应及时停车，禁止不听指挥地通过。

（2）遇到报警或求助的人员时，应停车问明情况，及时给予援助，禁止不理不睬地通过。

（3）遇到想搭车的人时，应确定其身份，视情况做出是否停车的决定，禁止不明情况地停车搭客。

（4）遇到精神失常的人拦车时，应及时避让，选择时机安全通过，禁止与其纠缠。

（5）在交通要道或禁止停车的地段，非紧急情况禁止停车。

因故不能停车时，驾驶人应减速，并微笑地注视拦车者，同时轻按两下喇叭按钮，表示不能停车的歉意，这样更符合文明行车的要求。

9. 遇自行车时的处理技巧与禁忌

此处所指的自行车包括电动自行车和脚踏车。自行车稳定性较差，很容易失去平衡而跌倒。尤其是电动自行车行驶速度快，声音小，使用量也较大，电动自行车载人载物也成为常态。自行车为避让汽车而靠边行进时，因路边回旋余地较小，更容易跌倒。因此，遇到自行车时，驾驶人要及早鸣喇叭，观察其动态，如图3-4所示。如果自行车很平稳，则可与其保持较大的距离通过。如果自行车歪歪扭扭、表现慌张，应制动减速，缓慢地从距自行车较远的地方通过。通过时要用眼睛余光和后视镜观察，一有情况就立即停车。遇到载货的自行车时，禁止车头超过自行车后就转动转向盘，以免车身碰到自行车或货物。在狭窄的道路上禁止与行进不稳定的自行车抢道。

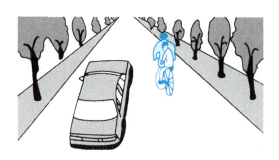

图 3-4　防止带人的自行车意外跌倒

10. 遇自行车抢道时的处理技巧

遇到与汽车抢道的自行车（包括电动自行车和脚踏车）时，驾驶人应视情况降低车速，防止相撞，但车速也不宜降得过低，防止其他自行车纷纷尾随超越。如果自行车已经超越而去，则可正常行驶。对抢道的自行车，禁止与其斗气，更不可采取报复行动，以免发生事故。根据新的交通法，汽车属于机动车，是交通的强者，自行车是非机动车，与汽车相比是交通的弱者。强者应避让弱者，驾驶人树立此思想，才能真正做到礼让。

11. 遇骑自行车的人攀扶机动车时的处理技巧与禁忌

有些骑自行车的人，在上坡、转弯或汽车速度慢时，用手攀扶汽车（大多为货车）车厢，借着汽车的动力上坡或行驶。汽车驾驶人一旦发现，应立即稳住转向盘，在平坦的路面上滑行减速，至平稳制动停车后下车告诫攀扶者，使其停止这种危险的举动。驾驶人应禁止采用加快车速甩掉攀扶者的方法，以免拖伤攀扶者；禁止采用驾车靠边排挤攀扶者的方法，以免挤伤攀扶者；禁止采用猛转向甩掉攀扶者的方法，以免甩伤攀扶者；禁止采用突然制动利用惯性惩治攀扶者的方法，以免摔伤攀扶者。

12. 遇自行车流时的处理技巧与禁忌

城市里自行车（包括电动自行车和脚踏车）特别多，上下班时往往会形成一股自行车流。在有机动车和非机动车分道栅栏以及有交通信号指挥的地方，自行车流对汽车的正常运行影响不大。在一些没有分道栅栏和交通信号指挥的交叉路口，自行车流会给汽车的正常行驶带来严重影响。遇到自行车流时，要重点观察右侧超速行进的自行车，车速应保持相对稳定，要警惕骑车者不伸手示意就突然猛拐、斜穿马路、掉头或突然进入机动车道。如果在自行车流中行驶或被自行车包围，则应使车速与大多数自行车的速度相等，既不可太快，也不可慢于自行车，要稳住转向盘，转向要缓慢，除鸣喇叭发出转向信号外，还应用手示意转动转向盘，禁止猛转转向盘、骤然起步或停车，以防发生事故。需要靠边停车时，禁止突然驶往非机动车道，应提前减速，将车速与自行车流的速度保持一致，缓慢向右侧靠拢，使后续自行车可逐渐避让汽车。

13. 遇竞骑自行车时的处理技巧

有些自行车（包括电动自行车和脚踏车）在汽车的前面、汽车的一侧以及汽车的后面与汽车竞骑。自行车的稳定性较差，骑得过快时，一旦遇到颠簸和弯道急需制动，就会因无法处理而摔倒，如果摔倒在汽车周围，危险性会很大。驾驶人遇到与汽车竞骑的自行车时，若道路条件较好，可逐步加快车速，及早甩掉竞骑的自行车。现在骑电动自行车的人越来越多，电动自行车行驶速度很快。在不分车道的道路上或交通情况复杂的道路上，电动自行车由于灵便小巧，便于见缝插针地行驶，在这些道路上，其行驶速度常超过汽车。对此，汽车驾驶人要心胸开朗，不要与竞骑者斗气比试，更不可存心报复而堵住其行驶路线，以免因失误而发生事故。

14. 上下坡遇自行车时的处理技巧

汽车在不分行车道的上下坡道路上，遇到自行车（包括电动自行车和脚踏车）时应格外注意，因上下坡时上坡阻力和下坡的冲力对行驶很不平稳的自行车会造成很大的威胁。当汽车遇到正在上坡的自行车时，应注意观察骑车人是否吃力，自行车行进速度能否保证车辆的平衡。若自行车歪歪斜斜，应提防自行车向路中央跌倒，或骑车人突然下自行车推行而占据更多的道路空间。当遇到自行车载重上陡坡时，还要提防其下滑或纵向失重而跌倒。对此，驾驶人应驾车缓行，与自行车保持安全距离驶过。遇到正在下坡的自行车时，应注意骑车人对自行车的控制能力，特别要警惕制动不灵的自行车会从坡上冲下来，骑车人无法控制，越来越快，以致摔倒或撞上汽车。对此，驾驶人应及时停车，让自行车安全通过后再继续行驶。

15．遇牲畜、畜力车和宠物时的处理技巧

机动车在乡村道路上行驶时可能会遇到牛、马、猪、羊、鸡、鸭等牲畜和家禽，在一般道路上会遇到狗、猫等宠物。这些牲畜和宠物表现各异，通常大牲畜行动缓慢、胆小易惊，而小牲畜和宠物却活泼好动、跳飞无常。对此，驾驶人不能急躁，要鸣喇叭减速，待它们避让后再通过。遇到畜力车或有人赶牲畜时，还要谨防牲畜受惊，要在较远处鸣喇叭，警告赶畜力车或赶牲畜的人及早稳住牲畜，防止汽车临近时牲畜受惊而逃散。若发现牲畜两耳直立、行动犹豫，则应马上降低车速，做好停车准备。禁止在临近时鸣喇叭，以免牲畜更加惊慌而发生意外，如图3-5所示。

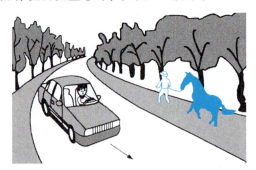

图 3-5　注意牲畜动向，防止牲畜受惊

遇到成群的牲畜时，要注意领头牲畜的动向，若领头的牲畜越过道路，则后面的牲畜会不顾车辆是否行近，都急切地跟随越过道路。

宠物在遇到车辆时，往往会因寻找主人而奔跑。此时，驾驶人还应注意宠物主人的位置，并做好相应准备，以防宠物或主人互动而影响行车安全。

16．遇拖拉机时的处理技巧

拖拉机噪声比较大，驾驶人不易听清其他车辆的喇叭声，行驶速度慢，制动性能比汽车差，特别是拖拉机拖带挂车满载后，制动

距离就会更长。此外，不少拖拉机驾驶人缺少复杂条件下的驾驶经验，因而，事故发生的概率要比其他车辆大。在农忙季节，道路上会出现大量的拖拉机、收割机，这些赶农忙的拖拉机和收割机具有明显的季度性和群聚性。为了防止与拖拉机、收割机等发生碰撞事故，汽车驾驶人平时要了解拖拉机的行驶特点，行车中注意观察拖拉机的行驶动态，尽量让行。超越时，不可麻痹和松懈，要在道路和交通条件允许的情况下进行，禁止强行超越。

二、行车规则的运用与禁忌

17. 区分国道种类的方法

国道是指具有全国性政治、经济意义的主要干线公路，包括重要的国际公路、国防公路、连接首都与各省自治区首府和直辖市的公路，以及连接各大经济中心、港站枢纽、商品生产基地的公路。

我国的国道分为三类：第一类是以首都北京为中心，呈扇面状辐射的公路；第二类是我国版图之内南北向的公路；第三类是我国版图之内东西向的公路。

为区分这三类公路干线，常采用三位阿拉伯数字来表示。其中，第一位数字表示国道类别："1"代表第一类，即由北京辐射的公路；"2"代表第二类，即南北向公路；"3"代表第三类，即东西向公路。第二、三位数字表示该类公路的顺序号，如北京至广州干线为"106"国道，即为第一类以北京为中心辐射的第六条公路。

18. 一般道路上行驶路线的选择方法与禁忌

在一般道路上，汽车只有选择好行驶路线，才能减少行车颠簸，并保持匀速直线行驶。选择行驶路线时应注意做到以下几点：

（1）在一般平坦道路上，无会车和超车的情况下，应在道路中间行驶。在路面不宽，拱形较大的碎石路上，应使车辆左右两边都有回旋余地，这对高速行车尤为重要，并且只有在拱形路面中间行驶，才能给车辆两边的车轮对称的作用力。禁止汽车长时间在拱形路面上偏驶。

（2）行驶中因故靠道路右侧行驶时，应适当减速，在偏驶因素消除后，应尽快平稳地驶往道路中间。禁止长时间偏向道路一侧行驶。

（3）在碎石路上行驶时，应注意避开道路上的尖石、棱角物等，选择较平坦的路面行驶。

（4）在有碍视线的道路上行驶时，应选择视线开阔的路线，尽量避开视线不良的路线。

（5）选择行驶路线时，要在遵守交通法规和保障安全的前提下进行。禁止为选择路线而违章或与来车、行人抢道。

19. 一般道路上掌握行驶速度的技巧与禁忌

车辆行驶速度与行车安全、燃料消耗及机件使用寿命有直接关系，必须合理掌握，选择适当。

车辆行驶速度应根据道路、天气、任务、载荷、视野、交通情况来定，还应兼顾驾驶者本人的技术和机件性能情况。通常情况下，在路况良好的道路上，可用高速档经济车速行驶。经济车速以本车型产品说明书上的规定为准。也可参照车上转速表确定经济车速，一般情况下，发动机转速为1800r/min时，发动机最省油，转速为1800r/min左右时的车速即是经济车速。但不论什么条件，车速都不能超出交通法规所规定的车速标准。过高的车速不仅会增加燃料消耗，加剧机件和轮胎的磨损，使汽车经济性变坏，而且容易发生行车事故。但是车速也不可过低，车速过低时失去了汽车速度快的特点，会降低运输效率，还会影响道路的通行量，增加与其他车的交织点，容易发生行车事故。

禁止在路况良好的道路上出现车速过快的情况；禁止在开了一段高速车后，出现需要降低车速时却降不下来的情况；禁止在开快车时不看速度表，出现飞奔的情况。

20. 一般道路上掌握行驶间距的技巧与禁忌

《中华人民共和国道路交通安全法》对同车道行驶的机动车，做出了"后车应当与前车保持足以采取紧急制动措施的安全距离"的规定，但并没有对后车与前车之间保持的距离做具体规定。这是因为两车的安全距离受车速、道路、车辆性能、驾驶人反应能力等诸多条件和因素的影响，这些因素都是千变万化的且差异很大，从而造成安全距离有较大幅度的变动。尽管两车距离的安全性由很多因素决定，但是在实践中，驾驶人仍可以将表3-1中的数据作为一一般道路上车距的参考数值。

表 3-1 汽车行驶速度与车距的关系

车速/(km/h) 车距/m 分类	液压制动	气压制动
10	8.1	8.6
20	11.1	12.2
30	14.2	15.8
40	17.2	19.4
50	20.3	23
60	23.3	26.6
70	26.4	30.2
80	29.4	33.8

行驶间距也可依据行驶速度确定，如图 3-6 所示。

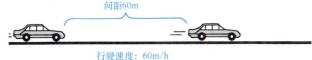

行驶速度：60m/h

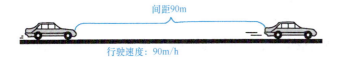

行驶速度：90m/h

图 3-6 根据车速与前车保持适当的间距

禁止与性能较好的前车距离太近，因性能好的车速度快，制动效能也好，正常情况下，前车紧急制动能立即停下，而后车紧急制动时在同样距离内停不住，极易发生追尾。

21. 使用安全速度行驶的方法

使用安全速度行驶是保证行车安全和节约燃料的重要措施。选择安全速度行驶时，应注意以下几个方面：

（1）根据所驾车辆的车型及性能，选择好安全车速。其方法是，经过若干测试和实践，摸索出自己最喜爱、最自如的一种车速。如果这种车速能适应交通法规和周围交通情况，便可将这种车速定为自己的安全车速。平常按此速行驶，便可更好地驾驶车辆。

要防止那种一会儿开快车,一会儿开慢车的无速度节奏的做法。

(2) 在交通拥挤、车辆较多,车流已由自然速度节奏的道路上,要使自己的车速跟随车流速度,既不要性急超车,也不要一味地让超车。

(3) 根据行驶道路的状况,灵活掌握自己的车速。如果长期在高级公路上行车,可适当调整车上装置(特别是轮胎、制动装置等),使车辆适应高速行驶。若长期在简易公路或山路上行驶,则应调整车上装置,让车辆适应中速或低速行驶。

(4) 行车中要密切观察沿路的交通标志,发现有限速标志时,要严格按标志规定的车速行驶。

(5) 平时要给自己定一条车速警戒线,即使在特别好的交通条件下,最高车速也不能超过该警戒线。这样,遇到特殊情况时便不会将车速越提越高。

22. 行车时掌握侧向间距的方法与禁忌

汽车侧向间距要根据天气、道路的不同而变化。在遇雨、雪、雾天,路滑、视线不良等情况时,侧向间距应适当加大。汽车与静止物体的侧向间距可以适当小一些,与运动物体,特别是畜力车、三轮车、自行车和行人的侧向间距要大一些。汽车的侧向间距还应根据车速而定。一般情况下,车速为 40~60km/h 时,同向行驶车辆的侧向最小安全间距应为 1.0m,异向行驶车辆的侧向最小安全间距应为 1.2m,汽车与人行道的侧向最小安全间距为 0.5m;车速为 30km/h 时,车辆的侧向最小安全间距应为 0.75m,汽车与人行道的侧向最小安全间距以 0.6m 为宜。若条件不允许有足够的安全侧向间距,则应降低车速,缓慢通过,以确保行车安全。

对于侧向间距,驾驶人应本着速度越快间距越大的原则来处理和调整,禁止保持高速和通过小于安全侧向间距的间隙。

23. 车辆转弯时的注意事项与禁忌

在车辆转弯时,应注意下列事项:

(1) 转弯时要根据路面宽度、弯度、交通情况确定合适的车速和转向时机,禁止不顾路面、弯道、交通情况过度转向或转向不足,如图 3-7 所示。

(2) 转动转向盘的速度要与车速相配合,车速快,转向盘转

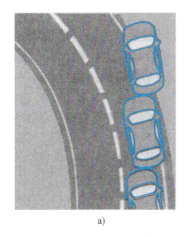
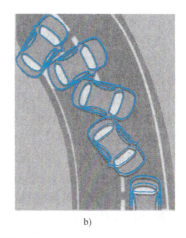

图 3-7 汽车转向情况

a）转向不足 b）过度转向

动也要快。禁止在高速时快速转动转向盘，以免翻车。

（3）在弯道上转向时，禁止紧急制动或换档变速。

（4）注意利用转弯的机会扫视后视镜，以便对尾随车辆有所了解。

（5）通过交叉的弯道时，距弯道 50~100m 时应发出转弯信号，降低车速，靠路右侧徐徐转进，做好制动准备，安全、平顺地通过弯道。禁止转向前不发转向信号。

（6）左转弯时，在视野清楚、前方无来车和其他情况下，可以适当偏左行驶，利用拱形路面内侧的拱度，提高弯道行驶的速率，改善车辆行驶的稳定性。禁止在交通情况不明时转小弯、转切角弯。

（7）右转弯时，应在驶入弯道后再驶向右边，禁止过早靠右，防止右后轮驶到路外。

（8）转弯时需降低行驶速度。在道路及弯道情况允许时，可事先放松加速踏板或脱档滑行减速，等到开始转弯时，再变换中速档或低速档，如仍有行进余力，也可利用滑行转弯。

（9）除在城市有交通指挥及有禁止鸣喇叭的地方转弯外，均应在转弯前鸣喇叭示意，禁止突然转弯。

24. 急转弯时的操作技巧与禁忌

进行急转弯时，因弯度较大，转弯困难，车辆行驶速度应缓慢。不论向右或向左转向，通常都需使车辆沿道路外侧行驶，转向时机比直角转弯要稍迟，以免内后轮驶到路外或碰及障碍物，一般需待车头接近转弯圆弧点时再迅速转向。禁止车速较高时转急弯，车速过高时即使来得及转向，也易造成翻车。降低车速是转急弯的先决条件。禁止急转弯时过早或过迟转向，以免发生碰撞。当路窄弯急一次不能通过时，应用倒车的方法逐渐变更轮位，达到新方向后，再继续行驶。无充分把握时，禁止强行一次转向。

25. 连续转弯时的操作技巧与禁忌

连续转弯时，应按不同角度的弯路操作，但在通过第一个弯路时，必须考虑第二个弯路的情况，不要错过转向时机。同时，应降低车速，适当地回转转向盘，选择路线行驶，多鸣喇叭，以防与对面来车相撞。

进行连续转弯时，应保持车速的稳定，禁止车速忽快忽慢，转弯忽大忽小；禁止只顾观察车前情况，不观察后视镜，应及时了解车后情况，以避免后车也在转向时发生碰撞。

26. 防止转向时翻车的方法与禁忌

车辆转向时的翻车一般均向弯道的外侧抛翻。造成抛翻的主要原因是车速太快，转向太急。为防止转向翻车，驾驶人必须注意以下几点：

（1）在高速行驶时要把稳转向盘，保持直线行驶，不要轻易转动转向盘，更不可为选择路面而紧急转向，否则，车在平路上也会发生翻车。

（2）转弯时，要提前降低车速，禁止在高速转弯时使用紧急制动器。

（3）转向时，当感到车辆发飘，车身向外倾斜，估计有翻车危险时，应立即向外侧稍回转向盘，顺势将车驶正一些，然后立即制动，适当降低车速。为避免翻车，必要时，可将车顺势开入转弯道外侧的路基或田野上，然后再将车倒回原路。

27. 防止转向时掉入沟中的方法与禁忌

转向掉入沟中是指车辆转弯时，前外轮掉入弯道外侧或内后轮掉入弯道内侧的沟堑里。这种情况大多发生在狭窄路段的弯道或急转弯弯道上。造成转向掉沟的主要原因是对弯道和车辆转弯半径掌握不准。为防止转向掉沟，驾驶人应注意以下几点：

（1）正确判断道路的弯度，将车速降到通过弯道的安全速度以下。

（2）根据本车最小转弯半径和车速，正确操纵转向盘。急转弯时转向盘要急转急回，既不可将转向盘转得过早回得过晚，又不要将转向盘转得过迟回得过早。

（3）在狭窄道路转向困难时，应让人指挥通过；无人指挥时，可在弯道的外侧插上标记，使之在操纵位置时可见到，以此作为转向标，缓缓驾车转向通过。

（4）遇直角弯，车辆无法一次通过时，可利用侧方移位或原地半联动的方法，调整转向轮角度，实施转向。

（5）对弯道情况不熟悉，转弯有困难时，应先停车，下车仔细观察整个弯道情况，特别是要将弯道外侧和内侧路基的坚实度探明，然后再驾车转向通过。

28. 防止转向时碰到障碍的方法与禁忌

车辆若转向不足，车的前外侧就可能碰刮到前方的障碍。如果转向过大，车辆的内后侧就可能碰刮内弯道的障碍。造成碰刮的原因是驾驶人没能根据转弯时的实际情况，正确运用转向盘。为预防此类事情的发生，转向时必须注意以下几点：

（1）弯道外侧有障碍时，转向时机应适当提前，采取小转弯的方法通过；道路内侧有障碍时，转向时机应适当延后，防止内轮造成碰刮。

（2）转向过程中，车头通过弯道后要顾及车尾，迅速回转转向盘。当回顾车尾时，要警惕前方转向轮的位置发生偏移。

（3）弯道一侧有障碍，另一侧没有或有较少障碍时，应贴近没有和较少障碍的一侧转向。

（4）当急弯外侧有车辆或行人时，要待车辆或行人通过后，再进行转向。

29. 防止转弯时撞车的方法与禁忌

转弯时撞车分为与来车相撞和与后车相撞两种。与来车相撞的原因主要是转弯处视线不清，未按行车路线行驶；与后车相撞的原因主要是未给转向信号或突然实施转向。不论与前车相撞还是与后车相撞，都会造成严重的后果。为防止转向撞车，转弯时要注意以下几点：

（1）提高警惕，对视线不良的弯道，要按照对面有来车同时实施转向的情况进行转向，不要侵占对方行驶路线。

（2）转弯时要做到减速、鸣喇叭、靠右行的要求。当视线不良时，要开示宽灯或不间断地鸣喇叭，低速行进，并及时开启转向信号灯，以提示前后的车辆和行人。

（3）右转弯时，由于转向半径小，视线范围也相应缩小，故应格外警惕。在狭窄危险的弯道转向时，右转弯必须紧靠内侧，左转弯必须紧靠外侧。

30. 会车时的操作方法与禁忌

会车是指与对向而行的车辆在同一车道上交会。与来车交会前，应看清来车有无拖带挂车、前方道路及交通情况，适当降低车速，选择较宽阔、坚实的路段，靠路右侧鸣喇叭交会通过。会车时要注意保持足够的侧向安全间距，并做到"礼让三先"，即先让、先慢、先停。禁止在狭窄的桥梁、隧道、涵洞、急弯等处交会车辆。在视线不良的情况下会车时，要降低车速，开示宽灯，鸣喇叭，并加大两车间的侧向间距，必要时应停车避让。在没有中心隔离设施或没有中心线的道路上会车时，应按以下规定礼让：在有障碍的路段，无障碍的一方先行，但有障碍的一方已驶入障碍路段而无障碍的一方尚未驶入时，有障碍的一方先行；在狭窄的坡路，上坡的一方先行，但下坡的一方已行至中途而上坡的一方尚未上坡时，下坡的一方先行；在狭窄的山路，不靠山体的一方先行。驶近狭窄路段或窄桥时，应估计双方距桥的远近和速度，让距桥近的车先过桥。在路面较窄或两边均有其他障碍的情况下会车时，应根据对方来车速度和道路条件选定交会路段，正确控制车速。若离交会路段比对方车远，则应加速行驶；若离交会路段比对方近，则应降低速度等候来车，以保证两车在已选好的路段交会。

31. 防止会车时两车相撞的方法与禁忌

会车时撞车大多是因道路两侧或一侧有障碍，两车为抢先通过

所致。为防止会车时撞车,行车中应注意以下几点:

(1) 会车时要坚持先停、先让、先靠边的原则。遇到难行之处,要有"宁停十分,不抢一秒"的精神,宁慢勿快,宁停勿抢。

(2) 正确判断前方的障碍,用提前加速或减速的方法,将车行驶到障碍前或在障碍后再与来车交会(见图 3-8),禁止在障碍处交会。

(3) 对障碍判断无把握时,禁止超越后再会车,应降低车速缓行至障碍近处,待判断清楚后或让来车通过障碍后再继续行驶。

(4) 当来车准备越过障碍会车时,应立即制动减速,禁止抢行堵住来车的行驶路线。

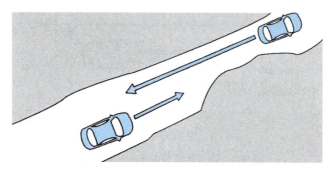

图 3-8 道路宽度受限,选择较宽处会车

(5) 估计两车要在障碍处会车时,应主动停车,调整车体位置或倒车让出路线,禁止互不相让,形成僵持局面。

(6) 会车时要让出道路的中心线,尽量与来车保持较大的侧向间距。

32. 防止会车时与尾随车相撞的方法与禁忌

会车时与来车的尾随车辆相撞的原因多是未判断对方来车数量,与前车交会后立即驶向路中或急速通过障碍。为防止与尾随车辆相撞,会车时要注意以下几点:

(1) 要注意观察来车的车型,如果来车体型很大,要提防后面还有体型小的车辆尾随。

(2) 会车前要尽早进入右侧行车道,以便斜线观察来车的后方情况。

(3) 会车后禁止为驶向路的中央而立即向左转转向盘或急于越

过障碍，必须看清来车后面情况后再驶入路中或通过障碍。

33. 防止会车时撞到行人的方法与禁忌

会车时很容易撞到横穿道路的行人。表面看来，行人横穿道路与会车不发生什么关系，其实不然。有很多行人缺乏交通经验，他们要横穿道路时，往往只注意离自己最近的一侧有无车辆，而忽视另一侧的来往车辆，在最近的车辆从面前通过后，便立即向道路另一侧奔跑，另一侧来车往往由于受会车的阻碍，看不到横穿道路的行人，致使发生撞人事故，如图3-9所示。为防止这类事故，会车时应注意。

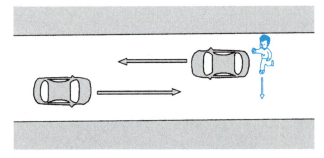

图3-9　确认会车后有无行人突然闯入

（1）会车前，要看清并预计会车地点行人的动态，当行人被来车挡住时，要默记行人此时的位置，并对行人动态做出估计判断。

（2）要警惕只顾观察对方车辆的行人，防止这种行人忽略本车，对此应鸣喇叭示意。

（3）会车时要与来车保持较宽的侧向间距，以便观察行人和留给行人处理情况的空间。

（4）在公共汽车刚在路边停靠后，要特别警惕从公共汽车前面或后面跑出准备横穿道路的乘客。

（5）在复杂情况下会车时，应松开加速踏板，将脚放在制动踏板上，做好随时停车的准备。

34. 超越前车时的操作方法与禁忌

为保证行车安全，超车时应选择道路宽直、视线良好、路侧左右均无障碍，并在交通法规许可的情况下进行。超车时，必须先开左转向灯,向前车左侧靠近,并鸣喇叭通知前车,确认前车让超后,与被超越车辆保持一定的横向间距,从左边超越。超车后,在同被超车保持必要的安全距离后,开右转向灯,驶回原车道。为了超车安全,超车时应在前方150m以内没有来车、被超车辆车速不快、行驶正常的情况下进行。禁止在繁华街道、交叉路口、隧道、窄桥、陡坡、弯道、狭路,以及积雪、结冰的道路上超车;禁止在雨、雾或大风天气,视线不良,拖拉损坏的车辆时超车;禁止超越正在超车的车辆;禁止在被超车示意左转弯、掉头时超车,如图3-10所示。在超车过程中,当发现道路左侧存在障碍或横向间距过小而有挤擦可能时,应立即减速,稳住转向盘,禁止左右转动转向盘,应在最短时间内适当拉开距离,然后再伺机超越。禁止冒险超车;禁止在超车时使用紧急制动,以防车辆侧滑而发生碰撞事故。超越停驶的车辆时,应减速鸣喇叭,注意观察,保持警惕,防止该车突然起步驶入行车道而发生碰撞事故;要保持较大的侧向间距,防止该车突然开车门或有人从车上跳下;要做好紧急停车的准备,以防突然出现横穿道路的行人。当发现在较短距离内左侧有来车交会时,禁止猛向右转动转向盘,应让车在道路稍偏右侧行驶,同时顾及前方和后方车辆。

图 3-10 掉头、转弯、下陡坡时不准超车

35. 防止超车时与对面来车相撞的方法与禁忌

超车时的恶性事故大多是与对面来车相撞所致。造成这种事故

的原因是违章强行超车，其中也不排除来车不礼让和未注意到体积小、速度快的来车等因素。但撞车一般均发生在左侧车道上，主要责任得由超越车承担。为防止与对面来车相撞，驾驶人在超车时必须注意以下几点：

（1）视线不良时，禁止超车。

（2）道路狭窄，两车并行侧向间距小于安全标准以下时，禁止超车。

（3）前车未避让时，禁止超车。

（4）当两车车速很高，超过规定的最高时速限制时，禁止超车。

（5）超车过程中，发现前方来车危及安全时，应立即制动，停止超车。即使车头已超过前车，也要立即制动，采取避让措施，禁止勉强超车。

（6）一旦超车，就要提前占据左侧道路的中央，并鸣喇叭示意，使前方来车及早发现本车，做好配合超车的准备。

36. 防止超车时与转弯车相撞的方法与禁忌

在超车过程中，当突然从道路两侧岔路上驶出车辆，挡住超越车或被超越车的行驶路线时，若制动不及时、措施不力，则会发生两车或三车相撞事故。为防止这种事故，要避免在交叉路口、丁字路口、铁路道口等处超车。在陌生的路段超车时，要做好突然从隐蔽路口处驶出车辆的准备。超车时，禁止过于靠边、车速过快。

37. 防止超车时与被超车相撞的方法与禁忌

超车时，与被超车发生相撞主要有三种情况：一是跟随被超车太近，在被超车处理情况制动时，撞到被超车的后部；二是被超车为避让障碍，向左转向，突然驶向路的左侧，此时己车若已经占据左侧路线开始超车，便不可避免地撞到被超车上；三是超过被超车后，立即向右转向，过早驶入右行车道，被己车切断路线，撞到己车上。

为避免上述情况的发生，超车时要注意以下几点：

（1）跟随被超车不宜太近。跟随被超车时车头应偏于被超车车身的左侧，以便观察前方的情况，同时也为被超车制动时准备好避让的空间。

（2）密切注意被超车行驶的情况，从被超车行驶轨迹上判断被超车驾驶人的技术水平。如果被超车左右摇晃，行驶路线曲折，则表明被超车方向不稳定，不宜跟得太近，超车时要格外谨慎。

（3）被超车虽靠路右侧行驶，但车速未减，如果不能肯定被超车是否让超车，便不能贸然超车。只有待被超车给出明确让车信号或让道也让速时，才能超车。超车时，若被超车速度仍未减，则超车可适当加快车速，以完成超车过程。

（4）超车过程中，两车应尽量避免猛转向或突然制动，以免发生侧滑，引起撞车事故。

（5）超过被超车后，应沿超车路线继续行驶一段距离，然后打开右转向灯再逐渐进入右侧行驶路线。

（6）超车过程中，要保证与被超车有足够的侧向间距。小汽车超车时，与被超车侧向间距应不小于1m。

38. 防止超车时掉入沟中翻车的技巧

超车时，超车过于靠边，转向轮一旦驶出路基，车身失去平衡，便会掉入沟中翻车。另一种情况是，超车时被超车突然向左侧转向，超车为避免撞车，只得也向左避让，从而驶出路基或造成翻车。为防止上述情况发生，超车时应注意以下几点：

（1）要选择宽阔的路段进行超车，并保证左侧车轮与路缘有1m以上的间距。

（2）超车过程中，转向盘要少转少回，稳住方向，不可为避让路面障碍而急剧地转动转向盘。

（3）超车过程中，被超车突然驶入路中间时，超车应视情况做出避让，如果不可避免要造成翻车事故，可不做避让，宁可发生碰撞，也不要造成翻车事故。因为超车过程中，两车均是同向行驶，即使超车碰到被超车，碰撞力量也会不太大，造成的损失不会很大。但若超车时翻入沟中，损失必定很大，并且可能造成人员伤亡。

（4）若车辆要掉入沟中，则应顺势回转转向盘，回转时不宜过急，以让掉入沟中的车辆在路基下方缓顺地驶上路面。当掉入沟中不可避免时，应保持车身正直地驶出路基，使车辆驶入沟中，避免翻车，以减少损失。

39. 让超车的操作方法与禁忌

车辆在道路上正常行驶，发现超车示意要超越时，应选择适当路段开右转向灯，减速靠右行驶，以表示让超车超越。在划有大小型机动车道的道路上，若在小型机动车道上要让超车，则必须改在大型机动车道上行驶；在大型机动车道上让超车时，则不存在让道的情况，只需适当降低车速即可。不管在什么道路上遇超车，禁止无故不让或让路不让速。特别是高速车，本身速度就较快，如果让路不让速，会给超车造成很大困难，延长超车过程，增大事故发生的概率。在让车过程中，若突然发现右前方难于通过，则禁止突然向左转动转向盘，因为这样会使正在超越的车辆措手不及而发生危险。对此情况只能急剧减速，甚至停车待超，让超车超越后再行驶。在让超过程中，若发现对方超车困难，或左前方有障碍会影响超车行驶时，应主动减速，配合对方超车，以免发生危险。让车后，确认无其他车辆接连超越后，再驶入正常行驶路线。禁止超车一过就急切地转动转向盘驶回路中央，防止超车后面有跟着的超车而发生碰撞事故，如图 3-11 所示。

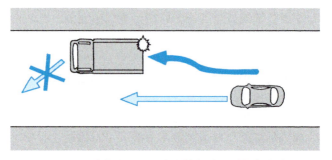

图 3-11　让超后不允许向左转向或同时紧急制动

40. 通过交叉路口的技巧与禁忌

道路上交叉路口很多，很多交叉路口没有交通信号灯控制，也没有交通警察指挥。汽车驶近交叉路口时，驾驶人观察道路两侧的视线往往会被两旁的房屋、树木和其他物体遮挡。为防止因视距不良发生事故，车行到交叉路口时，必须注意观察，并把车速降到视距三角形（横向和纵向行驶的汽车相互看见时两车的位置与两车相交的位置所构成的三角形)的安全速度以下。通常应提前200m将车速降至安全速度以内。在村镇或街道路面很窄的交叉路口行驶时,由于视野盲区较大,视距短,因此要将车速控制在20km/h内。在两旁有高秆庄稼、树木、建筑物或其他设施等物体,影响甚至挡住驾驶人横向视距的道路上行车时,要注意以下几点:

(1) 在不影响来车行驶的情况下,车辆应尽量在公路的中间位置行驶,禁止车辆靠视线受阻碍的一侧行驶,以便于处理情况。

(2) 鸣喇叭时间可长一点,提醒横向来的车辆或行人。禁止不发出任何信号,而突然驶过视线受阻的交叉路口。

(3) 降低车速,使车速保持在一旦发现情况就能安全停车的范围内。禁止高速通过交通情况复杂的交叉路口。

(4) 对经常行驶的路线,要注意观察并熟记沿线的路口、岔道和行人经常出入的地点,做到心中有数、预先准备。

(5) 准备进入交叉路口的车辆应让已在路口内的机动车先行。

(6) 向左转弯时,要靠路口中心点左侧转弯,转弯时开启转向灯,夜间行驶时开启近光灯。

(7) 有交通标志、标线控制的,让优先通行的一方先行。

(8) 没有交通标志、标线控制的,让右方道路的来车先行。

(9) 转弯的机动车让直行的车辆先行。

(10) 相对方向行驶的右转弯的机动车让左转弯的车辆先行。

41. 遇事故多发地段时的处理方法

在路上,经常会看到"事故多发地段"的警告牌。这些被警告牌标出的地段均是经常发生事故的地方。据分析,这些地方容易发生事故有以下几方面原因:一是驾驶人方面,这些地段常是不被驾驶人重视的地方,车速到此一般都较快,并且驾驶人经过相当一段路和时间的驾驶,到这段路程时,几乎都较有规律地出现疲劳松懈的现象,从而发生事故;二是道路修造方面的原因,如道路两侧视线不良、障碍物多、道路曲线不符合要求等;三是路面附着系数有突变,如某路段被某种油污染特别溜滑,某段浇筑的沥青中蜡的成分过高等;四是有特殊的地理环境,如某处磁场特别强烈,驾驶人和机动车到此往往出现反常现象等。不管什么原因,驾车遇到

"事故多发地段"警告牌时都应倍加注意,应迅速降低车速,做好处理紧急情况的准备,尽量少使用紧急制动,加强对道路两侧的观察,并通过后视镜观察车后交通情况。禁止对警告牌的提示视而不警觉。

42. 在道路上停车的注意事项与禁忌

车辆在道路上行驶,因故需要停车时,应在允许停车的路段并靠向道路的右侧顺向而停。停车时应注意下列几点:

(1)停车前,注意选择坚硬、平坦、宽阔和交通情况简单的地段准备停车。禁止在松软的泥质路肩上停车。

(2)停车时要提前减速,打开转向灯,鸣喇叭示意,然后慢慢靠边。禁止将车右行后突然停车,防止将同向行进的行人和车辆逼入路边或相撞。

(3)禁止在交通法规中不允许停车的地点停车,即使在这些地点发生故障而停车,也要及时设法将车移开此处。

(4)停车后要认真检查驻车制动器操纵手柄是否拉紧,点火开关是否关闭,下车时尽量从车的右门下。禁止不观察车后情况突然打开车门下车。

(5)在坡道上停车后,要在车轮下垫上砖石。在有路缘的坡道上,下坡停车时应将车轮转向右边,使右外轮前边卡在右边的路缘上;上坡停车时应将前轮转向左边,使右外轮后侧卡在路缘上。在坡道上禁止不采取任何防止车辆自动溜坡的措施停车。

(6)禁止在公路转弯处或在危险地段停车。必须停车时应在停车地点前后约10m处设立醒目的警告标志,并开启车上危险报警闪光灯,以提醒来往车辆注意。

(7)在车辆未停稳前,禁止开车门和上下人,开关车门不得妨碍其他车辆和行人通行。

43. 在路上掉头的禁忌

车辆做180°转向,朝原来相反的方向行驶称为"掉头"。车辆在有禁止掉头或禁止左转弯标志、标线的地点,以及在铁路道口、人行横道、急弯、桥梁、陡坡、隧道或容易发生危险的路段,禁止掉头,如图3-12所示。因为上述地点车辆无法一次顺车掉头,而必须采用顺车与倒车相结合的方法掉头,这样就会造成一车掉头多车堵塞。另外，这些地点交通情况复杂，车辆在此掉头，会增加不安全因素，即使能进行一次顺车掉头，交通法规也不准许。所以汽车掉头时，应选择在广场、交叉路口或平坦、宽阔、土质坚实等没有禁止掉头或没有禁止左转弯标志、标线的地段进行。即使无上述理想的地段，也应选择路旁有空地可利用的地点掉头。掉头时不得妨碍正常行驶的其他车辆和行人通行。

44. 利用岔路口掉头的方法与禁忌

汽车在岔路口掉头的方法是：将车靠岔路口外侧低速行进，接近岔路口时，迅速转向，让车驶入岔路并贴近岔路的外侧停车，然后挂入倒档，倒入来路，同时向所需掉头方向转动转向盘，当车辆驶入原来道路时，便

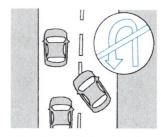

图3-12 在隧道，铁路道口及设有禁止掉头标志的地点禁止掉头

完成了掉头。利用岔路口掉头时，也可先让车驶过岔路，然后再按照倒车入库的方法，将车倒入岔路停住，再挂前进档，驶入原路完成掉头。

利用岔路口掉头时，应先将车尽量在原行驶道路上靠右行进，倒车时尽量使车内侧后轮靠岔路和原道路内侧驶入岔路，待车倒入岔路车轮转正后再驶出岔路口，完成倒车。禁止不查看岔路口路基和交通情况贸然掉头，以防止车倒入岔路口发生意外。

45. 防止倒车时碰到障碍的方法

倒车时，要在确认安全后再进行倒车。禁止在铁路道口、交叉路口、单行路、桥梁、急弯、陡坡或隧道中倒车。倒车时，车的尾部和车前轮的外翼子板很容易与障碍发生碰撞。发生碰撞的主要原因是驾驶人视线不良或操作不当。要防止倒车时碰撞障碍，应注意做到以下几点：

（1）倒车前，应调整好车体位置，观察好倒车线路，默记周

围障碍物的形态和位置。

（2）倒车过程中，注意力应重点放在观察和判断车体与障碍物的位置上。

（3）倒车时要控制好加速踏板，防止车速忽快忽慢。

（4）当车辆一次后倒难以达到目的时，不要勉强，应再次前进调整位置，以减小倒车的难度。

（5）在后轮通过障碍后，要立即回头观察前轮车头情况，防止前轮碰撞障碍物；在修正前轮车头位置时，要考虑并顾及车尾的情况。

（6）倒车时，一旦感到车辆碰撞到异物或车轮受阻，就要立即停车查看。

46．防止起步时撞车轧人的方法

汽车起步时轧人，一般都发生在后轮；起步时撞车，一般都与后面的超越车相撞。汽车起步轧人或撞车的原因是驾驶人在起步时没有发出信号或未仔细观察车辆前后左右的情况。为防止上述情况发生，起步时应注意：

（1）待看清车辆四周确无人员和其他障碍后，再鸣喇叭起步。

（2）在人员较多的地方或在车库内起步时，要检查车底下有无人员或其他物品，尤其要注意车底是否有顽皮的儿童。

（3）起步前，应鸣喇叭 1~2s 再起步，以便给周围人员一个提示。不可鸣喇叭后立即起步，也不可鸣喇叭的同时就起步，更不可不鸣喇叭就起步。

（4）起步前，要查看后视镜，同时打开左转向灯，在看清后边及左右方无来车时再起步；起步后，待看清左后方无超越车时，再向道路中央行驶。

（5）在车辆较多的车道上起步后，应先沿着原停车方向缓行一段，待车速提高到一定程度时，再逐步驶入正常行车道。严禁一起步就向行车道上横插。

（6）在车场、车库等处起步前，应先绕车查看一周，认为情况无异时，再进入驾驶室操纵汽车起步。应避免从别处匆匆赶到汽车旁，拉开驾驶室门，朝驾驶座位上一坐便起动的行为。

47. 行车中减速滑行的操作方法与禁忌

减速滑行是指切断发动机的动力传递，使汽车依靠惯性行驶。在以下场合，驾驶人可利用减速滑行：在距预定停车地点适当距离之前，准备停车时；发现前面道路有障碍，需要减速才能通过时；到达有交通管理人员指挥的交叉路口以前，需减速时；比较平坦的路段在转弯、过桥、通过交叉路口以前需要减速时；在道路不平或交通繁忙的地点需要减速时。

滑行时禁止关闭发动机，因多数车辆制动性能和转向助力性能与发动机是否正常工作有关；滑行时禁止半踏离合器踏板或挂档滑行，这样会造成机件磨损；滑行时禁止将车速降得过低，使车辆失去动力惯性，不利于处理交通情况和节约燃油。

48. 行车中加速滑行的操作方法与禁忌

加速滑行是驾驶人利用滑行来节油的一种方法。它的操作方法是：先将汽车用高速档加速至一定速度（通常在 80km/h 以上），然后脱档或关闭点火开关，利用惯性滑行。待车速下降至一定限度（通常在最高档的最低速），再挂入高速档或重新起动发动机加速冲车，重复上面的操作过程。利用加速滑行，必须在车况良好可靠、道路平坦、机件润滑、操作熟练、视线良好、路线熟悉、所载物资恰当等可确保安全的情况下，方可采用。

行车中禁止经常使用加速滑行来达到节油的目的，因为加速滑行破坏了行车节奏，使车辆行进忽快忽慢，不利于安全。另一方面，车辆经常处于加速、减速状况，会缩短机件使用寿命，为节油而损伤机件得不偿失。

49. 汽车空档滑行的禁忌

汽车在行驶中，规定不得空档滑行，但在实践中，空档滑行作为一个过渡动作，若运用得当，可以减少机件磨损和燃油消耗。例如，滑行减速或滑行下小坡，甚至在平坦宽阔的道路上加速到一定程度后滑行。但是在下陡坡时禁止空档滑行，这是由于重力沿陡坡道的分力推动车辆前进，使车速越来越快，并且坡度越大，车速越快，这时如不制动，有可能向前翻车。如果频繁使用制动，则会增加制动摩擦片和制动鼓的磨损程度。汽车下陡坡用空档滑行时会使车辆速度过快，发现前面有情况时，往往来不及紧急制动，即使用紧急制动,也很容易造成传动机构扭损折断而使车辆滚滑。所以,下陡坡时禁止空档滑行。自动档汽车设有"N"位,即空档。如果下陡坡时变速杆在"D"位,即前进档上,即使不踏加速踏板也不算空档滑行,如果使用N位下坡,就是"空档滑行"。自动档汽车滑行时,禁止乱踏加速踏板和使用紧急制动。

三、各种道路的行驶方法

50. 通过桥梁时的注意事项

汽车接近桥梁时,应注意桥头附近的交通标志,并遵守有关规定,如载重量规定。若自身车总重量超过通过桥梁的载重限量,则不能通过桥梁,可卸掉部分载量,符合载重规定后再通过。通过时与前车保持安全距离,减速通过,不得在桥上停车。遇到窄桥时,如果发现来车距离桥头较近,则应主动靠边停车,待来车通过后再前进。如果来车速度很快,即使距桥头较远,也要警惕其抢先上桥,必须有及时的准备,避免发生桥上撞车事故。对于不同的桥梁,还需做出不同的处理。

(1) 通过水泥桥、石桥时,如果桥面为双车道,而且桥头连接处及桥面平整,可按一般驾驶要领通过。如果桥面不平或比较狭窄,则应减速通过。

(2) 通过拱形桥,看不清对方车辆和道路情况时,应减速鸣喇叭靠右行驶,随时注意对方来车,在减速的同时,做好制动准备。

(3) 通过木桥时应提前减速,对准车道缓行通过。如果发现桥面板松动,则要预防道钉刺入轮胎,过桥后应根据情况做停车检查。

(4) 通过吊桥、浮桥、便桥时,应换入低速档,慢速平稳通过,禁止在中途制动、变速和停车起步,以免引起对桥梁的冲击,造成桥的坍塌,如图3-13所示。

51. 通过简易道路隧道时的操作方法与禁忌

高等级道路上的隧道有良好的通视距离和路面条件,只要车辆按交通标志要求正常行驶便可通过。遇到简易道路上的隧道时应注意下列事项:进入隧道前,应注意交通标志和文字说明,并严格遵守；高棚客车或货车和超高、超宽车辆在进隧道前，禁止不看交通标志和文字说明，冒失驾车强行通过隧道，以免发生剐蹭事故；通过单行隧道时，应观察前方有无来车，再视情况缓行通过，并适当鸣喇叭或开启前后车灯，禁止明知对方有来车时，还要强行进入隧道；通过双车道隧道时，应靠道路右侧以正常速度行驶，并视情况开启车灯，一般不鸣喇叭，特别是在距离较长、车辆密度较大的隧道内，禁止鸣喇叭，以防噪声影响其他车辆行驶；隧道内不可停车，因故障在隧道内抛锚后，应在车后80m处加设三角形危险标志并尽量请其他车辆拖出隧道；通过较长的隧道时，应将车门玻璃全部关闭，防止隧道内的汽车尾气进入车内。在较长的隧道内

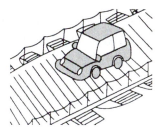

图3-13 谨慎通过各种桥梁

都有报警电话，车辆一旦发生故障或发生其他意外事件，应及时拨打报警电话。

52．通过涵洞时的操作方法与禁忌

涵洞的基本特点是高度有限制。通过涵洞时，要在离洞口100m处减速，注意观察交通标志。涵洞内一般潮湿路滑、路幅不宽、视线较差，应当做好防滑措施，并随时注意前方来车和交通情况。一般的涵洞地面都较低洼，故路面多坑洼不平。汽车通过时应注意躲避凹凸之处，防止凸起的路面擦伤车底盘。通过简易陌生道路涵洞时，禁止不查看涵洞前方以及涵洞地面情况贸然驾车通过。过涵洞时禁止不握转向盘或轻握转向盘，以防止地面不平引起方向跑偏或转向盘自动转动打伤手臂。

53．通过铁路道口时的操作方法与禁忌

汽车通过铁路道口时应提前降低车速，密切注意两边有无火车开来，并听从道口管理人员的指挥。通过无人管理的铁路道口时要

切实做到"一慢、二看、三通过",确保安全。严禁与火车抢行。在铁路道口等待栏杆开启时,应尾随前车纵列停放,不应加塞抢前,以免造成交通堵塞。穿越铁路时,应一口气通过,禁止在火车道区域内变速、制动、停车。当在火车行驶区域内发生故障时,必须设法立即将车移开,禁止任其停留。在通过铁路时,应注意防止轨道等凸出物损伤轮胎,应沿已轧出的车辙线行进,禁止另辟行车道通过。

54. 通过凹凸路面时的操作方法与禁忌

遇到凹凸不平的道路时,驾驶人应仔细观察路面的凹凸程度。如果估计汽车离地间隙不能安全通过,则应绕行;如果认为所驾车能通过,则应谨慎慢行。禁止抱着侥幸心理驾车通过。应保持正确的驾驶姿势,上体紧贴靠背,两手握牢转向盘,尽量不使上身摆或跳动。如果身体随车身的跳动而失去稳定性,则会影响均匀加速,会使车行驶得忽快忽慢,从而失去对汽车的控制能力。通过较短而面积小的凹凸路时,可用空档滑行通过。对于连续的面积小的凹凸路,可保持适当的速度均匀行驶。在可能引起跳动的凹凸路上,应用低速档通过。行车过程中,应随时注意各部件的声响,禁止听到部件的异常声响后,不立即停车而强行通过。通过较长的凹凸道路时,应仔细检查各连接装置是否松脱和折断,若有损坏之处,则应及时整修。

55. 通过狭窄道路时的操作方法与禁忌

狭窄道路上容易发生剐蹭事故,其原因主要是驾驶人没有正确掌握车辆的侧向间距。在狭窄路上,车辆侧向空间很小,汽车运行时,只有与左右两侧的障碍保持一种最小的侧向安全间距,才能保证不发生剐蹭事故。车速不同,侧向最小安全间距和车轮至路边(障碍)的最短距离也不同。车速越快,车的稳定性越差,摆动幅度也越大,因此对最小安全间距要求也越大,车辆至路边(障碍)的最短距离也应增大。为了避免发生剐蹭事故,通过狭窄道路时,要注意以下几点:

(1) 通过前,要鸣喇叭示意,提醒对方车辆不要再进入只能单车通过的狭窄道路。

(2) 对面来车已经进入狭窄路时,应靠狭窄路口处停车,待来车通过后再鸣喇叭驶入路口，禁止强行驶入路口。

（3）通过危险狭窄道路时应事先下车观察情况，对路况做到心中有数，必要时应有人指挥通过，无把握时，禁止冒险通过。

（4）正确判断窄路的弯道和路幅，准确迅速地运用转向盘，使轮胎按自己预想的轨迹行进。

（5）对面有来车时，应及早选择路幅较宽的地段准备会车。当发现前方没有可供会车的地段时，要立即停车采取措施，禁止有"车到山前必有路"的想法和做法，否则，会给狭窄道路行车带来麻烦和失误。

（6）狭窄道路旁有危险障碍物时，车辆要稍靠另一侧行驶。必要时，排除危险障碍后再通过。

（7）狭窄道路另一侧是危险的山涧或深沟时，禁止脱离前车辙行进通过；在危险一边路基不明情况下，禁止贸然通过。

56. 通过路面大障碍物时的操作方法与禁忌

遇到较大的凸形障碍物时，应先判断本车能否通过，如果凸形障碍物超过本车的最大离地间隙，则应设法绕行或消除凸形体的顶端部后再通过。如果车辆可以通过，则应事先制动减速，在接近障碍物后，用低速档缓行通过，使两前轮正面接触障碍物。禁止前轮一前一后接触障碍物，以免车架受到过大的扭转。当前轮驶抵障碍物时，应踏下加速踏板，待前轮刚越过凸顶时，立即松起加速踏板，使前轮自然滑下障碍物。禁止此刻再踏下加速踏板，使车辆发生猛烈的冲撞。当后轮触到障碍物时，应再次踏下加速踏板，使后轮驶上障碍物的凸顶。此时，踏下加速踏板的力度应足够，否则动力轮无力爬过凸顶，造成车辆熄火和后溜。车轮达到凸顶后，再松开加速踏板，待后轮自然滑下后再继续前进。

57. 通过路面小障碍物时的操作方法

驾驶人发现道路上有小障碍物时，要注意观察和选择路面，及时减速，看清障碍物的形态、位置，再决定通过的方法。如果障碍物在路中，两侧可以通过，则应选择安全的一侧通过；如果两侧都不利于通行，而障碍物低于汽车最小离地间隙，其宽度又小于轮距，则可使车辆左右轮居于障碍物两侧缓慢通过。如果障碍物的最高点超过车辆最小离地间隙，又是硬质物，则应换用低速档，使一边车轮轧在障碍物较低的一面上,另一边车轮轧在平路上,慢慢通过。

在正常的道路上遇到障碍物且有前车通过的车辙痕迹时,应顺着车辙小心通过。禁止不分障碍物性质就用车轮碾轧通过,尤其对碰到的新障碍物,若没有前车通过的迹象,则应停车观察清楚后再通过。

58. 通过集市和农贸市场时的操作方法与禁忌

我国很多城乡有定期集市的传统,城市设有农贸市场,在这里行人和赶集的人纷乱并挤满道路,道路两旁摆满各式摊位,交通十分拥挤。行车时若能绕开,则应设法绕开,无法绕开时,应低速缓行,禁止用车挤开人群。如果遇到传统性的集会,则要尊重当地群众的风俗习惯,禁止贸然行事。高峰时间确实无法通过时,可暂时停车等候,待高峰过去后通过。当执行紧急任务必须通过时,车前应有人员开道,引导汽车缓慢通过。在人群中低速缓行时,有人会用手摸或拍打汽车的车身及辅助装置,遇此情况,应平静对待,禁止停车训斥或理论,否则会引起围观和纠纷,妨碍交通,甚至使车辆和人员受到更大的伤害。遇到人群较密集,通行道路摆满地摊时,禁止强行通过,禁止挂高速档通过,应注意控制好加速踏板,使车辆处于一松开加速踏板就停下的行驶状态,缓慢耐心地通过。

第四部分

复杂条件下驾驶的技巧与禁忌

复杂条件下驾驶是指在非等级公路上驾驶和异常天气条件下的驾驶。在这些道路和天气条件下驾驶有其特殊的要求和规律。在复杂条件下的驾驶技巧更为重要，禁止事项也更为广泛。

一、坡道与山地驾驶

1. 上坡快速换档的技巧与禁忌

无级变速的车上坡时，只需根据坡度踏下加速踏板。自动档车上坡时，应在上坡前根据坡度情况将变速杆分别置于低速"S"位或"L"位，下坡后再置于前进档（或称高速档）。手动档的车上坡时，应根据坡度使用稍低一级的档位，需快速换高速档时，冲车距离要适当延长，否则换档后会感到动力不足，造成停车甚至后溜。换档时，动作要准确、迅速。换档后，要立即踏下加速踏板。上坡快速减档时，除掌握常规操作要领外，还须特别注意将换档时机较平时稍提前一点，并在减档前要注意动力，听准发动机的声音，如果感到动力不足，则应迅速减档。换档后，必须迅速跟上供油，以保持足够的动力。必要时，可以用提高发动机转速的方法提前或越级减档。快速换档的关键在于将离合器踏板踏下的动作要快，可不需踏两次离合器踏板。踏下离合器踏板同时摘档，并立即挂下一档位，挂入档位后立即松抬离合器踏板，同时跟上供油。快速换档时禁止强行摘档和摘档后在空档停留；禁止动力丧失时还强行挂档，以免造成车辆停顿或后溜。

2. 下坡换档的技巧与禁忌

汽车下缓坡时的加档操作可按常规方法进行，但冲车要小或不冲。下陡坡时应预先换入适宜档位，禁止在陡坡处换档。坡道较长时，可利用发动机牵阻作用制动，控制车速。换档前，应先利用制动器，使车速降低后，再根据需要迅速换档。换档时，禁止过早踏离合器踏板，以防车向前下滑的速度变快；换不进档时，应降低车速后再进行换档，不可让变速杆挂在空档上，使车失去发动机牵阻作用。在一般坡道上使用中速档为宜，因为中速档既可充分利用发动机牵阻作用，在又能迅速提高车速，坡度较大或因其他原因需缓行时再使用低速档。下坡时禁止长时间使用低速档，以免损伤发动机和传动装置。

3. 通过上坡道时的操作方法

汽车遇到短而缓的上坡道时，应注意观察坡道和交通情况。若路面较宽且平坦，两侧无危险情况，则可提前 100m 左右采用高速档加速冲坡，或提前换用低一级档位加速冲坡。当遇到连续短小的坡道时，可根据地形情况掌握车速，在下坡中途适当地加速，握稳转向盘，利用惯性冲上第二个坡道。在即将冲上坡顶时，应松开加速踏板，让车依靠惯性驶过坡顶，并做好随时停车的准备，以防坡道上出现意外情况。通过长而陡的坡道时，上坡阻力会使汽车有效动力大为削弱。对此，如果不是无级变速的汽车，既要利用高速冲坡，又要及时变换档位，不可用高速档勉强行驶，也不宜过分地使用低速档，以使汽车保持充足的动力，平稳地上坡。通过视线受到限制的坡顶时，应及时减速和鸣喇叭，靠右行驶，并注意对面来车和行人，以免发生事故。上坡时，前、后车的安全距离应尽量保持在 30m 以上，以防前车倒退时发生冲撞。遇狭窄的坡道，前方有车下坡时，应先选好安全的路段停车，等待会车后再进行上坡驾驶。

4. 通过下坡道时的操作方法

汽车下坡时，应根据坡道的具体情况，将车速控制在安全时速内。下陡而长的坡道时，应将车速控制在 30km/h 左右，并应在坡顶试踏制动踏板，检查制动器是否良好，再挂与上该坡时同级的档位，以利用发动机的牵阻作用并间歇地使用制动器以控制车速。在坡道上，应避免使用紧急制动或中途变速。下坡时，应事先观察前方情况，与前车保持 50m 以上的安全距离，在视距较短的路段，应随时鸣喇叭发出警告。在路面狭窄或险峻路段，下坡时应随时做好停车避让的准备，以防不测。下长坡时如果使用制动器的时间过长，制动片和轮毂会发热，应随时检查，并选择适当地点停车休息。下坡时，发动机处于无负荷状况，冷却条件又好，因此冬天下坡时应注意使发动机的温度保持在正常范围。

5. 在陡坡道上停车的技巧与禁忌

一般情况下禁止在陡坡道上停车，必须在陡坡道上停车时，应先踏下离合器踏板，待车即将停止时，立即转动转向盘，使车轮朝向安全一方停住，与坡道形成一个夹角，减缓下滑的惯力。此时，踏下制动踏板将车停住，并拉紧驻车制动器。车停在坡道上处于空档时，驾驶人不要离开驾驶室，特别是在发动机仍怠速运转的情况下，要防止驻车制动抖松而使车辆发生溜滑事故。应视情况将变速杆挂入适当档位，以利用发动机加大制动力。将车停稳后，驾驶人应下车，在车轮下滑方向垫上三角木（或石块等）。在陡坡道上停车时，禁止未拉紧驻车制动器就松抬制动踏板；车停稳后，禁止不采取任何防下滑措施；禁止对车辆进行大力冲撞；禁止驾驶人远离所停的车辆。

6. 在坡道上倒车的技巧与禁忌

汽车向上坡方向倒车：起步时，要按坡道起步的方法操作，要控制好加速踏板，以维持均匀的速度后倒；停车时，踏离合器踏板与踏制动踏板要同时进行，但踏离合器踏板要略快，以免熄火。上坡倒车时禁止倒车动力不足；禁止停车时不及时踏制动踏板。

往下坡方向倒车：起步时，松驻车制动器操纵杆的时机不可过早，应与松离合器踏板同时进行；倒车时，右脚应踏在制动踏板上，先利用发动机怠速减缓车辆后倒的速度，还可视情况使用制动倒车；停车时，随着离合器踏板的踏下，立即把制动踏板踏死，防止车辆后溜。下坡倒车时禁止将加速踏板踏下得过多，禁止将离合器踏板踏下得过早。

不论上坡倒车还是下坡倒车，在停车、拉紧驻车制动器、驾驶人松抬制动踏板时，车身朝下坡方向均会有几厘米至几十厘米制动间隙的滑动。此时，禁止在停车下坡方向有人员或怕碰撞的物体过于靠近车体。

7. 通过坡道后转弯的操作方法

有些道路上坡后就接着转弯，当驾驶人驾车在这种上坡道上行驶时，视线会失去引导，不知道上坡转弯处的情况。驾驶人如果驾车行驶到坡上才发现转弯，常会手忙脚乱，引起操作失误或来不及采取措施而造成事故。而道路下坡就转弯易使驾驶人造成视觉上的误差，会感到转弯道是上坡弯道，从而进行不必要的加速行驶，这也会成为超速翻车的诱因。如果在直路上有几个变坡点（上下坡），或者在上下坡中有几个弯道，同样会给驾驶人带来视觉不平衡，易发生判断错误而酿成事故。所以驾驶人遇坡道转弯时，应及时降低车速，一定要沿着右侧车道行驶，禁止占道行驶，如图4-1所示。行车时要预见转弯处和上坡处可能有复杂的交通环境，做好随时转向和停车的准备。对陌生的上坡路，更应谨慎驾驶，不可莽撞通过。

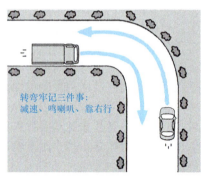

图4-1　坡道转弯时要靠右侧行驶

8. 山路下坡时使用制动踏板的禁忌

汽车在山路上行驶，特别是在山路下坡时，使用制动踏板最频繁。在通过长陡坡时，最好采用间歇制动，这样有利于制动鼓和制动蹄片的冷却。踏制动踏板时要有预见性，当车速刚达到道路情况所允许的限度时，应施加适当的制动力，使车速均匀地降低并保持稳定。

制动时，应将制动踏板踩踏两次后，用脚压住制动踏板，使制动踏板处在较高的监控制动的界限。需增加制动力时，往下踏一点；需减少制动力时，则稍抬一点。在制动踏板高度逐渐降低后，可再踩踏两次，使制动踏板高度重新升起。

山路下坡时禁止长时间使用制动器，以免制动鼓和制动片经长时间摩擦产生高温而烧蚀，导致制动失灵。对于使用气压制动器的汽车，禁止不观察气压表，以免多次长时间使用制动器，造成气压过低，制动失灵。

9. 在坡道上制动失灵、车辆失控下滑时的处理方法

汽车下坡时，感觉到制动效能有变化时，驾驶人应当及早停车检查，找出原因并排除故障。下坡过程中，制动踏板发生意外故障使制动突然失效时，应当沉着处理，可用"抢档"的方法，以增加发动机的牵阻作用。同时，要灵活正确地掌握好转向盘，再运用驻车制动器阻止传动机件旋转。用驻车制动器制动时，把驻车制动器操纵杆按钮按下，逐渐拉紧驻车制动器操纵杆，使车速在驻车制动器的作用下逐渐降低。驻车制动器操纵杆不可一次拉紧不放，也不可拉得太慢，因为一下拉紧，容易使驻车制动器"抱死"，很可能损坏传动机件而丧失制动力。另外，一下将驻车制动器操纵杆拉紧，会形成紧急制动，而汽车在山路条件下紧急制动会产生侧滑、掉头等无法控制的险情；拉得太慢，会使制动盘磨损烧蚀而失去作用。拉驻车制动器操纵杆时要按下按钮，使制动力均匀地增强。操纵时可拉一下，松一下，再拉一下，再松一下。当汽车接近停住时，再将驻车制动器操纵杆固定在拉得最紧的位置上。

当汽车在上坡道上失控下滑时，应沉着冷静，尽力用驻车制动器和制动踏板停车。如果停不住，则应根据坡道的不同情况，采取不同措施。如果坡道不长，路面宽阔，又无其他车辆，则应扭头后视后车窗玻璃或打开车门，用侧身后视的方法操纵转向盘，控制车辆朝安全的地方倒溜，待到平地后，再设法停车。如果地形复杂，后溜有危险，则应把车尾转向靠山的一侧，使车后保险杠抵在山石上，将车停住。此时，转向盘绝不可转错方向，以免发生严重事故。汽车在下坡时制动器失灵又不能控制速度时，会越滑越快，最后无法控制而造成严重事故。因此，下坡时，一旦制动器失灵，就应立即利用天然障碍，给车辆造成道路阻力，以消耗汽车的惯性力，用障碍物将其挡停。例如，可将车顺势转入路旁的田野、草丛、松软的土地、乱石等，以阻拦车轮滚动。如果情况紧急，可缓慢转动转向盘，使车身的一侧向山或树撞靠，以减少损失。为防止汽车在坡道上失控下滑，要做到以下几点：

（1）认真检查车辆的技术状况，及时排除隐患，禁止带故障行车。

（2）非无级变速的汽车上坡前要正确选用档位，尽量使用低速档上陡坡，禁止途中换档。

（3）发动机突然熄火后，应立即使用制动踏板和驻车制动器将车停住。

10. 通过易塌方地段的技巧与禁忌

汽车通过峡谷或易塌方的地段时，应先鸣喇叭，认真查看公路两边山坡上有无异常现象。如果随着喇叭的振荡声，从山坡上滚下碎石，则说明有危险，应排除险情后再通过。无论晴天还是雨天，当前方路面有散乱的大小石块、泥块和土堆时，都应看作是塌方迹象，必须选择安全位置停车，细心观察，在查明原因确认可以安全通过时，再一口气加速通过。凡可疑的地段均禁止停车，以防万一。若突然遇到前方塌方，应立即停车后倒避让。如果险情发生在车后，或碎石落在车上或车旁，则禁止停车查看，应根据情况加速前进一段路程。若塌方造成路障，则应根据情况采取相应措施。当坍塌严重，短时间无法排除时，应及时掉头或找安全场地待命。如果坍塌不严重，则应配合道班工作人员及时排除路障。在勘察和排除路障的过程中，要密切注意山上动静，即使山上滚下一点石块或泥土，也应引起注意，防止再次发生塌方使人、车受到伤害。初次经过易塌方地段的驾驶人，禁止冒险独自驾车通过或擅自上山探察险情，应在有经验的驾乘人员或公路道班工作人员指导下通过或排除险情。

11. 通过傍山险路的技巧与禁忌

在弯急道窄、地势险峻的山路上，驾驶人如果稍有疏忽或操纵不当，就会导致撞车坠崖。为防止此类事故，行车中应注意以下几点：

（1）要集中精力，不能掉以轻心。如果感觉很疲劳，对通过险路无把握，则应暂停通过。禁止无心理准备或疲劳状况下驾车通过傍山险路。

（2）行车中，要重点观察靠山一边的路面，沿靠山一侧行驶，有恐高症的驾驶人，禁止窥视深涧悬崖，以免分散精力和产生紧张心理。

（3）注意对方来车，及早考虑会车条件，主动选择安全会车地段进行会车，如果前行会车有危险，则应及时停车。

（4）转弯时，必须做到"减速、鸣喇叭、靠右行"，行车速度要缓慢，并注意弯道路缘是否光滑，车轮驶过的地方是否坚实，禁止过于靠边。

（5）在陡坡处转弯时，要提前换入低速档，以便提供足够转矩，避免转弯过程中换档或制动。

（6）尽量少使用制动，尤其不要在悬崖近处使用紧急制动，以免造成侧滑，发生事故。

（7）要稳握转向盘，转向时不要松手。

12. 坡道坡度的计算方法

汽车行驶中，会遇到不同坡度的道路，驾驶人要根据道路坡度与所驾车爬坡能力判断能否通过。若坡度超过所驾车的爬坡能力，则不能冒险。遇到只注明坡度百分数的坡道时，可根据表4-1所列数据换算成角度。

表4-1 坡度与角度换算

坡度(%)	角度	坡度(%)	角度
1	0°36′	43	23°18′
3	1°44′	45	24°14′
5	2°52′	47	25°12′
7	4°2′	50	26°34′
10	5°44′	53	27°56′
13	7°26′	55	28°50′
15	8°32′	57	29°42′
17	9°40′	60	30°58′
20	11°20′	62	31°48′
23	12°58′	65	33°2′
25	14°4′	70	35°0′
27	15°8′	75	36°54′
30	16°42′	80	38°40′
33	18°16′	85	40°22′
35	19°18′	90	42°0′
37	20°20′	95	43°32′
40	21°50′	100	45°0′

13. 山路行车遇暴风雨时的处理方法与禁忌

山区，尤其是地势险峻的山区，一旦有暴风雨，就可能出现山洪。不同车型的抗洪能力有所不同。一般来讲，小型车质量轻、重心低，与其他车辆相比，抗水淹能力差，在山洪面前有更大的危险性。不论什么车辆，在山区行驶遇暴风雨时，应立即离开山脚或泄洪地段，禁止停滞观望。在有山洪冲击的地段停车时，禁止将车停在山顶或使车过于暴露在路面上，以防雷击或疾风袭击。也不可将车停在山脊凸出的公路上，以防塌方或滑坡，如图4-2所示。应选择避风，路基坚硬，山坡岩石坚固，不会发生泥石流和远离山洪的地方停车。

图4-2　在傍山路、堤路上不宜靠边行驶或停车

二、湿滑道路驾驶

14. 泥泞路上使用转向盘的技巧与禁忌

驾驶两轮驱动的汽车在泥泞路上行驶时，操纵转向盘的回转动作要缓，瞬时回转角要小，以避免离心力的副作用。行进中要握稳转向盘，尽可能保持直线行驶。需要靠边时，应先在路中减速或换入低速档，再逐渐驶向路边。转弯时必须提早减速，缓慢地调整所需要的转向角度，禁止猛转转向盘，以免引起严重的侧滑而发生事故。有时转动转向盘后，汽车并不向所转方向行驶，此时应回转转向盘设法停车，重新转向，禁止更多地转动转向盘，防止车轮转向角过大。侧滑现象消除时，汽车容易突然驶向路边，此种情况下驾驶人应格外警惕。有轮胎方向示意装置的汽车，驾驶人应利用此装置帮助控制转向盘。

在泥泞路上禁止快速、大幅度地转动转向盘，这样转动转向盘会造成汽车侧滑；在汽车转向过程中发生侧滑时，禁止使用制动，而应松开加速踏板，顺转转向盘，平稳地调整。

泥泞路上掌控转向盘时，应明了所驾车的转向轮是否也是驱动轮，一些车辆转向轮在前，驱动轮在后，若转向轮也是驱动轮，则转动转向盘时更应稳缓,否则更易引起侧滑和陷车。

15. 泥泞路上选择行车路线的技巧与禁忌

两轮驱动的汽车行驶过程中遇到泥泞路段时应尽量绕行,因两轮驱动的汽车在泥泞路上的通过能力较差。若要在泥泞路上行车,则应选择比较平坦或泥泞较浅的路面行驶。若泥泞路有拱度,则应在路中行驶,以保持左右轮高低一致。如果泥泞路上已形成车辙,一般可沿车辙前进。对于积水的泥泞路,当不能看清水下路况时,应设法避开,以防陷车。当发现路面有土堆或坑洼时,应当细心判断,提防底盘碰撞土堆或车轮陷入坑内,必要时应进行平整。要绕行避开泥泞路时,应核实所选路线的通过条件,确认安全可靠后方可行驶。

在泥泞路上选择行车路线时,禁止不考虑泥泞至硬地面的厚度,在不能正确判断车轮下陷后能否影响底盘通过的情况下驾车贸然通过;禁止情况不明时重新选择新路线,以防陷车。对于前轮是转向轮,后轮是驱动轮的车,选择路线时要尽量避免后轮(驱动轮)通过凹洼泥泞路段,应尽量使驱动轮在泥泞较少、路基硬实的地段通过。

16. 泥泞路上控制车速的技巧与禁忌

驾驶人应先正确估计前方道路的泥泞程度和行驶阻力,及早换入所需档位,以保持足够的动力,顺利通过。行驶中途禁止换档,必须换档时,要做到动作敏捷和平稳,高速档换低速档时应适当提前。泥泞路上禁止停车,以防止起步困难,甚至无法起步。起步时,应稳住加速踏板,慢慢松抬离合器踏板,以免驱动轮打滑空转。如果情况需要,可选择较高档位起步。行驶过程中,禁止加速踏板不稳定。要控制好加速踏板,不要使车速忽快忽慢,动力骤增骤减,使轮胎附着性能变坏;禁止将车速提得过高,以防车轮滚动过快,附着系数急剧下降,使车轮侧滑。

17. 泥泞路上使用制动器的技巧与禁忌

在泥泞路上需减速时,无论平路、下坡、直线或弯道,都应该以发动机的牵阻作用为主,必要时,辅以间歇性驻车制动。在泥泞路上,要尽量避免使用制动踏板,因为在附着系数低的路面上利用制动踏板制动,会使汽车车轮抱死,抱死的车轮其制动力易达到附着力，使车轮打滑，尽管汽车制动装置上有防抱死装置，但车轮仍会迅速"抱死"而发生滑动，制动的实际效果很差。使用制动踏板时，转向车轮一旦被"抱死"，方向便失去控制。如果车轮的制动效果不一致，就会产生侧滑，甚至造成严重事故。因此，在泥泞路上，禁止紧急制动。万一因制动而引起整车滑移，就要迅速放松制动踏板，并稳住转向盘。汽车在泥泞路上行驶过程中出现轻微的左右摆滑时，应适当减速，稳住转向盘，摆滑现象便可能随路面的变化而自然消除。一旦汽车摆滑，禁止盲目急转转向盘，以免使摆滑加剧，甚至导致侧滑。

如果后轮发生侧滑，则应立即松起加速踏板，将转向盘向后轮侧滑的一方转动，使后轮摆回路中，当车位恢复正直时，即可回正转向盘继续行进。在制止侧滑时应注意：转向盘不要转错方向，如错把前轮转到与后轮侧滑方向相反的一边，不但不能纠正侧滑，而且将促使与后轮侧滑加剧，甚至会出现车身大回转的现象。在拱度较大的路面上，车辆已经靠边行驶，此时如果后轮侧滑，采用把前轮向后轮侧滑方向转动的方法不一定能收到预期效果。此时应将前轮转向侧滑一边，但不可转得过大，以免造成相反的后果。

18. 通过翻浆路的技巧与禁忌

汽车在翻浆路上行驶时，阻力大，车轮很容易下陷。汽车通过翻浆路时，一般不应沿旧车辙行驶。通过短的翻浆路段时，可根据情况加速驶过；通过较长的翻浆路段时，应详细勘察行驶路线，为避免车轮下陷，应保持中等速度行进，禁止中途变速和停车。当因车轮下陷而不能再继续行进时，禁止勉强频繁起步前进或后退，以免车轮越陷越深，增加处理困难，并造成轮胎、传动机件的磨损。

19. 通过泥泞坡道的技巧与禁忌

在驾车通过泥泞坡道前，应对坡道情况仔细勘察，并对车辆采取必要的防滑措施，对无把握通过的泥泞坡道，应设法绕行。上泥泞坡道时，如果道路条件许可，一般应加速冲上坡道，一口气通过，尽可能少换档或停车，如图4-3所示。确需换档时也应找准时机，用"抢档"的方法换档。在下泥泞坡道时，因为车轮向下滑动，所以利用发动机的牵阻作用控制为好。特别是在转弯时更应谨慎，防止汽车有向一边侧滑的危险。

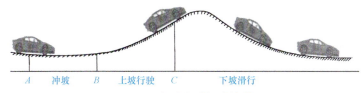

图 4-3 加速通过泥泞坡道

通过泥泞坡道，特别是陡坡时，需对滑润的泥浆进行必要的清理，禁止无把握地强行通过，以防车辆过不了泥泞坡道而发生危险。当车在坡道上打滑无法前行时，应控制好加速踏板，让车轮旋转着缓慢往下滑退，禁止突然松开加速踏板，使车轮急剧下滑而造成危险。

20. 驱动轮打滑空转时的操作方法

在驾驶汽车行驶过程中，当驱动轮打滑空转时，可使车辆稍向后退，然后使用冲力或改变车轮滚压的位置，就有可能通过。如果上述方法无效，可采取下列方法：在驱动轮上缠绕绳索；除去坚固路面上的浮泥和驱动轮胎面上的泥土；在打滑路面上铺一层碎石、沙子或柴草等；情况严重时，将打滑空转的车轮架空，在轮下做好铺垫。空车打滑时，可往车上装载部分压车的东西，以增大轮胎的附着力。仍然不行时，可将轮胎的气放掉一部分，使车轮瘪塌，在车轮驶出陷坑后再充气继续行驶。

21. 在冰雪路上起步的技巧与禁忌

汽车在冰雪路上起步时，驱动轮容易打滑空转。对此可用离合器半联动配合加速踏板的方法试探起步；或用正常起步档的高一级档位，缓抬离合器踏板，适量加油，使发动机在不致熄火的条件下输出较小动力，以减小驱动轮的转矩，适应较小的附加力，实现顺利起步。如果上述方法无效，可在驱动轮下垫些沙土、柴草或煤渣等物；或用锹镐把驱动轮下面及前方的路面刨成 X 形或人字形沟槽，以提高轮胎与地面的附着力。如果轮胎已冻结在地面上，禁止强行起步。传动装置未经预热的车辆，起步后禁止急于加速，应先低速行驶一段距离，待齿轮油温度升高后再提高车速。

对轻型汽车，特别是微型汽车，由于车体轻，必要时驾驶人可下车，一手控制方向，一手推动车辆即可完成防滑起步。

22. 在冰雪路上会车和超车的技巧与禁忌

汽车在冰雪路上会车时，应选择宽敞、平坦地点，交会时禁止太靠路边，要注意两车的横向距离。如果相遇地段不宜会车，双方车辆应根据道路情况，由一方后退让路，禁止冒险交会。在狭窄的冰雪路上会车时，侧向安全距离很小，应设法清除交会地段的冰雪，然后缓行交会。在冰雪道路上，禁止超车，如任务紧急，要选择宽敞、平坦、冰雪较少的路段，并得到前车同意时再行超越。禁止强行超越，以防发生意外。

23. 在冰雪路上使用制动的技巧与禁忌

汽车在冰雪路上减速或停车时，应尽量使用预见性制动，并尽可能地运用发动机的牵阻作用制动，灵活地运用驻车制动，尽量避免使用制动踏板制动，以免产生侧滑。如果使用制动踏板，则要间歇地制动，禁止一脚将制动踏板踏死，以防侧滑。由于冰雪路面，特别是雨雪后结冰的路面制动距离比一般干燥路面要大4倍以上，因而必须根据路面地形和车速等具体情况，与前车保持足够的纵向安全距离。禁止在冰雪路上使用紧急制动。

24. 在冰雪路上停车的技巧与禁忌

汽车在冰雪路上中途若需停车，则应开到朝阳避风处停放。若在结冰或积雪地面长时间停车，则应在轮胎下面垫上沙土、草灰等物，防止轮胎冻结在地面上，停车后应关闭百叶窗。停驶时，应将停车位置的积雪、冰凌打扫干净，并尽量使之干燥，以防轮胎被水冻结在地面上。停车位置若不是在室内或能遮风挡雨雪的地方，则应用篷布将汽车盖起来。篷布禁止用低温变硬的质材制作，以免擦伤车身漆膜。冰雪路上，禁止在积雪较厚或冰面特别湿滑的地方停车；禁止长时间停车又不起动发动机定时加热；禁止将车头对着风雪方向停车。

25. 在冰雪路上平稳行驶的技巧与禁忌

驾驶汽车在冰雪路上行驶时，要根据道路的附着条件，保持均匀的行驶速度，掌稳转向盘，保持车辆行驶的平稳性并要防止轮胎在不平的冰块上颠簸而引起转向盘晃动和转向轮自行转向。需要提高车速时，应逐渐缓和地踏下加速踏板，禁止加速冲车太猛，以防驱动轮因突然增加转速而打滑，或左右轮在急加速中因阻力不同而产生急剧侧滑。行驶中,选择道路时禁止操纵转向盘过急;转弯时只要不妨碍对面车辆,转弯半径可以增大,禁止急转猛回,以防侧滑。冰雪路上禁止任意滑行,即使在路宽、坡长、弯道等情况允许滑行时,也要控制速度。汽车轮胎大多是子午线轮胎,这种轮胎有利于高速行驶,不利于防滑。如果有条件,可装用越野花纹轮胎,并按标准充气,以加强附着系数,提高附着力,增强汽车在冰雪路上的通过能力。

26. 在积雪覆盖的道路上行车的技巧与禁忌

积雪覆盖的道路,其路面的真实情况不易辨别,应根据地形和路旁树木、标志、电线杆等判断路的方位。在积雪覆盖的道路上行车时,应适当地控制车速,握稳转向盘,沿路中心或积雪较浅的地方缓慢行进。如果积雪深至车轮,则应将积雪铲除后再前进。在转弯、坡路等危险地段行驶时,若路况稍有可疑,则应立即停车,待勘察清楚后再前进。积雪路上若已经有车辙,则应沿车辙行驶。沿车辙行进时,禁止猛转猛回转向盘,以防偏出车辙打滑下陷。如果车辙冻冰而且较浅,则应骑跨车辙行驶。会车、让车时,禁止对路边情况不了解就盲目靠边让车或会车,而应下车探试积雪下面的路面情况,待有把握后,再将车靠边进行会车、让车。在雪地行车时,应戴有色眼镜,避免雪光反射伤眼睛,并注意适当休息。禁止长时间注视白雪。

三、复杂道路驾驶

27. 通过滩涂的技巧与禁忌

海滩、河滩一般是软质潮湿的沙土地面,沙土表面有一层硬皮,通过时,应用中速档,稳住转向盘一口气驶过。禁止在海滩和河滩湿潮的沙土上停车,以防下陷。若要逗留,可让车稳定在一种速度上,在滩中来回转圈,并且不要沿车辙行驶。在海滩和河滩上行驶时,禁止转向过急,转向盘应缓打慢回。若要换档,则应用"抢档"方法,禁止按部就班地换档,以免造成车辆下陷。

28. 通过砾石道路的技巧

汽车应尽量避免通过砾石路,若一定要通过,则应先停车查看行驶路线,看本车最小离地间隙是否能通过砾石道路,若能通过,则应选择砾石较少或砾石较小的路线，并排除路线上妨碍行驶或能损伤轮胎的砾石。通过时，要用中速或低速，稳住加速踏板，保持匀速行驶。两手要紧握转向盘，防止前轮在砾石的作用下偏转，带动转向盘转动而击伤手臂。行驶中，由于两前轮在砾石上所受阻力不同，因而会产生忽左忽右或侧滑偏移的现象。对此既要紧握转向盘，又不可将转向盘握得太死，应让转向盘在一定的范围能来回游动，以此减少偏移和抖动。通过砾石路后，要下车检查轮胎情况，若轮胎中嵌入砾石，则应及时清除。

29. 通过森林道路的技巧与禁忌

汽车驶入森林道路时要注意道路两侧过低的树木枝杈，防止碰擦车厢和车身。如果在新开辟的道路上行驶，则应注意树木砍伐后的余根、残干和树坑等障碍，必要时排除后再通过。通过枝叶较厚的地段时，要防止树叶遮盖着的硬树枝扎坏轮胎，并小心被遮盖的沼泽泥潭，以免造成陷车。通过森林中的狭窄路、弯路时，要注意掌握转向时机，防止车头、车尾与树木擦碰。如果转弯困难，可用道路掉头或侧方移位等方法改变方位。通过生疏或大面积森林的道路时容易迷失方向，应注意行进方位，并设好路标。在新开辟的森林道路或不经常通车的森林道路上行车时，还要警惕野兽的袭击。在森林中行车时，禁止烟火，以免发生火灾；行驶中禁止不按原有车辙、道路前进。

30. 通过水洼地段的技巧与禁忌

行车中遇到水洼地段，若周围有行人或非机动车，则应降低车速通过，因为即使以极低的速度通过也会激起很大的水花，溅泼到行人或非机动车上。这种溅起水花的驾驶行为是普遍被人们谴责的。当汽车只有一边的车轮进入深水洼时，应特别注意，由于水的阻力，会使转向盘扭转，驾驶人会急忙用力握住转向盘。可是，当驶出水洼时，由于余力的作用会使车驶向相反的方向。所以，在车通过水洼后，禁止将转向盘握得过紧，应根据转向情况和行驶阻力及时回转转向盘。

遇坚硬路面上有水洼时，可慢慢驶入，以免高速驶入时溅起的水花使电气系统发生故障。遇泥土路有水洼时，为防止水洼变成泥泞状态，应高速通过，禁止慢速行驶，以免车辆打滑陷车。

31. 通过漫水路段和漫水桥的技巧与禁忌

汽车通过漫水路面或漫水桥时，应以均匀速度沿固定路线一口气通过。如果通过的漫水路面、漫水桥刚经过洪峰的冲击或长期未有车辆通过，禁止凭经验通过，应先探明路面和桥面是否损坏，并重点查明靠上水的一侧路面和桥面，若有损坏之处，应用醒目的标志指示。通过水淹的沙石或泥土路段时，在摸清情况后，应偏向道路的上水一侧用低速档行进。禁止车辆偏下水一侧通过，防止下水一侧由于水流的冲刷而使路基或桥面土石大量流失，形成凹坑、出现缺口，受压后崩塌造成事故。在车辆行驶过程中，应注视前方的固定目标，禁止只注视车头的水流，以免眩晕造成失误，如图4-4所示。

图4-4 在水中行驶时不可只注视车头水流

32. 涉水后检查的技巧与禁忌

汽车涉水后，应驶离岸边，选择空阔地点停车，卸除防水设备，擦干电器的受潮部分，注意清除散热器及车身上的漂流物、轮胎间的内嵌石以及底盘上的水草杂物等。起动发动机，让发动机升到正常温度，烘干发动机的潮气和水珠。检查后，确认汽车技术状况完好，再低速行驶一段路程，并轻踏几次制动踏板，让制动片与制动鼓发生摩擦，使附着的水分受热蒸发，待制动效能恢复后，再转入正常行驶。禁止汽车涉水后不做清除工作就继续行驶；车辆进水后，禁止不烘干制动片就在行车时使用制动，这样常会因制动器内潮湿而使制动失灵。

33. 上、下渡船的技巧与禁忌

汽车上渡船时，要在渡船停稳、跳板摆牢、有指挥人员指挥的情况下进行，禁止未经指挥人员同意，擅自开车上渡船。从岸上开车上渡船时，要用低速档缓缓行驶，禁止猛冲。若是下坡，可用发动机牵阻作用使车缓行，转动转向盘，使汽车前后轮成一条直线对准跳板。当前轮驶上跳板、船体下沉时，仍应稳住加速踏板，匀速驶上渡船，确定后轮上船后再转动转向盘，调整停车位置。驶上渡船后，要按指定位置缓缓驶入并停住，在渡船上禁止使用紧急制动。车停稳后，拉紧驻车制动器操纵杆，关闭发动机，将变速杆挂入前进档或倒档位置，将前后轮用三角木塞住，以防车辆移动。车在船上停妥后，驾驶人应离开驾驶室，以免发生意外。渡船靠岸后，驾驶人应撤去车轮下的三角木，将变速杆放入空档，然后发动车辆，依次下船。下渡船时要听从指挥人员的指挥选择行驶路线，以保持船的平衡，防止倾斜。汽车上跳板、爬码头坡道时，要与前车保持足够的安全距离，以防前车可能发生倒退，必要时可等待前车驶上坡顶后再开始上坡。汽车离开渡船时应用低速档，稳定加速踏板，握牢转向盘，一口气驶离渡船或码头。待车进入正常路面后，再换档加速。如果码头泥泞湿滑，必须采取防滑措施后方可上下渡船。

一般渡船的跳板均较厚实，跳板放下与岸地通接时，跳板与岸地有10cm以上的落差，给汽车上下造成困难。对此，驾车上、下跳板时禁止高速通过，以防止伤及车体，一定要缓慢上下，以保证有足够动力通过跳板，并防止落差引起汽车跳动，发生落水等意外。

34. 上、下火车的技巧与禁忌

汽车利用顶端站台上、下火车平板时，可在站台与火车平板之间铺好跳板，然后按照指挥人员的指挥，用低速档缓慢平稳地驶上顶端站台，使两前轮对准跳板，控制车速，平稳地驶上或驶下。

汽车利用侧面站台上、下火车时，可根据站台的情况，将跳板铺成斜的，并将跳板的一头固定在火车平板上。驾驶汽车时要听从指挥，用低速档保持适当的动力，并注意判断前轮行驶的位置，缓慢地驶上跳板，当前轮接近平板车的边缘时，即转动转向盘，使前轮沿火车平板外侧边缘前进。如果一次不能停到预定位置，可用侧方移位的方法移动汽车。汽车驶下火车平板时，如果前面有空的平板，可利用平板的侧方驶下；如果没有空的平板，则应估计平板的长短，稍后退，并运用离合器半联动将车轮转向站台的方向，然后缓慢地沿跳板驶下。利用临时站台上、下火车时，一般有顶端上和侧面上两种方法。其操作方法与固定站台相同，只是临时站台结构简单，台面狭窄，而且不太牢固，汽车上下时，要缓慢行驶，不可猛冲。汽车上、下站台发出较大声响时，应暂停，待进一步加固后，再继续上、下。

汽车驶上火车平板后，按指定的位置停在平板的中央，然后在两前轮的前面和两后轮的后面垫钉三角木，用绳索或铁丝在前后左右4个车轮上做"8"字形穿插绑扎，把两端系在平板上，再用绞棒拧紧。

四、异常天气条件下驾驶

35. 在炎热天气条件下防止发动机过热的方法

驾驶人在炎热天气条件下驾车时，应随时注意冷却液温度表的指示，使冷却液温度不要超过95℃，温度过高时要及时选择阴凉处停车降温。经常检查冷却液数量，及时补充，并随时清除散热器外表的尘土。供油系统一旦发生气阻，就应停车用凉水浸擦油管，必要时拆开进油管接头，起动电动燃油泵，使燃油充满油管，恢复正常供油。保持百叶窗处于最大开度，检查风扇传动带的张紧度，不可过紧或过松。发动机水套内积垢过多时，要及时清除，不要使发动机长期处于高负荷状态下工作。保证润滑油充足，质量符合标准。

36. 在炎热天气条件下保持制动性能的方法

在炎热天气条件下行车时，要保证本车制动器在高温下的工作性能，只有适应各种路面附着系数的变化，才可保持汽车在道路上应有的制动性能。对于采用液压制动器的汽车，在高温条件下，要注意液压制动器制动皮碗因膨胀和制动液因蒸发汽化造成的制动失灵，驾驶时应定时试验制动性能。踏下制动踏板感到软弱无力或制动效能变化时，要考虑因制动系统受热而使温度过高的因素，应及时停车降温，并检查制动总泵制动液的数量，按规定补充，必要时应排放空气。对于没有制动鼓降温装置的汽车，当制动鼓温度过高时，禁止浇泼冷水，以防制动鼓裂损。天气炎热时，路面上的尘土较多，尘土的小颗粒对路面附着系数有很大影响。行驶时，要避开灰尘覆盖的路面，无法避开时应谨慎通过。沥青路在太阳暴晒下会变软，制动时表面的沥青会粘在车轮上被揭起，降低制动性能。通过炎热天气条件下的沥青路面时，应尽量少用制动器，即使使用制动器也要轻踩制动踏板，使制动距离适当延长，以防制动失误，造成车辆事故。

37. 防止行车时打瞌睡的方法

驾驶人在行车前要注意休息，保证充足的睡眠。夏天，尽量利用早、晚或天气凉爽时行车，禁止在习惯睡眠的时间驾车，以免破坏生活规律而产生睡意。行车中感到视线逐渐变得模糊、思维变得迟钝时，必须立即停车休息。休息时，可将车停到服务区或允许停车的路边，下车散散步，可用冷水淋洗头脸，或做些体操、喝些茶水等，也可在前额涂以适量的清凉油，以清醒头脑、振作精神。必要时喝点咖啡，嚼点口香糖，以消除睡意。在条件允许的情况下，可趴在转向盘上或躺在驾驶室座位上睡一觉，醒后再开车。

38. 雨中行车时的操作方法与禁忌

驾驶人应注意气象预报和天气变化的征兆，及时做好雨天行车的准备工作。遇雨时要减速行驶，遇到情况要及早采取预防性措施，不可抢道而行，要注意避免泥水溅污行人的衣物。遇沥青路、泥泞路以及其他容易引起打滑的道路时，需提高警惕，严格控制车速，不可急剧转向和制动，要按湿滑路行车的操作方法，谨慎驾驶。久雨天气，要注意路基可能疏松或坍塌，要选择凸处坚实路面行驶。在傍山路、堤坎路或沿河道路上，不宜靠边行驶或停车。遇特大雷暴雨时，不要冒险行驶，应选择安全位置把车停好，并打开危险报警闪光灯，引起来往车辆的注意。

雨中行车时禁止不使用刮水器或刮水器损坏仍坚持行车；在雨水形成积水的地带，禁止高速冲过，防止车轮高速进到水中形成漂浮力，出现打漂而滑行，使车辆失去控制。

39. 雾霾天行车时的操作方法与禁忌

在雾霾天行车时，驾驶人应根据视距将车速降低至安全距离内，并打开雾灯和示宽灯。禁止在雾霾天开远光灯，因远光灯是向远上方照射的，射出的光线被雾气漫反射，会在车前形成白茫茫的一片，反而影响视线。前雾灯才是在雨雪、雾霾天使用的灯。雾霾天要沿路的右侧行驶，禁止靠路边太近，以免与路边行人及其他障碍物发生碰撞。行驶中，要适当多鸣喇叭（见图4-5），以引起行人、车辆的注意。听到来车喇叭声时，应鸣喇叭做出回应。会车时要开关前照灯示意，以免相互撞车。禁止在浓雾中超越前车或尾随行驶。雾霾重时，可使用刮水器改善视线。遇到浓密大雾时，应当开亮示宽灯，紧靠路边暂停，等到大雾散去或能见度改善后再继续行驶。雾霾天使用制动和掌握转向盘时，应按湿滑道路上的操作方法进行操作。雾霾天行车时可开启空调并设定内循环模式，这样既可让车内空气流通起来，又可减少可吸入颗粒物进入车内。

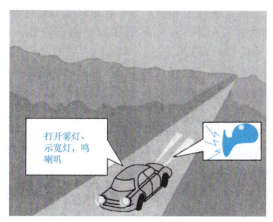

图4-5 雾霾天行车

40. 雾霾天行车时保持车距的方法

雾霾天气视线不清，车速过快时很容易发生交通事故，所以要严格遵守交通法规，限速行驶：当能见度小于200m大于100m时，车速不应超过60km/h；能见度小于100m大于50m时，车速不应超过40km/h；能见度在50m以内时，建议车速不超过20km/h。尽量与前车保持足够的安全距离。

雾霾天行车时要避免在路口临时往外并线或者下主路。行车中一定不要突然减速或急转转向盘，以为后方车辆提供足够的时间，防止追尾和剐蹭事故发生。

41. 风沙天气中行车避让的方法

当风力较大时，应注意风向和风力给行车带来的影响。风向与汽车行驶方向同向时，由于风力的作用，汽车制动距离会相对延长，制动非安全区增大；风向与汽车行驶方向反向时，风力起阻碍作用，会使车速降低，给超车、会车带来影响；风横向作用于车辆时，可引起转向半径增大或离心力增大，容易使车辆侧滑或侧翻。因此，驾驶人必须随时注意因行车方向改变而造成风力对车辆产生的不同影响，并采取相应的预防措施。此外，驾驶人还应注意以下几点：

（1）关严门窗，防止灰尘吹入而迷眼，并造成车内空气污染。

（2）打开车窗洗涤器和刮水器，保证前窗视野明亮。

（3）风沙特别大时，应将车停靠在道路上风处，使车头背向风沙来向，并将百叶窗关闭。

（4）暴风来临时，往往飞沙走石，行人为避风只顾奔跑，忘记了安全，因此，要降低车速，严密观察行人动态。若风沙使视线不清，则应暂停行驶。若遇到飞沙较猛的沙尘暴，则应及时选择避风沙的地段躲避，防止沙石损伤汽车的外表。

（5）在灰尘较大的公路上行驶时，要注意行人为避尘土而抢上风，此时应适当减速，尽量少扬起灰尘。

（6）遇风暴时应将车停在低洼避风处，禁止在山脊公路、桥梁和傍山险路上冒风行驶。

42. 严寒天气条件下汽车起动的禁忌

严寒天气条件下，车辆各种机件都有变脆的倾向，容易发生损坏机件的事故。因此，在严寒条件下起动汽车时应注意以下几点：

（1）及时更换相应牌号的齿轮油，防止严寒季节仍用黏度大的齿轮油，禁止使用夏季用的齿轮油。

（2）起动时，尤其是初次起动，一次使用起动机的时间禁止超过15s（各种车规定不同），要停顿3min后方可再次使用起动机，以保护蓄电池并防止起动机因超负荷而损坏。

（3）起动后，要用急速运转，禁止猛踏加速踏板，防止低温下润滑效能低而加速机件磨损或烧坏轴承。

（4）中、低档汽车起步后禁止急加速行驶，因为气温低，润滑油（脂）黏度（稠度）增大，润滑效能降低，影响传动装置、转向装置和行驶部分正常运转，所以要先用低速行驶一段距离，待润滑油黏度（稠度）减小后再提高车速。

（5）保持均匀的行驶速度，尤其在不平坦的道路上，要注意行驶的平顺性，禁止使车辆剧烈振跳，以防止机件断裂损坏。

（6）轮胎气压应适当，禁止胎压过高，以免行车时增加车身的振动。

（7）严寒天气下，车窗很容易起雾，极易遮挡视线。有空调的车应及时开启空调，起动外循环设备，打开前窗除雾开关，吹干前窗上的雾气；没有空调设备和除雾装置的，可稍开启驾驶室两旁车窗，用车外冷空气吹去前窗上的雾气。禁止在车前窗雾气影响视线时行车，禁止一边擦拭前窗雾气一边行驶。

43. 夜间行车的技巧与禁忌

（1）注重例行保养。夜间行车前要检查车辆技术状况，发现故障或不符合要求的地方时应立即排除，无法排除时，禁止行车。

（2）行车中要随时注意仪表的工作情况，发动机和底盘有无异响，有无特殊气味。当发现车辆发生特殊的摇晃或振动，车速异常变快或变慢，灯光间歇性明灭等时，应立即停车查明原因，予以排除，禁止继续冒险行车。

（3）在多尘道路上跟随前车行驶时，应拉长与前车的距离，以免前车扬起的尘土在灯光照射下妨碍视线。禁止夜间跟随前车过近。

（4）行驶中应注意道路信号灯。在阴暗地段，路况不易辨清时，必须减速。遇险要地段时，应当停车察看，弄清情况后再行车。

（5）夜间要尽量少超车，必须超车时，应事先连续变换远、近灯光，必要时用喇叭配合，在确实判定前车让路允许超越后，再进行超车。在灯光照射下看不清超车前方交通情况时，禁止冒险超车。

（6）夜间需要倒车或掉头时，必须下车看清进退地形、上下及四周的安全界限，然后再倒车或掉头。夜间未看清四周的情况下，禁止倒车或掉头。

（7）夜间行驶或停车时，要避免车轮驶入路边的草地，以防暗沟、暗坑或因路基松软等而发生陷车事故。

44. 夜间根据路面颜色识别道路的技巧

道面颜色主要由路面材料决定，同时受天气、季节的影响。在无光源照明的道路上，夜间开灯驾驶时，如果前方路面出现黑影，驶近时又逐渐消失，则表示路面有浅小的坑洼；如果黑影不消失，则表示路面有深坑大洼。夜间熄灯的情况下：在无月夜，深灰色的为路面，黑色的为路外侧，灰色中间的两条粗黑线为车辙；在月夜，灰白色的为路面，深灰色的为车辙，白色反光处为水洼；雪后，灰白色的为车辙，灰黑色的地方为无雪处。

45. 夜间判别道路情况的技巧

夜间行车，当车速自动减慢和发动机声音变得沉闷时，表示汽车正在上坡或驶入松软路面；当车速自动加快和发动机声音变得轻松时，表示汽车行驶阻力减小或正在下坡。当灯光投射距离由远变近时，表示汽车驶近或驶入上坡路段（见图 4-6a），也可能是驶近急转弯或将要到达起伏坡路的谷底；当灯光投射距离由近变远时，表示汽车已由弯道转入直路，或者上坡时由陡坡进入缓坡；当灯光

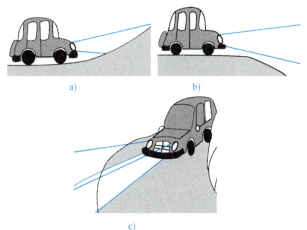

图 4-6　依据灯光判断道路情况
a）上坡　b）驶入坡顶　c）弯道

离开路面时，应注意前方可能出现急弯或大坑，或者正驶入坡顶（见图 4-6b）；当灯光由路中移向路侧时，表明前方出现一般的弯道（见图 4-6c）；若灯光从道路的一侧扫移到另一侧，则说明是连续弯道。

46. 夜间与自行车交会的技巧与禁忌

夜间行车时，汽车与自行车发生事故的比例最高，主要原因是自行车上没有灯光，骑车人在来车灯光照射下发生炫目，看不清路面，常将自行车骑到道路当中或摔倒在路沟里，甚至在汽车临近时突然摔倒在车轮下。因此，夜间行车遇到自行车时，尤其在偏僻没有路灯的道路上遇到自行车时，要格外小心，禁止不采取任何措施，用车灯直接照射骑车人，或继续使用灯光，使其产生炫目。超越同向行进的自行车时，不但要看清汽车前方行驶路线的情况，还要看清自行车前方的道路情况，以免自行车遇到障碍摔倒或突然拐到道路中间，影响行车安全。禁止只顾自己行车，不顾及自行车的做法。遇到迎面而来的自行车时，应采取与汽车交会的同样方法，关闭前照灯，打开示宽灯，或断续地开、闭前照灯，以便观察前方道路情况，同时也使骑车人看清前方道路。如果发现自行车摇摇晃晃，以及骑车人双目虚闭，即表明骑车人看不清道路或发生慌乱。此时应降低车速，关闭前照灯，必要时立即停车，并用前照灯观察自行车情况，禁止继续冒险行驶。

47. 夜间使用车上灯光的技巧

夜间使用灯光的时间一般与城市路灯开熄时间相同。当遇阴暗天气或视线不良时，可提前开灯，凌晨可推迟闭灯。车上灯光的具体运用方法如下：

（1）及时打开尾灯、示宽灯、牌照灯和仪表灯。

（2）当看不清前方 100m 处的物体时，应打开前照灯。

（3）起步时，应先开亮灯光看清道路，后起步行驶；停车时，先停车后关灯。

（4）车速在 30km/h 以内时，可使用近光灯，灯光须照出 30m 以外；车速超过 30km/h 时，应使用远光灯，灯光须照出 100m 以外。

（5）在有路灯的道路上，一般只使用近光灯。

（6）通过有指挥的交叉路口时，应在距离路口 30~50m 外关闭前照灯，改用示宽灯，并按需要使用转向灯。

（7）在雨、雾中，宜使用雾灯或近光灯，不宜使用远光灯，以免出现炫目作用而影响视线。

（8）在路边停放时，应开亮示宽灯和尾灯，以示本车位置。

48. 夜间会车的技巧与禁忌

夜间会车时，要及早选择交会路段，并做好主动停让的准备。当对面来车的灯光照到本车，感到有轻微的炫目或与来车相距150m左右时，应互闭远光灯改用近光灯，并降低车速，使车辆靠道路右侧保持直线行进，并应顾及对方的地形和行驶路线。禁止在看不清道路的情况下盲目关闭前照灯或进行转向，以免发生意外。有会车灯装置的，可开会车灯，给来车照明路线。在车头交会后，即可改开远光灯。在会车过程中，禁止交替使用远、近光灯，以免使对方晃眼。

49. 夜间倒车入库的技巧与禁忌

夜间将汽车倒入车库的难度较大。若车上有倒车雷达或倒车影像装置，则应打开倒车雷达或影像装置，按倒车要领，听着提示音，安全将车倒入车库。如果车上没有倒车雷达和倒车影像装置，那么倒车时应注意以下事项：

（1）倒车前，应下车仔细看车库前和车库内的情况，如果车库狭窄，则不应将车倒入，待白天再视情况倒车。

（2）观察好进退路线后，按正常倒车的操作技巧将车开到车库前。

（3）关闭前照灯，打开倒车灯或后照灯，如果没有倒车灯或后照灯，要打开尾灯，以便察看车后情况。

（4）若看不清车库门柱，可用手电筒或其他灯光照射示意，也可在车库内门柱上扎上布条或白纸，以便观察。

（5）在有人指挥的情况下将车倒入车库时，指挥人员应站在既能看到车尾和库门，又能被驾驶人看见的地方。

五、牵引驾驶

50. 使用硬牵引的方法

单杠连接牵引主要用于从途中拖回有故障的车辆。单杠通常用长约3m的金属做成，两端各镶焊一只圆环。使用时，将圆环的一端套装在牵引车后面的牵引钩上，将另一端安在被牵引车的车架前端，用插销连接。一般情况下，先将被牵引车的一端固定好，然后将牵引车倒至适当位置，再将单杠的另一端套在牵引钩上。一般载货汽车前保险杠上都有明显的牵引钩，而小型汽车前保险杠内侧装有牵引钩，这样设置是为了美观。

牵引故障车辆时，应遵守下列规定：

（1）被牵引的机动车除驾驶人外不得载人，不得拖带挂车。

（2）被牵引的机动车宽度不得大于牵引机动车的宽度。

（3）牵引车和被牵引车均应当开启危险报警闪光灯。

（4）汽车起重机不得牵引车辆。

（5）照明、信号装置失效的故障车辆，应使用专用清障车拖曳。

51. 使用软牵引驾驶的技巧与禁忌

使用软连接牵引时，牵引车（即前车）与被牵引车（即后车）之间的距离应当大于4m小于10m。牵引驾驶时，前车行驶速度要保持均匀，禁止忽快忽慢，否则牵引绳时紧时松，容易被拉断，如图4-7所示。

处理情况时要适当提前，禁止使用紧急制动，以免后车来不及处理而发生撞车事故。行驶路线应适当靠右侧，换档动作要迅速，连动要平稳。低速档换高速档时，冲车距离要适当延长；高速档换低速档时，换档时机要适

图4-7 软牵引时速度要适中，切勿忽快忽慢，以免造成牵引绳损坏

当提前，以免因动力不足而行驶无力。后车驾驶的转向盘运用、速度的控制和情况的处理，均应适应前车的动作，要谨慎细心、机动灵活地操作。对于自动档汽车，前车可挂1档或2档行驶，以增大汽车发动机转速和转矩；后车可挂入空档。行驶中，后车的行驶路线应与前车一致或稍靠前车左侧。后车应灵活地运用制动器，保持

牵引绳伸直，禁止牵引过程中牵引绳松弛，以防卷入前轮，造成事故。行驶中，后车应随时注意前车发出的信号和手势，并随之采取相应的措施，遇特殊情况必须停车时，除采取停车措施外，还应立即鸣喇叭告知前车。

遇到弯道时，前车要提前减速，并用手势、喇叭声告知后车，并尽量靠弯道的外侧行驶。如果牵引绳太长妨碍后车转弯，可将牵引绳缩短，以便顺利通过。为了防止牵引绳收缩落在后车轮下导致事故，后车转弯的轨迹一定要沿前车车辙。进行大转弯时，禁止近线切入弯道，使牵引绳下垂。遇弯度较大的弯道时，前、后车应提前减速，驶入弯道后，再适当地加大速度，这样便可保持牵引绳伸直。

遇到下坡道时，前车应靠路右侧行驶并适当加快车速，以防止牵引绳过松使后车难以控制，发生撞车事故。但下坡车速也不宜太快，速度一般应控制在比该坡道自然滑行速度稍大的范围内。下完坡道后，前车仍需继续快速行驶一段距离，禁止立即停止供油，以免后车在下滑的惯性作用下撞上前车。后车下坡时，应特别注意控制车速，必要时，可将变速杆挂入低速档，踏下离合器踏板，如需减速，可松抬离合器踏板，用发动机的牵阻作用控制车速。下坡时，后车应稍偏向前车的左侧行驶，以便观察下坡的情况。

52. 使用软牵引起步的技巧与禁忌

使用软连接牵引汽车时，应事先商定好牵引车（即前车）和被牵引车（即后车）的联络信号以及其他的有关注意事项，禁止未经协商和约定就匆忙进行牵引。起步时，前车可先用对讲机或手机、手势告知后车，待后车回应后再用低速档起步，缓慢地将牵引绳拉直，当感到稍有阻力时再加大供油，保持足够的动力，平稳前进。上坡起步时，前车要与后车错开一定的距离，以防前车后倒时撞上后车。前车起步时松驻车制动器操纵杆的时间应适当延迟，以免发生溜滑。后车起步时，要注意前车的信号，及时松开制动器操纵杆，并将变速杆挂入空档。在上坡道上起步时，后车驾驶人要密切注视牵引绳，在牵引绳伸直的一瞬间迅速松开制动器，禁止提前或滞后松开制动器，以免造成不能起步或下滑撞车现象。

53. 使用软牵引驾驶时制动和停车的技巧

软连接牵引汽车时，若无特殊情况，前车应尽量避免使用制动器制动，更不可紧急制动。若需要制动停车，则应用滑行制动的方法降低车速。若用制动器，也应用间歇制动法，同时鸣喇叭告知后车。停车时应选择宽阔平坦地段，前车应先用手势告知后车，然后减速靠边行驶，估计后车已驶入路边时，再平稳地使用制动停车，以防前后车碰撞，或后车停在路中间妨碍交通。后车驾驶人在行进中应密切注视前车动作，并将脚踏在制动踏板上，一旦发现前车制动，就立即踏下制动踏板。若前车紧急制动，则后车在制动的同时要转动转向盘，使车头偏向前车尾部的某一侧，以免发生碰撞。

第五部分

城市道路和高速公路驾驶的技巧与禁忌

城市道路是驾驶中经历最多,驾驶时间最长的道路;高速公路往往是驾驶人远途行驶的首选,也是最喜欢、行驶距离最长的道路。随着我国城市化建设和高速公路的迅猛发展,驾驶人掌握城市和高速公路上驾驶的技巧与禁止越发重要。

一、城市道路驾驶

1. 通过人行横道的方法

《中华人民共和国道路交通安全法》规定:"机动车行经人行横道时,应当减速行驶;遇行人正在通过人行横道,应当停车让行。机动车行经没有交通信号的道路时,遇行人横过道路,应当避让。"这个规定与以前有所不同,以前是要求行人通过人行横道时避让来车,而现在要求车辆不但避让人行横道上的行人,对没有交通信号道路上遇行人横过道路也要避让。这样就加强了行人在人行横道上的路权。驾驶人应严格遵守规定,行经人行横道时,对行人要注意避让,如图5-1所示。

图5-1 遇行人通过人行横道时应停车让行

很多城市在人流量较大的人行横道处的机动车道前喷上了"车让人"的提示字体。遇到这种人行横道,一旦发现有人通过人行横道,机动车一定要在人行横道前停车避让,否则会被扣分。

2. 进出非机动车道的方法与禁忌

城市多数道路上设有分道线。《中华人民共和国道路交通安全法》规定："根据道路条件和通行需要，道路划分为机动车道、非机动车道和人行道的，机动车、非机动车、行人实行分道通行。"按此规定，车辆因靠边或停车而需进出非机动车道时，要避让非机动车。当非机动车因此受阻时，机动车也应减速让行。驾驶人应根据具体情况掌握避让的程度。

在划有机动车道和非机动车道的道路上，禁止机动车在非机动车道上长距离行驶，更不得将车开到人行道上。遇道路设专用车道的，在专用车道内，只准许规定的车辆通行，其他车辆禁止进入专用车道内行驶。例如，在公共汽车专用车道内，只允许公共汽车行驶，其他普通车辆禁止驶入。

3. 通过划有导向车道路口的方法与禁忌

在划有导向车道的路口，必须按行进方向分道行驶。导向车道是指从路口停车线向外用黄色实线划分出的车道，并在两条黄色实线中间用白色实线画出指引方向的箭头。车辆行经路口遇有导向车道标志、标线时，必须按所要去的方向，在导向车道标志、标线处开始变更车道，进入导向车道。一旦进入导向车道，就只准按车道内导向箭头所指方向通过路口。禁止进入导向车道内再变更车道，禁止车轮轧越导向车道的黄色标线。

4. 避开城市交通高峰期的方法与禁忌

城市交通有明显的高峰期，交通高峰期有明显的规律。城市交通高峰期一般在人们上下班和学生上学放学期间，如7：00～8：30，11：00～12：30，17：00～18：30。在中、大城市进出城的主要道路，高峰期一般在7：00～9：30，16：00～20：00。此时段行车应注意以下几点：

（1）尽量避开高峰期，提前或者推后出车。

（2）交通高峰期有一些道路禁止通行，驾驶人应熟悉所经道路在高峰期是否允许通行。

（3）城市主要交通道路一般不会因高峰期而封闭，道路宽阔，车行道也较多，通行量比较大。因此，在高峰期尽量选择主要交通道路行驶。

（4）在交通高峰期，交通情况最复杂的地段通常是幼儿园和小学校周围，因有很多家长为接送儿女上学，常会聚集在学校门口的道路上等待，从而导致交通阻塞。对这些地点应尽量回避。

5. 遇绿灯快速起步的技巧与禁忌

在有交通信号灯的路口，排在第一排的车辆等待绿灯通行时就应做好快速起步的准备，以便绿灯一亮就能立即起步运行，以免压住后续的车辆，同时使跟停的车辆能立即起步与前车同行，以免造成停顿。要想快速起步，在交叉方向的黄灯一亮时就应开始操作，将变速杆挂入适当的前进档，踏下离合器踏板（手动档的车辆），右脚同时踏下制动踏板，防止车辆挂档移动。当一看到绿灯亮时，就立即松开制动踏板，踏下加速踏板，同时松抬离合器踏板（手动档的车辆），使车辆前行。不要等绿灯亮时再进行挂档起步的准备动作，否则动作就迟了。

快速起步时禁止抢交叉方向的黄灯，不可在绿灯未亮时就起步；禁止跟停的车辆过早起步，防止前车还未起步而发生追撞；禁止快速起步后高速通过交叉路口，防止与交叉方向抢黄灯通行的车辆在路中相遇而发生危险。

6. 遇红灯准确停车的技巧

要使车辆遇到红灯时能准确停车，驾驶人必须有遇红灯不急躁不抢行的心态。驾驶人在城市中驾驶时，若连续遇上几个红灯，往往会产生急躁情绪，在此情绪下遇到下一个红灯时往往会抢行。驾驶人遇红灯准备停车时应提前观察信号灯，一般信号灯下方会有表示信号灯转换的倒计时显示屏，显示屏上所示数以秒为单位，驾车驶到距信号灯 100m 左右的位置时就应判读显示屏，观察本车道绿灯还有多少放行时间，若时间不足以通过交叉路口，就应降低车速，选择自己的行车道，做好停车准备。当车驶到距停车线 30m 左右的位置时，便可做出精确判断，是停车还是继续行进。当黄灯亮时，若所驾车还未通过停车线，则应及时停车。停车时，车前保险杠应在停车线内。遇有没有电子显示屏的信号灯时，可从交叉路口两边通行和停车情况大体做出判断，提前做好准备，保证驶近停车线时车辆在滑行，以免信号灯突然改变而必须紧急制动才可停在停车线内。

7. 防止"闯绿灯"被罚的方法

"闯绿灯"被处罚的情况较为特殊，这种处罚主要出现在有信号灯的交叉路口拥堵时，有些驾驶人在明知车辆积压，根本就无法通行的情况下，只要自己行驶方向的信号灯是绿灯，就全然不顾往路口挤，不但自己无法通过，也使得拥堵的范围不断加大。出现此情况，只要有交警在现场指挥，已明确放行车辆不得再前行时，驾驶人还往前挤，就会被交警现场处罚。为避免出现这种"闯绿灯"被罚的情况，驾车行至设有信号灯的拥堵路段时，一定要看清绿灯放行时有没有交警在现场指挥。若有在现场指挥的交警，则应按交警指挥信号行进，就不可以以信号灯为依据了；若没有交警在现场指挥，也要看放行后自己的车辆能否通过路口，如果不能，就应主动退让一步，让积压在路口的车辆离去，等下一个绿灯亮路口畅通时再行进最为妥当。

8. 交叉路口处行驶的禁忌

汽车通过有交通信号灯控制的交叉路口时，应注意以下事项：

（1）禁止在划有导向车道的路口不按所需行进方向驶入导向车道。

（2）禁止左转弯时与对向左边直行的机动车和非机动车抢道。虽然交通法规允许左转弯车辆在绿灯亮时通行，但左转弯毕竟是借道行驶，在绿灯亮起后，对向左边直行的机动车和非机动车同时也通过交叉路口，很容易与左转向车辆在交叉路口中部相遇。此时，左转弯车辆应主动让行，应靠路口中心点左侧转弯，在直行车辆和行人不影响行驶路线时再通行。

（3）禁止在有指示箭头信号灯的地方，在所需转向箭头灯未亮时实施转弯。

（4）禁止在转弯时不开启转向灯，夜间行驶时不开启近光灯。

（5）观察信号灯信号，禁止遇放行信号时不依次通过。

（6）遇停止信号时，应依次停在停车线以外，禁止越过停车线停车。

（7）在绿灯亮时允许右转弯的交叉路口，右转弯车辆是借道行驶，应对右侧直行的非机动车或行人主动让行，禁止鸣喇叭或与非机动车和行人争道行驶。

(8)向右转弯遇有同车道前车正在等候放行信号时,禁止不依次停车等候。

(9)个别地段规定绿灯亮时禁止右转弯(让非机动车和行人直行)而在红灯亮时允许机动车右转弯(非机动车和行人禁止通行),因此车辆右转弯时要注意观察路边标牌是否有此类规定,若有规定,则应按当地规定行驶,禁止不了解具体规定就转向,以免违章。

9. 交叉路口阻塞时的操作方法与禁忌

汽车在通过交叉路口遇到交通阻塞时,应当依次停在路口等候,即使绿灯亮,但前车未驶入路口,也禁止驶入路口内。车辆在遇有前方机动车排队等候或缓慢行驶时,应依次排队,禁止从前方车辆两侧穿插夹塞或超越行驶,禁止在人行横道、网状线区域内停车等候。遇到车道减少的路口、路段,若前方机动车停车排队等候或缓慢行驶,则应遵循每条车道一辆车依次交替驶入车道减少后的路口、路段的原则,禁止紧跟前车与邻近车道车辆抢行。

10. 在城市道路上掉头的技巧与禁忌

城市中划有行车道的道路上不准汽车掉头,需掉头时应到指定允许掉头的地点掉头。如果允许掉头的地段划有行车道,那么掉头时应打开左转向灯,驶入左侧邻近的车道,沿车道行驶一小段距离后再驶入左侧行车道实施掉头,如图 5-2 中 B 的行驶路线。这样可以减小对其他车辆行驶的影响。图 5-2 中 A 和 C 的行驶路线是错误的,即禁止车辆直接由右行车道驶入左侧行车道掉头。

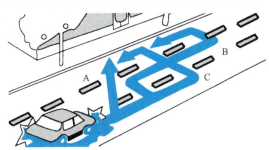

图 5-2 汽车掉头路线

11. 在城市道路上随车流行进的技巧与禁忌

随着交通事业的发展,城市汽车密度越来越大,常常形成车流。在城市道路上随车流行进时，要注意以下几点：

（1）保持与车流相同的车速，避免出现超越车流和被车流超越的现象，禁止高速超越车流。

（2）与前车保持好车距，时刻注意前车动态，密切注视与前车间距的变化和制动灯、转向灯的指示情况。还应做好随时停车的准备，防止前车突然停住，自己的车辆却来不及停车而发生追尾。与前车的距离应不少于当时车速下紧急制动停车所需的距离。

（3）会车时，应与前车保持相同的避让程度和范围，当失去会车机会时，禁止抢行。

（4）行驶中，应注意车流的变化和道路情况的改变，以适应新的车流和道路条件，避免掉队断流。

（5）随时注意后面车辆的情况，若发现有车要超越，则应及时避让。禁止不观察后视镜，不了解后车要超越的情况。

12. 识别立体交叉结构的方法

立体交叉是指交叉道路在不同标高相交时的道口，简称立交。目前，城市中的立体交叉日益增多，种类也很多，按交通功能分为分离式和互通式两种。分离式立体交叉是指无左转弯匝道的立交形式，左转弯车辆与支线车辆、转弯车辆之间仍有交叉冲突。互通式立体交叉有左、右转弯匝道，无平面交叉，各方车辆行驶通畅。立体交叉的主要结构包括以下几种：

（1）跨路桥：高速道路或快速路从桥上通过，相交道路从桥下通过，称为上跨式；反之称为下穿式。

（2）匝道：为连接两条相交道路而设置的交换道路。匝道分为单向、双向和有分隔带的双向匝道三种。

（3）外环和内环：高速道路与相交道路的连接匝道有时分为内外两单向车道分道行驶。凡由高速道路右转弯进入相交道路，或由相交道路右转弯进入高速道路的匝道，均设在外侧，这种匝道称为外环；反之，凡是左转弯的匝道都设在内侧，这种匝道称为内环。

（4）入口和出口：由道路驶出进入匝道的道口称为出口；由匝道驶出进入道路的道口称为入口。

（5）加速车道：附设在高速车道右侧，作为加快车辆行驶速度的附加车道,称为加速车道。

(6)减速车道:附设在高速车道右侧,作为降低车辆行驶速度的附加车道。

13. 通过立体交叉的技巧与禁忌

立体交叉的形式很多,应按设在交叉路口前面的指示标志行驶。未看清或未看懂标志内容时,应停车询问,禁止贸然通行,以免造成违章。常见的立体交叉及通过方法有以下几种。

(1)苜蓿叶式立体交叉。通过这种立体交叉时(见图5-3),各方直行车辆均按原方向行驶,各方右转弯车辆通过右侧匝道行驶,而各方左转弯车辆必须直行通过跨线桥后右转弯进入匝道,再右转180°,达到左转弯的目的。

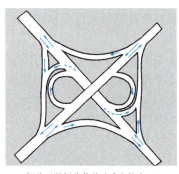 

部分互通部分苜蓿叶式立体交叉　　完全互通苜蓿叶式立体交叉

图5-3　苜蓿叶式立体交叉

(2)环形立体交叉。通过这种立体交叉时,除下层路线的直行车辆可按原方向行驶以外,其他机动车辆都必须开上环道,按逆时针方向绕环道中心单向行驶,选择所去路口的方向驶出。

(3)菱形立体交叉。这种立体交叉的交通组织是:直行车辆为立交,右转弯车辆在匝道上行驶,左转弯车辆在次要道路上采用平面交叉的方式行驶,如图5-4所示。

(4)两层环形立体交叉。主要干道的直行车与另一相交道路上行驶的车辆立交,车辆在环形处可实施左转向或掉头,如图5-5所示。

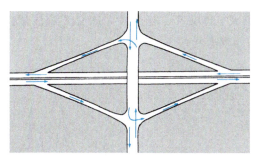

图 5-4　部分互通菱形立体交叉

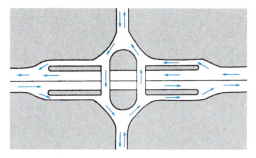

图 5-5　两层环形立体交叉

（5）三层环形立体交叉。两个方向的直行车辆均为立交，左转弯车辆经过匝道在隧道和跨桥之间的中间层平行行驶，如图 5-6 所示。

图 5-6　三层环形立交桥

（6）互通式立体交叉：互通式立体交叉除苜蓿叶形外，还有图 5-7 所示的几种形式。

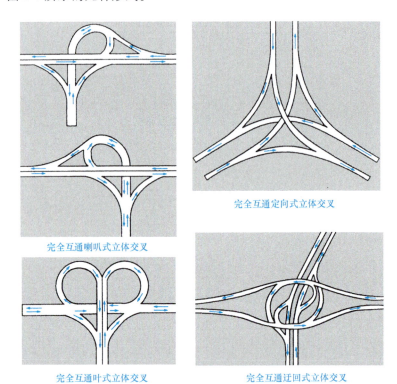

图 5-7　几种互通式立体交叉

城市中的立体交叉一般均采用右转弯方式上和下，一旦进入立体交叉，禁止进行左转弯。如果在立体交叉上错过下的路口，必须继续行驶，重新走一圈环形路，再在正确路口下，禁止倒车、掉头。

14. 通过环形交叉路口的技巧与禁忌

环形交叉也是平面交叉的一种，利用环岛来组成渠化交通。驶入环形交叉路口的车辆，一律绕岛做逆时针的单向行驶，行至所要出去的路口，离岛驶出。这样进入路口的车辆不需停车就可以继续通行，消除了车辆交叉时产生的冲突点，有效地解决了左转弯车辆和直行车辆相互干扰的问题。大多数环形路有两条或两条以上的车道，内侧一般为快车道，如图 5-8 所示。车辆在由内侧车道离开环形路的预定地点前，一定要先安全驶入外侧车道，禁止从内车道直接右转弯驶出环形交叉路口，以免与在外侧车道行驶的车辆相撞。进入环形交叉路口的车必须让已在路口内的车先行，待有空当时再尾随行驶。通常情况下，环形交叉路口外车道上行驶的大多是无轨电车和大型运输车以及自行车等，所以在转向改变车道时要特别小心，应及时发出转向信号，禁止从内车道采用切角直接驶入交叉路口，以免发生碰撞。

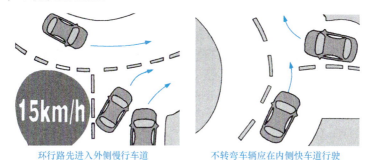

环行路先进入外侧慢行车道　　　　不转弯车辆应在内侧快车道行驶

图 5-8　通过环形交叉路口

15. 通过高架桥的技巧与禁忌

一些大、中城市在主要干道上架设有高架道路，有的将此种道路称为立体路、快速路、复合路，多数人称为高架桥。高架桥最大的好处是道路双向封闭，没有红绿灯，通行速度快。高架桥有多种形式，有的是在某个路段单向建有高架桥，这种高架桥通常类似单向立体交叉，利用大跨度连续通过几个交叉路口后又回落到原主干道上。遇到这种高架桥，驾驶人按道路标向驾车自然行进就可。有的高架桥是从交叉路口的立体交叉基础上延伸下去的，在不同的高度上有不同方向的道路桥，向各方向道路延伸，给人一种多层复杂的感觉。遇到这种高架桥时要沿着右转向上路，并按路面上或道路右侧出口指示牌行驶即可。因这种高架桥均是单行道，只要记住出口名称，准确出入，一般就不会出错。有的高架桥将整个干道相连，并自成环形体系。例如，上海的高架桥不仅自成体系，而且有内环和外环之称。环城高架桥一般都根据当地城市交通特点，利用环状高架方式，将本市主要交通道路与本市各方高速出入口、交通枢纽、重点景区相连。对于这种高架桥，应事先了解其所通方向及有哪些出入口。利用高架桥的目的是避开地面道路拥挤的情况，如果经了解所去目的地没有出入口，或上高架桥并不会省时，就不必上高架桥。一旦上高架桥就要记准出口，若错过出口，可在下一出口驶下高架桥，通过地面道路返回。要了解各城市高架桥特点，最可靠的方法是利用网络平台查询，并开启导航仪，可使驾驶人及早掌握信息，平顺地通过高架桥。

16. 高架桥通行规则

各城市内的内环高架桥都有相似的通行规定，通常为：

（1）应当遵守快速路限速标志、标线的规定。高架快速路主线最高车速不得超过80km/h，最低车速不得低于50km/h，车道及上、下匝道最高车速不得超过40km/h。当发生自然灾害，遇到恶劣天气以及其他突发事件时，应当按照交通诱导提示的限速通行，确保行车安全。

（2）禁止在高架路上倒车、掉头或在车道内停车。

（3）禁止在主线以及匝道逆向行驶。

（4）禁止在匝道、加速车道或者减速车道上超车。

（5）禁止骑、轧行车道分界线。

（6）禁止任意变换车道或者一次连续变换两条以上车道。

（7）遵守道路交通安全法律、法规和其他有关规定，服从交通警察的指挥，按照交通标志、标线、交通信号的指示通行。

17. 通过高架桥危险路段的方法

高架桥是道路行车中危险系数较高的路段。高架桥主要分布在高速公路和城市高架快速路上。由于高架桥不接地，因此冬夏期间温度高低相差较大。这些路段极易在凌晨时段出现结冰和出现雾气现象，对道路交通安全影响较大。当出现雨雪天气，或者在凌晨时段经高架桥梁时，由于道路质地发生变化，并伴有坡度改变，因此应注意保持匀速行驶，并与前车保持安全车距，避免急转向和紧急制动。雨雪天时，雨雪会被车碾轧排挤到高架桥的两侧，两侧更易结冰，所以要尽量保持在道路中间行驶，不要占用应急车道。

18. 在高架桥上发生事故或故障时的处理方法

机动车在高架桥快速路上发生故障或事故时，由于高架桥一般全程无应急车道，因此只可将故障车驶入右侧车道，立即开启危险报警闪光灯。夜间还应同时开启示宽灯与尾灯，并在车后来车方向100m以外设置警告标志。无法正常行驶的，应立即拨打电话申请清障车拖曳，不得在高架桥快速路上修车。若在高架桥快速路上发生事故，应采取安全防护措施后（包括保护现场），对于发生人伤而车能动的轻微交通事故，在确保安全的前提下，驾驶人可根据交警平台事故快速理赔流程拍摄事故现场照片，互留联系方式，并迅速撤出现场，恢复交通，共同约定到交通事故快速处理中心处理。对不符合快速处理条件的，应及时报警。禁止在高架桥快速路上因小事故而争执，延迟恢复交通的时间。禁止大事故不及时报警。

19. 使用环城公路的方法

一般城市都建有环城公路。环城公路通常与市内主干道相连，与市外高速公路或国道相接。驾驶人若长途行经该地，则应避免进入市区道路，而应选用环城公路绕行到高速公路或国道上。因市区道路交通情况复杂，红绿灯很多，穿越城市很费时。当在市内需穿越大半个城市时，也可选择环城公路，迂回到目的地。进入环城公路时，可利用导航仪引导驾驶，若没有导航仪，则应清楚自己该从哪个路口出去，先了解该出口在环城公路的哪个位置，然后再决定进入环城公路的内道或外道，以免跑错方向，多走冤枉路，甚至跑了一圈又回到原来的位置。

20. 利用交通广播电台信息的方法

现在全国各地基本都设立了交通广播电台，特别是在一些大中城市，交通广播电台已24h全天候滚动式播出。交通广播电台也称交通网或交通台，它播出的内容基本都是道路交通信息方面的，非常贴近汽车驾驶人的需求。驾驶人在行车时，可利用汽车上的收音机，将频道调至当地交通广播电台即可收听到自己所需要的有关信息。例如，什么地方道路发生了阻塞，什么道路上发生了交通事故，什么地方正在施工等，了解到这些信息后可驾车绕行。尤其在雨雪和浓雾天气时，对需跑长途的驾驶人，更可从交通广播电台的信息中知道什么道路被封堵，什么时候什么路段上的高速公路已开，可以通行等。当驾驶人有情况需要咨询时，也可询问交通广播电台。若不知道车辆所在地交通广播电台的联系方式，可直接拨打当地"114"查询交通广播电台的听众接待电话，交通广播电台工作人员甚至主持人会对询问的问题一一回答。所有交通广播电台都欢迎驾驶人向他们提供交通信息，有的交通广播电台还接受驾驶人的投诉，帮助驾驶人解决行车中的实际困难。

21. 与公共汽车随行的禁忌

行车中应尽量避免与公共汽车随行，不得不与公共汽车随行时，应注意以下事项：

（1）与公共汽车随行时，要注意地面车道线标志，当公共汽车驶入划有公共汽车专用车道时，禁止随行进入该车道。

（2）有些公共汽车为避免站台人员拥挤会越站停车，或不靠站停车上下乘客，随行车辆尽量不跟随停车，禁止从右侧超越公共汽车。

（3）公共汽车一般车身高，载客较多，车身摆动幅度大，起步、转向不是很灵活。随行车辆禁止与其靠得过近，要保持适当的安全距离。

（4）公共汽车驾驶人对城市驾驶具有丰富的经验，同时他们对城市道路很熟悉，所持有的驾驶证也是最高级别的 A 证。在城市中，他们能在复杂的交通情况下将车开得很猛，敢在人群和非机动车空隙中钻挤。跟随车辆，特别是新驾驶人，禁止模仿其驾驶风格而将车开得像公共汽车似的。

（5）公共汽车临近或停靠，会引起道路两侧有关行人的注意和奔跑，如图 5-9 所示。对此，随行车辆驾驶人应格外注意，禁止跟随公共汽车进入港湾式站台。

（6）公共汽车是公众用品，拥有交通的优先权。驾驶

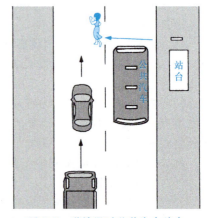

图 5-9　谨慎通过公共汽车站台

人要尊重公共汽车，遇事均应礼让公共汽车。

22. 小型汽车跟随前车的禁忌

小型汽车跟随其他机动车时，应注意以下几点：

（1）禁止跟随大货车。大货车又宽又高，遮挡行车视线，既容易随着闯红灯（大货车过去后红灯亮了，小型汽车驾驶人看不到红灯），又需防止车上货物掉落而伤及自己的车辆和人员。

（2）禁止跟随空驶的出租车。空驶的出租车在路上"扫活"，一旦发现有人打车，有些驾驶人会突然制动。如果在其后跟得太紧又处理不当，就容易造成两车甚至多车连环追尾事故。

（3）禁止跟随公共汽车。公共汽车与大货车一样，容易遮挡行车视线，且有些公共汽车进出站时强进猛出，有时还不开转向灯。这时如果跟随其距离过近或在其两侧，就比较容易发生事故。

（4）禁止跟随外地车。外地人一般对市区道路不如本地人熟，故行车较慢且犹豫不决，忽左忽右。另外，有些外地车驾驶人经长途行驶到本地后较疲劳，加之对道路不熟悉，驾车不很稳定。因此，跟随距离过近，易发生事故。

（5）禁止在风雨天紧跟前车。风雨天，前车行驶时，后轮抛起路面上的水花和沙粒，会落在紧跟其后的小型汽车风窗玻璃上，阻碍视线。其抛洒物也会损伤小型汽车的漆面。另外，风雨天跟随前车制动时，制动距离会延长，也易发生事故。

23. 与摩托车、蓄电池车随行的禁忌

摩托车、蓄电池车体积虽小，但速度快、运行灵活，在机动车道上常与机动车争道。特别是蓄电池车，本应在非机动车车道上行驶，但一些蓄电池车使用者缺乏交通法规意识，常因非机动车道拥堵而开到机动车道上。这些人驾驶技术参差不齐，人员素质也高低不均。还有些人没有经过严格的技术训练，逞强好胜，随意开车，对交通安全威胁很大。对此，驾驶人行车中遇摩托车、蓄电池车时不宜尾随，应保持足够的间距；与之会车和让超车时，侧向间距要大。经过街道各路口和小巷时，要提防摩托车、蓄电池车突然从这些地方高速驶入行车道造成危险。在交叉路口，要防止刚解除红灯便立即高速通行的摩托车、蓄电池车与绿灯结束前的末尾车辆相撞。在同道随行时，要保持车辆直线行驶，禁止乱转动转向盘走

"蛇"形路，以免碰到摩托车、蓄电池车。在城市道路上，摩托车、蓄电池车往往会利用空隙穿插前行，特别是在交叉路口等红灯时，因此驾驶人要加强对后视镜观察，及时了解车辆前后左右摩托车、蓄电池车的情况，以便采取适当的防范措施。

24．遇交通阻塞时的处理方法

城市道路交通阻塞和缓行是常态。《中华人民共和国道路交通安全法》规定："机动车遇有前方车辆停车排队等候或者缓慢行驶时，不得借道超车或者占用对面车道，不得穿插等候的车辆。在车道减少的路段、路口，在没有交通信号灯、交通标志、交通标线或者无交通警察指挥的交叉路口遇到停车排队等候或者缓慢行驶时，机动车应当依次交替通行。"

汽车遇有交通阻塞时，应按上述规定执行，若有急事，可在阻塞前一个路口停车，先探明情况，堵塞严重时，可利用城市道路呈网状的特点，驾车拐到另一条道路，迂回避开阻塞的道路。如果为暂时阻塞，则要依顺序停车，驾驶人要服从交通管理人员的指挥，不要乱按喇叭，不要离开车辆，以便随着阻塞的解除依次前进。禁止抢行和逆行，以防造成再度阻塞。

遇交通阻塞或缓行时，要有耐心沿着本车所在车道，以低速档缓速跟随前车而行，与前车的间距应随车速的变化而变化。其距离要保持在既不可能让旁边车道的车插进来，又不能小于安全制动距离。塞车较多且时间较长时，应关闭车窗，打开内循环开关，以减少车外汽车尾气进入车内。

25．进出车道的方法

车辆需从道路旁驶入车道时，应打开左转向灯，先沿着原停车方向缓行一段，并按汽车左前、左侧、左后顺序进行安全状况的确认，之后再逐步驶入左侧车道。在行进的过程中，若发现后车突然超越，则应迅速避让，禁止抢行和强行变道。

需从左侧车道驶向右侧车道或路边时，应先由车内后视镜和右后视镜观察汽车后方与右侧方，在变更前3s（行驶30～60m），开右转向灯，并再次对后方、右后方和右侧方的安全情况进行确认。同时，确认前方的安全状况，特别要注意前车前、侧后方的情况，防止由于视线盲区而发生意外，之后再驶向右边车道。在渐进过程中，要严密注视前方、前侧方、侧方的安全状况，以防发生意外。若右方有车要超越，应及时顺势停止右转向，顺势行驶，或迅速返回原车道。

26. 选择行车道的方法

城市中有很多道路，特别是主要道路，均是双向隔离，双向四车道及以上的道路。在四车道（单边两车道）上行驶时，小型汽车应选择左侧靠中间隔离带的车道行驶，大型汽车应选择右侧靠非机动车车道行驶；在有六车道以上（单边三车道以上）的道路上行驶时，应尽量选择中间车道行驶，因中间车道离隔离带和非机动车车道都较远，到交叉路口时不受左、右转弯变道的影响。当要超车时，应选择左侧靠隔离带的车道；当车速较慢，对路况不熟时，应选择右侧靠非机动车车道一侧的车道行驶。

27. 使用左弯待转区和直行待行区的方法

有些交通流量较大的交叉路口，在相应路口的停车线外划有左弯待转区；有的城市，在八车道路口，在直行车道停车线外还划有直行待行区。待行区均用虚白线画成。车辆左转弯进入左转向标志的车道后，遇红灯时应在停车线内停车，当绿灯亮起，左转弯信号灯仍是红灯时，左转弯车辆可以缓慢地驶过停车线，将车驶停到左弯待转区内，等左转向绿灯亮时，车辆即可实施左转向行驶。在划有直行待行区的路口，当左右向道路左转弯信号绿灯亮时，直行车辆可缓行至直行待行区内等待本车道绿灯放行。有的城市给左转弯和直行待行车配有语音和文字提示，驾驶人可按语音或文字提示进入待行区。

28. 夜间通过城市道路的技巧与禁忌

夜间，城市繁华的街道虽有路灯照明，但霓虹灯及其他各种灯光交织辉映，甚至有车道树影，给驾驶人的视线造成了妨碍。街道上车多、灯多，各种彩色灯光易与交通指挥信号相混。在雨后，还会有沥青路面的光线反射。对此，驾驶人要了解和熟悉城市灯光的特点，驾车时目光注视前方，不要受其他灯光的干扰，尤其对彩色广告屏发出的强光，应采取视线回避的方法，要控制好车速，细心观察，谨慎驾驶。行车时，应按规定，开启示宽灯和前照灯。即使感到自己的前照灯对路面照明不起什么作用，也不要关闭前照灯，应将远光灯改为近光灯，此时灯的作用是让对方车辆和行人醒目地注意到本车。上半夜城市繁华地段均是人多车拥，只有到下半夜，道路交通状况才会好转。驾驶人要根据此特点驾驶本车，尤其要注意在夜间灯光掩饰下难以发现的各种交通标志。无导航仪的汽车夜间在繁华街道难以找到所需要的路口，此时应驶离繁华路段，停车询问，禁止在繁华地段停车。

29. 城市中不同停车场的区分与识别

不同类型的停车场，其场地位置、服务功能、服务对象、收费标准等都不完全相同。为了便于驾驶人了解，在此对停车场按服务对象、场地位置、建筑类型和管理方式进行分类。

（1）按服务对象分类，这类停车场可分为社会停车场、配建停车场和专用停车场。社会停车场也称为公用停车场，即该停车场不管来自哪方面的车辆均可入内停放。这种停车场大多分布于城市商业区、城市主要干道出入口及过境车辆需求集中的地方。配建停车场通常是指大型公用设施或建筑配套建设的停车场，主要为与该设施业务活动相关的车辆提供泊车服务。专用停车场是指专业运输部门或企事业单位所属的停车场所，仅供有关单位内部自有车辆停放。

（2）按场地位置分类，这类停车场可分为路上停车场、路边停车场和路外停车场三类。路上停车场是指在一些城市道路的两侧或一侧，划出若干段带状路面供车辆停放的场所；路边停车场是指在一些城市道路的两边或一边的路缘外侧布置的一些带状停车场所；路外停车场是指位于城市道路系统之外，由专用通道与城市道路系统相联系的各种停车场所。

（3）按建筑类型分类，这类停车场可分为地面停车场、地下停车库、地上停车库、多用停车库和机械停车库五类。地面停车场是指广场式的停车场，为露天式；地下停车库是指建在地下的具有一层或多层的停车场所；地上停车库是指专门用来停车的固定建筑；多用停车库是指一种具有多种用途的建筑，它除了主要用于停车外，还有一部分建筑作其他用途；机械停车库是专用停车建筑，且该建筑为多层钢结构，采用电梯通过升降式自动运送停泊车辆。

（4）按管理方式分类，这类停车场可分为免费停车场、限时

停车场、限时收费停车场、收费停车场和指定停车场等。免费停车场是指不收费的地面停车场所；限时停车场是指限制车辆停泊时间的停车场所；限时收费停车场是指在限时的基础上，辅以收费的停车场所；收费停车场是指无论停泊时间长短，均收取停车费的停车场所；指定停车场是指通过标志或地面标示指明专供某种特定性质的车辆停放的停车场所。

30. 在城市中停车的技巧与禁忌

汽车在城市道路上不可随意停放。在可以停车的地方，应按停车标志，在允许停车地段停车。如果与其他车辆头尾连接停放，至少应保持2m的车间距离，禁止与其他车辆并列停放。如果因故必须在坡道上停车，则要选择路面较宽和前后视距较远的地点，并保证前轮朝向安全方向，拉紧驻车制动器，上坡时挂一档，下坡时挂倒档，用三角木或石块塞住车轮，防止汽车下滑。

在允许停放车辆的慢车道上，有三种停放形式，如图 5-10 所示。一是平行于慢车道停放，车头一律对着行驶方向（以右路边

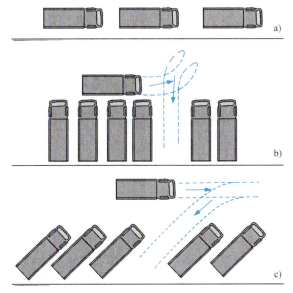

图 5-10　汽车停放方式

a）平行于慢车道　b）垂直于慢车道　c）偏斜于慢车道

缘为准）并列头尾连接停放；二是垂直于慢车道停放，车头一律对着路中心并列依次停放；三是偏斜于慢车道停放，头右斜对面路中心，车身与右路边缘成45°角停放。对画有停车线的地点，车应停在标线以内，并服从工作人员的管理。

在城市中，禁止在未标明可停车的道路上停车。若要短时间停车上下客，可选择标有招手停车的地段；若要较长时间停车，应到规定的地点停放。禁止在人行道上停放车辆。

31．地下停车场的使用方法与禁忌

城市中，很多大型停车场是设在地下的。地下停车场均设在大型建筑物的地下层。到地下停车场停车时应注意以下几点：

（1）地下停车场一般均设有入口通道和出口通道，驾驶人驾车出入时要看清指示牌，禁止从出口处进入停车场，也禁止从入口驶出停车场。

（2）地下停车场一般都是收费的，停车场的入口处设有值班岗亭，有的设有红外线打卡机。进入时，要注意岗亭内人员是否要递交相关卡片，驾驶人接收到卡片时，应注意阅读卡片上的有关内容。有的卡片上标明了所驾车应停的位置号码，凡注明停车位号码的，应到指定停车号码处停车。禁止不作观察就驾车直接进入地下停车场。

（3）地下停车场的进、出口均是坡道，应降速缓行，禁止鸣喇叭。

（4）地下停车场的路面上一般画有导向箭头，停车位置均用白线画好，在墙上或停车位置地面上标有该停车位的号码，便于驾乘人员寻找。驾驶人驾车进出时要根据导向箭头所示方向行车，禁止逆向行驶。

（5）车上乘员可在进入车库前下车，也可到停车场内下车，一般停车场与上层建筑是用楼梯和电梯相连的，乘员可乘电梯进出。禁止人员从机动车出、入口进出。

（6）在地下停车场停车时，禁止发动机不熄火，禁止停车时开空调，以免污染空气。停车时应将车门锁好，并记住自己所停位置。

（7）地下停车场多数根据停车时间收费，驾车出库时，应在

交费处停车将入口处的卡片交与收费员办理交费手续。

32. 在城市中行车时寻找目的地的技巧

到一个陌生城市后，若导航仪无寻找的目的地或无导航仪，可在进入该城市时，找一个本地出租车在前面带路。由于出租车熟知本城路线，知道什么地方可通行，什么地方是单行道，因此能准确地带领自己到达目的地，此方法既经济又便捷。如果自己驾车寻找目的地，应先了解城市纵向和横向主要道路的名称，然后咨询所要寻找目的地在纵向和横向主要道路交叉形成的哪个区域，再根据该区域所在方位寻找就要快捷准确得多，最起码不会犯方向性错误。

33. 防止将车停在泊位内还被处罚的方法

很多城市出台了较为严格的交通管理条例，对城市内违停处罚日趋严厉，查处的频率加大。有的驾驶人发现自己已将车停在了正规的泊位，却还被贴了罚单。出现这种情况，通常是违犯了以下三种规定。

一是逆向停车。很多城市交通管理规定：在道路临时停车泊位内停放的，应当依次按顺行方向停放。因此，未按顺行方向在道路临时停车泊位内停车的就可能被处罚。所以，在此情况下，驾驶人在停车时，要按泊位内导向箭头停放。

二是停车不入位。很多城市交通管理规定：在道路临时停车泊位内停放的，车身不得超出停车泊位。若停车越线、压线、跨线都会被处罚。所以，驾驶人在停车时，要将车正直地停在泊位内。

三是超时停车。很多城市为了方便市民，解决停车难问题，交管部门在一些有条件的路段设立了临时停车泊位。这些停车泊位开放和停用有时间限制。若停车超过停车限时，就会被处罚。所以，驾驶人在停车时，要注意看清标志牌上注明的时间和范围，不要超越时间和范围停车。

34. 避免违停被处罚的方法

现在停车难是普遍的问题，驾驶人被处罚大多是因违停而引起的。为避免被处罚，最可靠的方法仍是遵章停车，即使有急事需短时停车，也要驶离主干道，找适宜的地方暂停。大多数情况下，交警对违停时间确实很短的，或是能及时离开的，会予以警告并劝离，不予处罚。

在大商场、长途汽车站、火车站、飞机场的接送客路口，往往只允许汽车停几分钟，超时即处罚。对此，驾驶人可在规定停车时间将到时开车离开，设法转一圈以后再回来接送客。若客人还未到，可再开车转一圈回到接送口。若等待时间超 0.5h，应将车停到停车场。

35. 在城市中行车时记准道路的技巧

记准道路是驾驶人的一种职业能力。有的驾驶人在陌生城市中只要开车走一趟，就可再次沿原路走回来，而有的驾驶人却不行，往往找不到返回的道路，这就是记忆道路的能力。记准道路有以下技巧：

（1）记准道路的走向。进入陌生道路时，首先要弄清该道路大体的走向，是东西向还是南北向，是在向东走还是向西走，先记住方向，返回时就不会犯方向性错误。

（2）注意路边道路标牌和道路指示牌。城市每条道路在交叉路口处都有道路名称标牌，驾车经过时，驾驶人应记住路的名称。城市主要道路的交叉路口前，都有醒目的道路指示牌，根据指示牌上的路名行驶会加深印象，返回时就可根据路名牌和道路指示牌找道路。

（3）记住要通过几个红绿灯路口。城市中较大的交叉路口都有红绿灯，记住通过几个红绿灯路口，返回时根据通过的红绿灯路口帮助回忆，就不会出错。

（4）记住路边经过的主要建筑或特殊标记性物品，如火车站、电影院、体育馆、大厦等，返回时可以这些主要建筑为坐标沿原路返回。

（5）当需要记住道路时，应先让头脑清醒一下，并要集中注意力去留心观察道路。否则，漫不经心地行走，即使有再好的记忆力，也难以找准返回的道路。

36. 防止道路安全净空起变化而引发事故的方法

道路安全净空以规定的汽车装载高度为标准。《中华人民共和国道路交通安全法实施条例》规定，大货车载物高度自地面起不得超过 4m。因此，除特殊情况外，我国道路安全净空必须超过 4m。有时，在同一道路上，安全净空会起变化。这是因为，道路上空的跨空物，如电线、电缆、树木枝叶等，会随着自然演变逐渐下垂，侵入安全净空内，特别是自然生长物（如树枝）更为突出。即使固定的建筑物有时也会发生变化，如横跨道路的桥梁和涵洞等，会因其地基下沉而使净空降低。有的也会因天长日久，受雨水冲击或尘泥淤积，使道路路面抬高，而使安全净空缩小。这样，以前可以用某安全净空高度通过，过一段时间可能就无法通过了。

为防止因道路上安全净空变化而引发事故，驾车时必须注意观察。特别是通过正在建设中的施工工地，或穿过道路两旁正在搞建筑、装潢的村庄街道，或穿过被茂盛的行道树遮盖的路段时，均应加强对净空的观察，以便尽早发现净空的障碍物，采取相应的措施。

37. 遇到特殊车辆时的处理方法

行车中遇到特殊车辆时应视情况及时回避或让行。

遇到执行任务的消防车或警车、工程车时，听到警报器鸣叫声后应及时靠路边降速行驶；若在从分车道上高速车道或超车道行驶时遇到特殊车辆，则应将车驶离高速车道或超车道，以便让执行任务的特种车超越，或特种车逆向行驶而使用道路。

遇到警戒车辆为贵宾车或车队开道时，应靠道路右侧缓行，或按警戒车指令停车，待贵宾车或车队通过后再继续行驶。

遇到大型拖车时，应在确保安全的前提下及时超越通过，尽量避免尾随。遇到婚车或殡仪车时，应主动让行。一般婚车或殡仪车都是多辆车随行，尽量不要穿插行进。

遇到军车等集体车队通行时，不要随意超越车队，更不能插在车队中随行。

38. 通过收费站时的注意事项与禁忌

一般在收费站前 1km 和 500m 处设有"前方有收费站"的告示，驾驶人见到告示牌或听到导航仪发出"前方有收费站"的语音提示，就应做好通过收费站的准备。进入收费站区域后应降低车速，并观察收费站有几个收费口开放，凡开放的收费口上方亮的是绿灯，未开放的收费口上方亮的是红灯。应选择等待收费车辆较少的收费口驶入收费口通道。进入收费通道时，车速应在缓行状态下，并打开驾驶室左侧车窗玻璃。对知道收费标准的，应事先准备好零钱。用左手准备将过路费递交到收费窗口时，应将车靠近收费窗口停住，将过路费递交给收费员。当不明确应收多少费用时，可观察收费窗口后侧收费显示屏上标明的收费标准。收费员将收据和找零递给驾驶人后,收费通道的栏栅便随即打开,驾驶人应及时驾车驶离通道。通过收费站时应注意以下事项:

(1) 禁止在驶近收费通道时突然改变行车路线,将车驶向另一收费通道,这样易造成尾随车辆和其他通道内的车辆行驶混乱。

(2) 禁止高速驶入收费通道,禁止在收费窗口前使用紧急制动停车。

(3) 禁止停在收费窗口时才临时找交费的钱款。

(4) 禁止与收费员讨价还价,若对收费有疑义,可通过收费口后,将车停到收费站允许停车的区域后再交涉。

(5) 禁止放行栏栅还未开起就抢行。

二、高速公路驾驶

39. 进入高速公路时的禁忌

高速公路是专供汽车快速行驶的全封闭道路。因此,它比一般道路有更严格的通行要求。《中华人民共和国道路交通安全法》规定:行人、非机动车、拖拉机、轮式专用机械车、铰接式客车、全挂拖斗车以及其他设计最高车速低于70km/h的机动车,不得进入高速公路。高速公路还禁止轻便摩托车、摩托车、残疾人专用车、履带车、悬挂试车号牌和教练车号牌的车辆驶入。驾龄不满1年的驾驶人不准驾驶车辆进入高速公路。从安全角度考虑,一些技术状况不允许高速行驶的车辆也不宜进入高速公路。

40. 进出高速公路时的操作方法与禁忌

车辆在进入高速公路之前,驾驶人要对车辆转向、制动、灯光、轮胎等机件进行认真检查,发现问题后应及时检修和保养。禁止不对车辆进行检查和准备就贸然进入高速公路行驶。

车辆从匝道进入高速公路加速车道时,应将车速提高到50km/h以上;从匝道入口进入高速公路的车辆,必须在加速车道上提高车速并开启左转向灯,并从后视镜观察加速车道邻近车道的高速公路上是否有来车。驶入主车道时,不得妨碍已在高速公路内的其他车辆正常行驶,禁止从匝道入口直接进入高速车道,如图5-11所示。

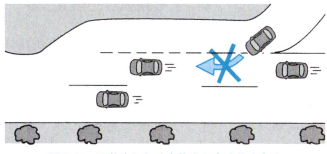

图 5-11 严禁未经加速直接进入高速公路车流

车辆驶离高速公路时，应当按出口预告标志开启右转向灯，进入与出口相接的车道，减速行驶进入减速车道。从匝道驶离高速公路时，车速应降至 40km/h 以下。禁止在高速车道上就降低车速而突然驶入匝道，如图 5-12 所示。在匝道、加速车道及减速车道上禁止停车、超车。

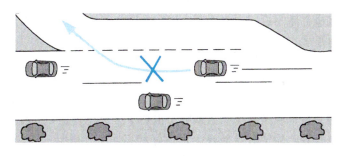

图 5-12 严禁突然减速进入匝道

41. 我国高速公路的命名规则

国家高速公路命名按照路线起讫点的顺序，在起讫点地名中间加连接符 "—" 组成，全称为 "××—××高速公路"。路线简称采用起讫点地名的首位汉字表示，也可采用起讫点所在省（市）的简称表示，格式为 "××高速"。国家高速公路名称及简称都不可重复，如果出现重复，通常会用行政区划名称的第二位或第三位汉字代替。

国家高速公路的地区环线，全称为 "×××地区环线高速公路"，简称为"××环线高速",如"杭州湾地区环线高速公路"简称为"杭州湾环线高速"。

城市绕城环线高速以城市名称命名,全称为"××市绕城高速公路",简称为"××绕城高速",如"南京市绕城高速公路"简称为"南京绕城高速"。

当两条以上路段起讫点相同时,则按照由东向西或由北向南的顺序,依次命名为"××—××高速公路东(中、西)线"或"××—××·高速公路北(中、南)线",简称为"××高速东(中西)线"或"××高速北(中、南)线"。

路线地名应采用规定的汉字或罗马字母拼写表示。路线起讫点地名的表示,应取所在地的主要行政区划的单一名称,一般为县级以上行政区划名称。

南北纵向路线以北端为起点,以路线南端为终点;东西横向路线以路线东端为起点,以路线西端为终点。放射线的起点为北京。

42. 通过高速公路匝道口的方法

高速公路临近匝道口 500m 左右的路段内是较危险的区域。这是因为很多人驾车高速临近目的地时一下搞不清楚从哪个出口下高速,往往会做出在出口匝道附近突然减速,甚至停车、倒车的危险举动。这就使高速公路匝道口附近变得异常危险,常出现因前车突然减速、停车而引发追尾事故的现象。为此,开车上路前最好做一下功课,该走哪条高速,该从哪个出口下,提前规划一下线路,做到心中有数。即使有导航仪,也最好利用一下导航仪的模拟方式,看一遍规划的路径,这样能弄清楚应上、下的匝道口。在高速行驶途中,即使有导航仪也要注意观察高速公路指示牌。高速公路一般都会在距离匝道 2km、1km 和 500m 的地方分别设置出口提示牌,要注意观察并提前向右变更车道。另一方面,正常行驶的车辆经过出口匝道时,要尽量与前、后的车辆保持一个安全车距,以给自己应对突发情况留下足够的空间和时间。

43. 高速公路道路标志的识别方法

高速公路指路标志与普通道路上的标志在色彩、尺寸及图形上有所不同。常见的高速公路道路标志有:通向高速公路入口的预告标志、通向高速公路两个方向的入口预告标志、通向高速公路一个方向的入口预告标志、高速公路入口标志、高速公路起点标志、高速公路终点预告标志、高速公路终点标志、高速公路出口预告标志、B出口行驶方向标志、A出口行驶方向标志、出口标志、下一出口预告标志、服务区预告标志、通往服务区的减速车道起点标志、服务区入口标志、停车场预告标志、通往停车场的减速车道起点标志、停车场入口标志、停车场标志、紧急停车带标志、紧急电话标志。

44. 在高速公路上按规定车道行驶的方法与禁忌

根据高速公路交通管理办法，机动车在高速公路上应当按分道线各行其道，同方向划有两条以上机动车道的，自道路中心分隔带依次向右，第一条车道为超车道，第二、第三和其他车道为行车道。汽车在高速公路上通行时，应当在行车道上行驶。同方向有两条车道的，左侧车道的最低车速为100km/h，同方向有三条以上的，最左侧车道的最低车速为110km/h，中间车道的最低车速为90km/h，设计车速高于130km/h 的汽车应在第二条车道上行驶，其他车辆和设计车速低于130km/h 的小型客车应在第三条车道上行驶；有四车道以上的，设计车速高于130km/h 的小型客车在第二、第三条道路上行驶，其他车辆和设计车速低于130km/h 的小型客车在第三、第四车道上或者向右顺延的车道上行驶。

禁止在超车道上长时间行驶，禁止不根据本车车速盲目选择车道。

45. 对高速公路缓曲线和路面符号的识别与运用

高速公路路面宽阔平坦，便于驾驶，汽车在这种路上行驶速度快。这样，驾驶人随着车速的提高，注视点越远，视野也就越窄。狭窄的视野容易形成一种道路催眠现象，时间一长，极易使驾驶人倦怠。公路笔直无弯，驾驶人只需握着转向盘踏下加速踏板即可。时间一长，这种单调的动作会使驾驶人的中枢神经失去刺激而倦怠。为消除驾驶人在高速公路行驶时易产生的消极心理因素，在高速公路的设计上往往会人为地设置一些缓曲线，使公路转一个不大不小的弯，让驾驶人视野、操作动作有所变化，使中枢神经得到刺激，达到提高驾驶人注意力的目的。公路上涂的一些符号，也是为改变清一色的路面，突然给驾驶人某种提示，避免驾驶人在单调的路面色彩前出现倦意。驾驶人在高速公路上遇到缓曲线或路面符号时，应自我提醒集中精力，不妨放眼观察一下弯道，看一下路面符号，以缓解单调的驾车气氛。

46．防止追尾事故的操作技巧

追尾事故是高速公路上多发事故之一。在高速公路上行驶时与前车间隔距离过近，是造成追尾事故的主要原因。为了使驾驶人正确把握车辆之间的距离，在高速公路每个入口的加速车道后以及在一些平直易发生追尾事故的路段都竖有距离确认标志，路面画有斑马线，作为确认车辆之间距离的参照物。车辆之间的安全距离一般以停车视距来确定，它除了与车速、车辆制动性能及路面附着条件有关外，还与驾驶人的反应时间有关，其中车速是主要因素。《中华人民共和国高速公路交通管理办法》规定：正常情况下，当行驶车速高于100km/h时，行车间距为100m以上；车速为70km/h时，行车间距为70m以上；遇大风、雨、雪、雾天或者路面结冰时，应当减速行驶。一些高速公路因走向问题，驾驶人往往朝着太阳行车，为防阳光刺眼看不清前车制动灯光或产生错觉而撞车，更要适当加大车辆之间的距离。

为防止追尾，首要条件是保持安全车距；其次是掌握好本身的车速，在视线不清、路面条件恶劣时应随即降低车速；再次要集中精力，注意观察前车情况，一旦前车制动灯闪亮或前车突然停车，就要立即采取制动措施，并根据情况采取紧急制动措施。如果发现将要追尾，那么在进行制动的同时，应冷静地根据道路情况转动转向盘，使车头驶离前车尾部，车头驶离前车位置后，可适当松缓制动，使车平稳停住。停车时，还要做好自己的车被后车追尾的准备。

47．在高速公路上遇到低能见度气象条件时的处理方法与禁忌

高速公路上多车相撞的特大交通事故，大多发生在雾、雨、雪等低能见度的气象条件下，其中尤其以雾的危害最大。雾是一种自然现象，大多发生在秋冬季节，尤其是水网地区，很容易产生大雾天气。大雾弥漫时能见度仅有几米，雾气阻碍驾驶人的视线，严重危及行车安全。水网区生发的雾往往是局部性，一团一团的，有的特别浓，有的较稀薄。

在高速公路上行驶时,为防止大雾对行车安全造成威胁,驾驶人应了解雾气的特点和危害。在行车中,特别在春夏、秋冬交换季节,驾驶人应提前了解和掌握天气变化,尽早听取高速公路所在地的气象预报,听取交通广播电台的信息,并尽量避免每年的3月到6月、10月到12月在4:00~10:00之间在浓雾易发地区的高速公路上行驶。在高速公路上行驶时应注意观察路牌、交通标志,遇雾时必须打开雾灯,同时谨慎驾驶,限速慢行。行驶中应跟在前车后面缓缓而行,并且加大车之间的安全距离,尽量避免超车。遇大雾时必须选择安全地带停车。在雾中禁止高速行驶,在雾气浓度不一的条件下,要以浓雾行车的要求为标准。

在高速公路上行驶,遇有雾、雨、雪、沙尘、冰雹等低能见度气象条件时,要遵守下列规定:

(1)能见度小于200m时,开启雾灯、近光灯、示廓灯和前后位灯,车速不得超过60km/h,与同车道前车保持100m以上的距离。

(2)能见度小于100m时,开启雾灯、近光灯、示廓灯、前后位灯和危险报警闪光灯,车速不得超过40km/h,与同车道前车保持50m以上的距离。

(3)能见度小于50m时,开启雾灯、近光灯、示廓灯、前后位灯和危险报警闪光灯,车速不得超过20km/h,并从最近的出口驶离高速公路。

遇到上述情况,高速公路管理部门将通过显示屏等方式发布速度限制、保持车距等提示信息。

48. 在高速公路上发生故障时的处理方法与禁忌

车辆在高速公路上行驶时,除遇有故障、发生事故等必须停车的情况外,不准随意停车。因故障需要临时停车检修时,必须提前开启右转向灯驶离行车道,停在紧急停车带内或右侧路肩上,禁止停在行车道上。禁止在行车道上修车。车辆修复后需要重新返回行车道时,应当先在紧急停车带或路肩上提高车速,并开启左转向灯。进入行车道时,不准妨碍其他车辆正常行驶。车辆因故障不能离开行车道或者发生交通事故时,驾驶人和乘车人必须迅速转移到右侧应急行车道上,为安全起见,人员最好撤离至高速公路栅栏的外侧，并立即用路旁紧急电话或其他通信设备报告交通警察。

车辆因故障、事故等原因不能离开行车道或在应急车道上停车时，驾驶人必须立即开启危险报警闪光灯，并在行驶方向的后方100m处放置故障车警告标志，如图5-13所示。夜间还必须同时开启示宽灯和尾灯。禁止不设警告标志及人员在车的左侧活动。

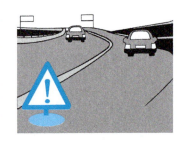

图5-13 故障车要在行驶方向的后方100m处放置警告标志

49. 在高速公路上防止爆胎翻车的技巧与禁忌

高速公路上因爆胎而造成恶性事故的比例相当大。导致爆胎事故频发的原因有很多，主要有：驾驶人对所驾车辆轮胎使用时间和特性缺乏了解，驶上高速公路后长时间超速行驶，轮胎产生高热高压，导致突然爆裂；轮胎使用时间过长，超过规定换胎期限，或轮胎质量不高，有的是翻新胎，有的修补过，有的磨损程度不一；轮胎气压不符合规定，气压过高或过低，左右轮胎成色不一，气压不一；天气炎热，路面温度很高，车辆超载高速行驶时最易造成轮胎爆裂。

为了防止爆胎，驾驶人在进入高速公路前，应了解和掌握所驾车轮胎的质量和特性是否符合高速行车的要求；从外部看轮胎，若花纹已磨到标线以下或轮体有密集的小裂痕，则表明此轮胎不再适于跑高速；检查四个轮胎的新旧程度是否一致，气压是否符合规定，且左右气压是否均匀；行驶中，不超速、不超载、不长时间高速行驶；行驶中途休息时，应检查轮胎工况，发现问题后及时排除。

汽车在行驶中，一旦发生爆胎，首先会听到一声"嘣"的闷响或爆响，手中转向盘会立即变得跑偏，跑偏的方向发生在爆胎的一侧。若是前轮爆胎，方向除跑偏外，还有方向变沉的感觉。发现此症状后，应立即抬起加速踏板，降低车速，并牢牢控制住方向，立即开右转向灯，将车驶入右侧路边停车。采取措施时禁止采用紧急制动，防止加剧车辆的失控以及后车追尾。

50. 在高速公路上防止同向撞车的技巧

高速公路上，双向行驶的车辆均有中间隔离带阻隔，一般不会发生双向行驶车辆相撞的事故，而在一般道路上很少发生的同向行驶车辆相撞的事故在高速公路上却时有发生，且发生同向撞车的大多是小轿车。其原因是：在高速公路上，同向行驶的车辆车速都很快，小轿车超越大型车（尤其是集装箱之类的车辆）时，由于两车横向间距过近，两车间产生气流旋涡，使车体轻或重心高的车行驶方向失稳，驾驶人稍一疏忽，极易造成两车相吸的撞车事故。另一原因是：未按规定进入相邻车道，在超车或回归行车道时，不避让后方正常行驶的车辆而发生撞车。对此，防止同向撞车的方法是在同向超车时，要与被超车保持2m以上的侧向安全距离，并严格按高速公路交通管理规定行驶。

51. 在高速公路上行车的禁忌

汽车在高速公路上行驶时，禁止下列行为：

（1）倒行、逆行、穿越中央分隔带掉头或者在车道内停车。
（2）在匝道、加速车道或者减速车道上超车。
（3）骑、轧车行道分界线或者在路肩上行驶。
（4）非紧急情况时在应急车道行驶或停车。
（5）试车或学习驾驶机动车。

在高速公路上需超车或者变更车道时，必须提前开启转向灯，夜间还必须变换使用远、近光灯，在确认前方车辆以及后方来车均有足够的行车间距后，再驶入需要进入的车道。超车时，只能使用相邻的车道，禁止跨越两个车道。驶入超车道的汽车在超车后，应立即开启转向灯，驶回原行车道。

52. 应对高速公路拥堵的技巧

为避免在高速公路上遇到拥堵，出行时应尽量避免在易发生拥堵的时段和路段进入高速公路。例如，节假日免收过路费的起始和截止时间的6h之内，临近主要景区的路段等。在高速路上遇堵车需停车或缓慢行驶时，车辆可打开危险报警闪光灯提示后方来车。如果只堵停几分钟车辆就可缓慢行驶，车上人员不可下车，更不可走应急车道。如果堵车时间较长，看周围停车有人下车休息时，车辆可停车熄火，让车上人员下车休息。驾驶人下车时应注意本车对停车有什么要求，需做出应对，如有自动上锁功能的车，要将钥匙带在身边，长时间放音乐会影响电量损耗的，应关闭音乐等。在高速公路上遇交通堵塞时，需警惕燃油耗尽。为避免此情况发生，驾驶人在上高速前应提前将汽车加满油，在高速公路上，不要等到燃油快耗尽时再加油。如果燃油快耗尽时遇堵车，则应停车熄火来节省燃油，并在遇到第一个出口时驶离高速公路，到高速公路收费站附近的加油站加满油后再进入高速公路。如果堵车时间较长，可以在适当路口下高速道路，选择适当的道路继续行车。

53. 在高速公路上防止超速行驶的技巧

超速行驶是各高速公路事故多发的重要原因。为防止在高速公路上超速行驶，驾驶人应认识高速不等于超速的道理。什么是高速？高速就是各高速公路规定的最高时速限制。交通法规定，高速公路限速标明的最高车速不得超过120km/h。这个规定，在单纯意义上讲是高速，超过这个时速规定就是超速。有的高速路段标明最高车速不得超过110km/h，有的标明最高车速不得超过100km/h。不同的限速规定，都是根据道路条件科学计算出来的。这也是一个安全限定。有的驾驶人认识不够，过于自信，认为自己的车好，自己驾驶技术高，能处理各种复杂情况，因而一上高速公路就肆意超速行驶，致使一旦发生意外情况，便处理不及，酿成事故。为此，驾驶人在高速公路上行驶时，绝对不要违章超速，应根据自己的车况、天气和身体状况等因素，选用一个等于或低于最高限速的速度行驶，一旦车速超过自己设定的界限，就应及时放松加速踏板，使车速降到规定范围之内，确保行车安全。

驾驶人应明白，最高时限速度是车况良好时的车速限制，如果所驾车辆技术性能较差，则不能按此速度行驶，否则也算超速。

有的高速公路设有可变信息标志。该标志上的限速是根据当时天气和道路通行情况随时变化的。例如，在正常情况下限速120km/h，若下雨，该限速标志会变成80km/h，此时，汽车行驶速度超过80km/h即为超速。驾驶人应根据可变信息标志提示的速度掌握车速。

54. 高速行车时保护轮胎的方法

在高速公路上行驶时，要注意保护好车辆的轮胎。

轮胎在持续高速行驶后会发热,因此温度升高和内胎气压略为增加均是正常的。轮胎在滚动过程中消耗了能量,一部分被轮胎吸收转化为热量,如果热量散发不及时,使胎温升高,那么过高的温度(超过95℃)会导致轮胎脱层,直至轮胎爆裂。爆胎将会对高速行驶的车辆造成极大的威胁。

为了延长轮胎使用寿命,在高速公路上行车时应注意以下几个方面:

(1)经常检查各轮胎气压,随时观察轮胎外观变化,发现异常及时处理。由于无内胎轮胎的弹性好、柔性强、对气压适应范围大,即使已有很高的胎压也没有普通车胎那种发硬的感觉,而且一般不会自行放气,切不可像对普通轮胎那样凭手感来决定是否进行充气。

(2)做到平稳驾驶,起步、转弯和制动要稳,保持汽车直线行驶,尽量减少制动,在确保安全的情况下,"以滑代制动",减少轮胎与地面因起步停车过快而造成的非正常磨损。

(3)防止车速过快,使车胎受冲击加重,致使胎温上升,气压增高。切不可放气或向轮胎泼水,否则会造成胎面、胎侧胶层各部分收缩不均,产生脱层、裂纹,缩短轮胎使用寿命。

(4)紫外线会导致轮胎老化,所以停车时应尽量停放在阴凉处,避免在阳光下暴晒。

55. 通过高速公路收费站时的注意事项

进入高速公路行驶要经过入口收费站,驶出高速公路要经过出口收费站。通过高速公路收费站时应注意以下事项:

(1)进入高速公路收费站前应做好高速行驶的准备,如果没有把握,则应在进入收费站前的路口停车检查,因一旦进入收费站后车辆就不能无故停车。

(2)进入口收费站时要选择好上行或者下行的入口,对同一条高速公路,不可进错入口,一旦进错入口,进入高速公路后就会南辕北辙,向相反方向行车。

(3)进高速公路入口收费站的要领与进入普通道路收费站相同,只是高速公路入口收费站只给驾驶人发放电子卡,驾驶人收到电子卡后应妥善保管,谨防丢失。

(4)有的收费站实行无人发放电子卡的方法。这种收费站在收费厅前 5m 左右立有发卡的电子柜。遇到这种收费站时应缓慢进入收费闸道，驾驶人打开左边车窗，车靠近发卡柜停下，然后伸手按下发卡柜发卡按钮（有醒目标志），按钮上方出卡口中会吐出收费卡，驾驶人抽出收费卡，闸道前方栏栅会抬起，便通过收费通道。

（5）在出口收费站处，应将进入高速公路的电子卡交给收费员进行刷卡，电子显示屏会公告收费额，驾驶人交费并收到收据后，应及时驶离收费站。

（6）过收费站时，禁止换驾驶人或随意上、下车。因交规规定，高速公路上禁止行人通行，不得随意下车或换座位。收费站也属于高速公路的一部分。

高速公路收费一般都是联网的，也有个别高速路段单独收费，采用的方法也是区域性的，驾驶人应根据实际规定交费。

56. 使用 ETC 快速通道的方法与禁忌

全国各地高速公路收费站都设立了 ETC 快速通道。ETC 是电子不停车收费系统的简称。汽车只要购置了一卡通，进入高速公路收费站时不必停车取卡，驶出高速公路收费站时不必停车付费，而是由电子眼拍摄车牌照与计算机联网收费系统连接，在一卡通里结算，快捷方便。要装一卡通，需带身份证和机动车行驶证到指定办理地点预交一定数额的费用，即可当场办理。在车前风窗玻璃或后视镜处装上一卡通电子标签，在电子标签内插上充好值的卡后就可通过设有 ETC 快速通道的收费站了。装有一卡通的汽车通过收费站时应提前观察收费站，看哪一条放行的闸道是 ETC 快速通道，此通道通常在前行道路最左侧，在每个闸口前都标有 ETC 的醒目提示。进入闸口时应放慢车速至 15km/h 左右，当进入电子眼拍摄范围后，闸口处的栅栏便自动抬起，驶入闸口内后应看到左前方电子屏关于本车的相关信息，如车号、收取费用数额、卡上余额等。使用一卡通的汽车，禁止不减速就进入通过闸道；禁止进入高速公路时不经过快速通道而出高速公路时却经过快速通道，或进入高速公路时经过快速通道而出高速公路时却不经过快速通道；禁止不及时给卡上充值，而使卡上无款或不够交费，出现无法通过闸口的情况；禁止跟前车太近进 ETC 快速通道，防止前车因故无法通过闸口时要倒车让道。

第六部分

安全驾驶技能

安全驾驶技能与驾驶人的驾驶能力和经验密切相关。在行车实践中，有很多技巧与禁忌无法归类到哪种驾驶类型中，因此，本部分所述的技巧与禁忌对安全行车具有普遍意义。

一、安全驾驶的能力

1. 预防行车时观察错误的方法

科学研究结果表明，由观察错误引起的交通事故占所有事故的一半以上。驾驶车辆有一整套程序，在这套程序中，观察是首要条件。只有观察及时正确，才会给下一步正确判断带来先决条件。只有操作正确，才会使车辆不发生事故。在观察、判断、操作的程序中，任何一个环节错了都会给安全行车带来危险。在这三个环节中，首要的是观察。观察错误必定使判断也发生错误，而判断错误必定导致错误的操作指令，使操作也会发生错误。因此，要防止行车事故，应首先把好观察的关口，预防行车中出现观察错误。在驾车过程中禁止观察失误或遗漏，并做到出现情况及早发现，不被视觉误差迷惑。驾驶人应针对自己所驾车辆的行驶特点，总结各种道路和各种情况下的行车规律，使之经验化、科学化，增强本身的感知能力，以提高驾车行驶的观察能力。

2. 提高驾驶空间知觉的方法

空间知觉是客观物体的空间关系在人脑中的反映，它包括对物体的形状、大小、距离、方向等的知觉。它对人在环境中的定向起着很重要的作用，是驾驶人行车时不可缺少的条件。例如，会车时判断来车所留空间能否使本车安全通过；路上行人、车辆多而杂乱时，找出恰当空间安全通过；两车交叉而行时，保持恰当的距离等。这些都是由空间知觉所决定的。因此，驾驶人特别是新驾驶人，必须提高空间知觉能力。要想在行进中判断前方物体的形状，就必须在行进中有意识地进行练习。因为人的行进速度慢，观察比较清楚，而车速快，观察就比较模糊。如果开车时用步行方法观察，就必然造成错觉。只有通过练习，才能判断准确。观察物体时，距离远，物体就显得小，距离近，物体就显得大，物体的大小在感觉上随远近而变化。驾驶人必须在行车实践中反复体验，才能在快速行车中克服远近给人的错觉，掌握物体真实大小，保证车辆安全通过。距离是行车中随时都要掌握的，如果前方有横过道路的行人、牲畜等，要判断其前进速度，以及掌握车速和到达时间。如果判断失误，就可能造成事故。

3. 提高驾驶时间知觉的方法

时间知觉是客观现象持续的时间、速度和顺序性在人脑中的反映，与安全、准确驾驶车辆是紧密相关的。但驾驶人对时间的估计往往有误差：行车顺利时往往觉得时间短，遇到麻烦时觉得时间长；车辆抛锚或交通堵塞时，在期待的困窘中感到"度日如年"；人在愉快时则觉得"光阴似箭"。这些均说明驾驶人的时间知觉往往有主观性，在错觉支配下，会产生急躁、拖拉、松懈等情绪。克服这些错觉的方法，就是在驾驶实践上要随时有意识地纠正自己的主观性，培养自己对处理各种交通情况的时间知觉的客观性，不因顺利而麻痹，不因困窘而懊丧，始终如一地保持稳定的情绪和谨慎积极的工作态度。

4. 提高驾驶运动知觉的方法

运动知觉是物体位移在人脑中的反映。驾驶人的运动知觉有真动和似动之分，在一定的条件下物体并没有动，但驾驶人却感觉物体在动。例如，在停驶的车辆上，看到旁边开动的车辆，会产生自己往后退的感觉；当车辆高速行驶突然制动时，会感到周围物体似乎在动；夜间当目击前方两个光源快速闪动时，似乎第一个光源在向第二个光源移动。这种似动现象，容易给驾驶人尤其是缺少经验的驾驶人造成错觉，引起错误判断，影响安全行车。这就要求驾驶人在驾驶活动中对错综复杂的现象注意进行观察、比较，掌握物体真动和似动的特点，从而根据外界的信息进行准确判断，正确地处理各种复杂情况。

5. 行车中增强注意力的方法

注意力分无意注意和有意注意。无意注意是一种随意的没有自觉目的的注意，这种注意可以不加任何努力便可达到。一般情况下，驾驶人的无意注意主要是由周围环境的变化引起的。当周围环境中出现了某种新异的刺激物时，驾驶人就可能不自觉地把注意力指向这种刺激物。例如，当路旁围着一群人时，驾驶人会很自然地把注意力指向这一群人，并想知道这群人正在干什么，如果是打架之类的事，驾驶人又会想看几眼打斗的场面。这样，实际上就分散了驾驶人对道路环境的注意力，这对于驾车行驶来说是一种相当危险的状态，应该加以控制。驾驶人控制无意注意的能力有高有低，这与本人的兴趣爱好、有意注意的强度和对无意注意的认识有关。驾驶人只要平时多注意控制，其控制能力是会逐步提高的。

有意注意是一种自觉的、有预定目的的注意。这种注意是人开展工作的主要条件之一。汽车驾驶人只有具备较强的有意注意能力，才能把注意力集中或指向安全行车的有关方面，不易受到外界的干扰。如果有意注意力不强，注意力往往会被无意注意吸引，就会影响安全行车。要使有意注意加强，往往需要一定的努力。例如，一名初学驾驶的驾驶人开车时，其对于驾驶过程还不太熟悉，经常搞得手忙脚乱。因此，这些驾驶人可以自觉地、有目的地努力进行驾驶训练，克服干扰，使注意力指向和集中于自己暂时还不熟悉的驾驶动作，这样对驾驶动作的有意注意就会得到加强。实践证明，有意注意加强了，无意注意就会相应地削弱；而无意注意强了，就会影响有意注意。驾驶人在实践中，应有意识地削弱无意注意，使有意注意得到加强。

6. 提高行车中反射能力的方法

一种刺激物或信号的出现、消失、增强、减弱以及性质上的变化引起人体对此方向的反射行为称为定向反射。由心理学可知，在刺激物持续作用和刺激物多次重复出现的时候，定向反射便逐渐消退。人的机体如果事先有意识地想注意某一刺激物，那么当该刺激物出现时，定向反射就会很强烈地出现，这就给定向反射带来两种趋势，一种是消退，另一种是加强。驾驶人应经常锻炼自己，调整和增强定向反射能力。例如，虽然驾驶人在城市驾驶中经常会受到霓虹灯、广告灯等类似信号灯的刺激干扰，使见到红绿灯时的定向反射消退，但是驾驶人若在意识中事先加强对红绿灯特殊形状的记忆，减少各种无关的刺激物的干扰，那么红绿灯即使埋没在颜色的汪洋中，一旦闪亮，驾驶人通过定向反射也会马上做出反应，从而保证行车的安全和准确性。

7. 提高驾驶应变能力的方法

行车中，驾驶人有时会受到意外情况的干扰，这些干扰会在驾驶人心理、生理上造成很大的刺激和影响。此时，若驾驶人的应变能力不强，便会在突然到来的刺激和打击下晕头转向，不知所措，从而失去对车辆的控制。如果驾驶人应变能力较强，那么在突如其来的刺激和打击面前就会沉着自如，即使受到惊吓，也能很快恢复平静，控制住车辆。行车中，什么情况都可能发生，意外干扰的情况很难预料。驾驶人思想上要有防止出现"万一"情况的准备，并事先想好针对干扰的对抗措施或遇到其他情况的对策，这样会提高自己的应变能力。在行车中，一旦出现一些意外情况，就会胸有成竹，采取有效的措施化险为夷，掌握主动，避免事故的发生。

8. 提高"车感"的方法

感觉是客观事物个别属性在人脑中的反映。驾驶人能否产生感觉还要看各种感觉器官的感觉能力，即感受性。人的感觉能力不是固定不变的，它会随着条件变化而变化。驾驶人要想使自己的感觉更敏锐，就得了解感觉能力的变化规律。

（1）掌握各种条件对感觉能力的影响，提高适应能力。例如，在砾石路上行驶时，车辆上下颠簸，偏移抖动，会引起感觉的钝化；在黑暗中行驶，突然到灯光路时，视觉会因刺激而变差等。掌握行驶特点，采取对策，就能提高适应能力。

（2）正确运用感觉互相作用的规律。人的感官在环境条件的影响下发生的感受性变化，叫作感觉的互相作用。不仅感官之间会发生感觉的互相作用，就是同一感官在不同条件下也会互相作用，如月明时会感到星稀。驾驶人要保持良好的感觉能力，也应掌握和运用这种规律。

（3）按驾驶实践所提出的要求进行自我训练，提高感觉能力。人们常常由于职业的需要而锻炼，使某种感觉能力得到高度的发展。例如，一般人分辨不出假汽车牌照，而有经验的交警一眼就可看出牌照的真伪。大量实践证明，人的各种感官的感觉能力虽有一定的限度，但有很大的潜力，而且是有规律的。驾驶人只要按照感觉能力变化的规律，科学地加以培养和训练，使自己的感觉更敏锐是完全可能的。

9. 提高驾驶耐力的方法

这里所述的耐力是指驾驶人长时间驾驶车辆的能力，也可以看作驾驶人的抗疲劳能力。

耐力对驾驶人尤为重要，特别是专业驾驶人。按驾驶人工作情况，耐力可分为以下几种：操作机件的动作耐力，即肌肉耐力；对交通情况判断的思维能力，即大脑耐力；全身参加工作的体力耐力，即心肺耐力。驾驶人要提高耐力，根本的方法就是重复训练，即要提高驾车耐力，就要多跑长途或长时间驾车。驾驶人平时驾车时应注意以下几点。

（1）平时不要过于兴奋或抑制，尽量使神经系统中的兴奋和抑制均衡协调，这样可推迟疲劳的到来。

（2）驾驶动作放松协调，活动幅度适当，使工作肌有协调地舒张，这样有利于保持耐力，能较长时间地工作。

（3）驾驶车辆时，使各部分的肌肉放松并得到休息，让最少的肌群肌去做最适当的工作，从而节省体能。

（4）在工作中不浪费体力，不用过量的能力去完成必需的动作，不去从事没有必要的动作，以提高效率。

（5）使心血管、呼吸系统与驾车状态相适应。例如，不要一直在高度紧张的状态下驾车（开高速车），紧张可使心跳加快，消耗体力；不可吃得太饱或空腹，否则会使身体的代谢过程产生变化而消耗体能。

10. 提高驾驶灵活性的方法

汽车驾驶人的灵活性，主要表现在快速起动的能力，在复杂情况中的应变能力，在车流中灵活行进的能力等方面。总之，驾驶人的灵活性是反映汽车在障碍物之间快速转移运动的一种能力。

灵活性与协调性关系密切，从某种意义上说，灵活性便是协调性，所不同的是灵活性与速度关系的重要性远远超过协调性与速度的关系。驾驶人要提高灵活性，平时可多参加各种体育活动，尤其是球类活动。此外，适当进行电子游戏机的练习操作，也会在提高灵活性方面取得明显效果。

11. 提高快速操纵驾驶装置能力的方法

快速操纵驾驶装置的能力取决于驾驶人的速度。速度可理解为驾驶人在某种条件下，以最短的时间完成某一动作的能力，即单位时间内完成某动作幅度的能力。上肢和下肢与躯干运动的协调性也是一种速度的表现。若没有这些速度，驾驶动作和对汽车的控制能力就不能充分发挥出来。速度对驾驶车辆的重要性显而易见，可以说安全与事故就是在速度上的竞争。很多事故，只要驾驶人动作迅速、准确，则完全可以避免。例如，有很多看起来不可避免的事故，由于驾驶人高速、准确地采取了措施而转危为安。评价一名驾驶人技术的优劣，动作速度是一个重要标志。严格地讲，动作速度缓慢的人，不适宜做驾驶人，尤其不能做高速汽车的驾驶人。

速度很难与力量、耐力和协调性等其他运动能力区分开来。它们相互关联，相互影响。一般来讲，一个人的速度快和慢，大部分是由先天所决定的，但后天的训练和培养可使人的速度得到很大提高。一位先天速度并不快的人，平时注意训练，其速度往往可以接近或超过不经训练但先天速度快的人。此外，速度除先天因素外，还受到力量、耐力和协调性的影响。因此，加强力量等方面的练习，并配合必要的高频动作的重复练习，可以使速度得到适当提高。对驾驶人的高频动作，可通过多次重复快速转动转向盘、快速将脚由加速踏板移至制动踏板等方法来训练。

12. 提高静止能力的方法

驾驶人要提高静止状况下控制汽车操纵装置的能力，就必须提高静力性力量。静力性力量以肌肉等长收缩为基础，是只对物体用力但不移动物体的力量。驾驶人踏下加速踏板一定幅度保持不动，脚踏着离合器踏板处于半离合状态不动，以及驾驶人保持正确的驾驶姿势，均属于静力性力量。如果缺乏这种应有的力量，就不能准确地控制加速踏板，也不可能让离合器平稳地接合，从而难以保持正确的驾驶姿势。

驾驶人的静力性力量，可以通过手倒立、屈臂悬垂等方法锻炼。同时，也可采用仰卧起坐、抱头背起等锻炼腰腹部的静力性力量。驾驶人静力性力量提高了，驾驶车辆便会轻松自如，不易疲劳，不会出现腰酸背痛现象。

13. 提高驾驶车辆力量的方法

从运动生理学上讲，驾驶人驾驶车辆的力量称为动力性力量。动力性力量是驾驶人操作运用最多的一种力量，如操纵变速杆更换档位，操纵转向盘旋转，对踏板的踩踏等，都需要动力性力量。由于汽车上的操纵机件在设计时已考虑到驾驶人操作时的劳动强度，所以机件操纵起来均很轻便，很多机件自动化操纵程度很高，并且安装了动力助力装置。尽管如此，驾驶人在实际操时，仍需一定强度的劳动。据统计，一名正常的驾驶人驾车行驶时，在10min内约需做200个操纵动作。因此，驾驶人的动力性力量必须充足，这样才能顺利地进行实际操作。

动力性力量可以在平时通过体育锻炼或体力劳动得到提高或保持，也可在实际操作中得到提高。一名驾驶人只要经常驾驶车辆，其动力性力量是可以得到保持的，而停止一段时间后再重新驾驶时，会有吃力的感觉，这便是缺乏实际操作锻炼，动力性力量减弱的原因。因此，驾驶人停止驾车时应注意保持适当的体育锻炼，为以后驾车保持动力性力量。

14. 开阔驾车视野的方法

驾驶人的视野对平稳驾驶车辆有着十分重要的影响。视野狭窄的驾驶人，视线往往只集中在车前方某一点上，不能他顾，常常导致处理情况不当或发现情况不及时；驾驶人视野开阔，则对道路以外的情况也能有所觉察，因而判断情况准确，处理情况也会比较得当，如图6-1所示。

人的视野与视觉有直接关系。人看物时，视线总是对准视物的某一点，即眼睛的注视点，并且不断转动视线，转换注视点。转换时，眼睛稍许停顿片刻，先注视这一目标，然后再跳动到新的注视点去。在观察情况时，眼睛就是不断以注视、跳动、再注视的方式进行的。有些驾驶人视觉不敏锐，与视线跳动缓慢有关，尤其是初学驾驶的人，由于没有经验，他们习惯以常人的行走速度来调节视线，而适应不了驾车时物体相对运动速度快的情况。因而，他们总感到视觉很紧张，眼睛观察情况总显得来不及，顾此失彼，此时连注视某一点都很匆忙，更谈不上视野开阔了。由此可知，要提高视野的开阔度，就要先提高视线的跳动速度，必须进行身体的敏感性和注意性练习。例如，田径、球类、武术等活动都可以有效地提高人的视觉，开阔人的视野，增强人的观察能力。

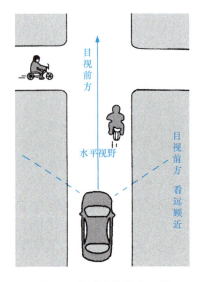

图 6-1 驾驶人视野应开阔

驾驶人在行车中，可有意识地开阔视线，用欣赏的心情观察沿途风光，时间长了，视野便会逐步开阔。

二、驾驶人心理因素

15. 防止驾驶中情绪波动的方法

驾驶人情绪波动，大多是由思想问题引起的。情绪波动一般表现为两种倾向：高兴与沮丧。驾驶人情绪过于高兴或沮丧，都会严重影响安全操作。因为人在高兴或沮丧时，中枢神经系统便会处于兴奋或压抑的状态。当中枢神经处于兴奋状态时，驾驶人会表现得轻率、好动、异想天开、忘乎所以，操作动作和判断情况就不准确；当中枢神经处于压抑状态时，驾驶人反应迟钝、动作呆板、两眼呆滞，对危险情况就会视而不见，有时甚至会眼睁睁地看着事故发生而不采取任何措施。因此，驾驶人平时应注意保持思想情绪稳定。驾驶人一旦处于生活的悲喜旋涡之中，就要努力控制自己的情感，保持冷静和乐观。这种情绪的控制也必定会影响驾驶人行车中的控制。驾驶人在行车中则应注意保持情绪的稳定，不因喜而过度兴奋,不因悲而沮丧消沉。若感到自己无法摆脱某种不利于安全行车的情绪,则应暂停驾驶,等情绪好转稳定后再继续驾驶。

16. 防止行车疲劳的方法

过度疲劳是人在较长时间得不到适当的休息和恢复,而产生生理机能或心理机能失调的现象。驾驶人长时间坐在封闭的驾驶室内,全身肌肉处于紧张的工作状态,精神上担负要完成任务的负担,思想高度集中于分析和处理各种交通情况。因此,驾驶人的工作是一种既费体力又费脑力的重负荷劳动。生理和心理上的消耗若长时间得不到恢复和调剂,便会导致疲劳,产生心情烦恼、急躁、易发火、浑身无力的现象。若及时休息,这种疲劳可以很快恢复,但如果休息时间太短,当疲劳还未恢复时又继续工作,时间一长,多次疲劳累积便会造成过度疲劳。严格地说,过度疲劳是一种病态。它在驾驶人身上主要表现为厌倦驾驶车辆,头昏沉重,没有精神,注意力难以集中,四肢无力,关节和腰酸痛,爱打哈欠,无故叹气等。当驾驶人有上述症状时,禁止再继续驾车,应停止驾驶,进行恢复和治疗。驾驶人平时要注意劳逸结合,在进行几个工作日的连续行车后,要调整休息 1~2 天,或者进行长途行车后,要休息恢复一段时间,禁止连续行车不调整、不休息,以防止过度疲劳。

17. "睡醒周期"对行车的禁忌

人的昼夜节律是人体对自然环境协调一致的表现。节律具有高度的时间顺序,一旦扰乱便易引起生理功能紊乱,影响大脑的工作效率。这也是人们常说的"生物钟"现象。在昼夜节律中,有一段是"睡醒周期"。对大多数人来说,这个周期是在 4:00 和 16:00。人体处在"睡醒周期"时,生理性曲线正处在最低潮段。此时,人体的血液循环变慢,肺的通气量减少,血氧饱和量降低,免疫系统处在一种休眠状态,神经系统也处在一种半麻木消极反射的状态中。此时,人的体力和对外界事物的反应灵敏度和应变能力都不佳,在这种状态下驾车比较容易出事。事故统计证明了这一点,因开车睡觉造成的交通事故多发生在 4:00 和 16:00,这段时间是行车的禁忌期。若非要在这段时间内驾车,则应格外注意。要防止"睡醒周期"生理曲线降低,必须注意消除疲劳,避免长时间驾车进入"睡醒周期"。在此时间段内,驾驶人若感到体力不支,禁止驾车,应停车休息,待周期过后再驾车。如果要经常在"睡醒周期"驾车,可采用改变睡眠时间的方法来调节周期。

18. 速度迟钝感对行车的禁忌

人在运动中的交通工具上会对速度有种迟钝感。例如,乘坐飞机时,会感到地面上的汽车、火车的运行速度特别慢,好像静止似的;乘坐火车时,又会感到车的外远方的行人、自行车的速度特别慢。在高速公路上就会有体验,自己坐在高速行驶的汽车上并不感到汽车行驶速度多么快,当站在高速公路边看来往的车辆时,就会感到来往车辆速度特别快。这是因为自身的绝对速度很快,从而造成对速度的迟钝感。产生了速度迟钝感后,常常不是低估自己本身的速度,就是低估比自己速度慢的其他物体的速度。驾驶人在高速行车时,常会低估自己的车速和其他交通参与者的速度,在此情况下遇到异常情况时,就难免做出错误判断,从而导致事故。因此,驾驶人行车时,应经常查看自己的车速表,检查是否超速,禁止仅靠直觉判断;对其他车辆和行人速度的判断要留有余地,禁止低估自己的行车速度。

19. 思想麻痹对行车的禁忌

思想麻痹是造成车辆事故的主要原因之一,很多驾驶人因思想麻痹、一时疏忽而遗恨终生。思想麻痹的主要表现为:驾驶人放松警惕,注意力不集中,视线弥散,全身懒散放松。思想麻痹一般在以下几种场合和时机产生。

(1)道路和通视条件较好,路上没有复杂的交通情况。

(2)一天的行车任务接近完成,仅有最后一点简单的收尾工作。

(3)长途行车已安全驶近停车场或目的地。

(4)在熟悉的场所掉头、试车、倒车。

(5)由一般道路进入高级道路。

(6)由城市道路驾驶转入郊外等级道路驾驶。

(7)夜间行车,车稀人少,路面宽敞。

(8)在宽阔无情况的道路上会车、超车、让车。

(9)车厢内乘员都是熟悉的人员,谈话过多。

（10）通过有栅栏的铁路道口或经过很少有火车经过的未设栅栏的铁路道口。

（11）车辆技术状况良好，尤其是高级汽车，操纵得心应手。

行车中，遇到上述场合和时机时，驾驶人应禁止因麻痹思想的露头而放松警惕，应始终如一地集中精力，要把无情况当成有情况，把简单情况当成复杂情况来对待和处理。

20. "路怒"情绪对行车的禁忌

行车中禁止驾驶人有怄气情绪，现在把驾驶人的怄气情绪形象地称为"路怒"。"路怒"情绪会直接影响驾驶人理智地处理各种交通情况，极易开情绪车、斗气车，动辄发生争执，甚至出现斗殴毁车伤人的事件。"路怒"情绪虽与驾驶人的性格特征有关，但究其根源，还是思想修养方面的问题。所以，要防止"路怒"情绪，不能只从性格脾气上找原因，必须从思想上、素养上找根源。驾驶人在以下场合和情况下，易产生"路怒"情绪。

（1）会车时，对方没有让出中心线，或者夜间会车时，对方没有按规定熄灭前照灯，影响到自己行驶路线和视线。

（2）超车时，对方让车不及时，长时间堵着自己的车。

（3）对方强行超车，危及本车的安全，还不礼貌地连续鸣喇叭。

（4）在只能通过一辆车的窄路、桥上相遇时，认为自己开的车高人一等，不采取倒车避让的措施，埋怨对方不文明、不礼貌。有时两车能在道路、桥上对峙很长时间，直到造成严重交通阻塞，有关人员出面调解为止。

（5）有些行人、自行车让路不及时，或与汽车抢路。

（6）车辆技术状况欠佳，行车中毛病不断，驾驶人会对着车子生气，火气上来，乱踏加速踏板，乱拆零件，导致车况越整越糟。

驾驶人遇到易使自己生气发火的情况时，要站在对方的角度想想，不要一味强调自己所受的委屈或伤害，要想到赌气会造成不良后果，要想到谦让对处理问题、保证安全的意义，以此消除火气，做到心平气和地处理问题。

21. 对"路怒族"的防范和控制

"路怒族"是现代人对情绪失控的驾驶人的泛称。"路怒族"

有六大症状：一是开车骂人成常态；二是驾车情绪易失控，一旦堵车或碰擦就有动手的冲动；三是喜欢跟人"别车"，故意拦挡别人进入自己所在的车道；四是开车时和不开车时的脾气、情绪大不一样，像两个人似的；五是前面车辆稍慢就不停鸣喇叭或晃前照灯；六是危险驾驶，包括突然变道、制动、加速、跟车过近等。

"路怒族"的表现主要是情绪失控，情绪一旦失控，会把道路上种种因素引起的"路怒"变成"马路暴力"，极大地威胁到本人和其他车辆的安全。

行车中如遇到"路怒族"有交通违法行为，可通过行车记录仪或手机拍摄的视频，也可通过手机连续拍摄的照片以及其他证据向交通管理部门举报。

要防止自己成"路怒族"，就要防止自己情绪"中暑"。驾驶人要自我调控好情绪，经常给自己的情绪浇点"水"，让它凉点、淡点，勿要火、勿要燥；在行车中多听一些舒缓的音乐；保持车内适宜的温度；遇到堵车或不愉快的事时，转移一下自己的注意力，将视线转移到美丽的路景上，以此调整自己的情绪。

22. 急躁情绪对行车的禁忌

驾驶人在下列情况下，容易产生急躁情绪。

（1）送人赶车、赶船、赶乘班机。

（2）要通过交叉路口，偏偏绿灯刚熄灭，并连着碰到了几个红灯。

（3）有约会或其他事须准时赶到目的地。

（4）暴风雪来临，车已驶近停车场或目的地。

（5）回程绕道，饥饿疲劳，想早点赶回单位或家中就餐、休息。

（6）路途较长，担心不能按时回家。

（7）想赶在对方车辆前面通过涵洞、隧道、桥梁、狭窄路口。

（8）出车误了开车时间，想赶回误了的时间。

（9）堵车等待时间较长。

（10）被跟随车行驶较慢。

遇到这些情况时，驾驶人禁止产生急躁情绪，要平和地自我告诫，弄清时间与安全的关系；要正确认识只有在保证安全的前提下,才能争得时间。如果不能保证安全,盲目抢时间,一旦发生事故就会耽搁更长的时间。俗话说,不怕慢、就怕站。驾驶人要科学地驾驶车辆,将车有节奏、安全不停顿地驶向目的地,便可以赢得时间。

23. 防止视角错觉危及行车安全的方法

在一些撞车事故中,尤其是在铁路与公路、公路与公路垂直相交的路口发生的撞车事故中,其原因不一定是驾驶人精神不集中或车速太快,有时是由视角错觉引起的。什么是视觉错觉呢?人们都会有这么个感受:在远处看飞机或火车会觉得它飞得或开得很慢,只有当飞机临近头顶或火车到达跟前时才会感到它一掠而过,速度特别快。其实无论是飞机还是火车,其速度基本上是不变的。我们之所以有远慢近快的感觉,是由于观察运动物体时视角不同引起的错觉。

运动的物体在远处时,其运动方向与观察者的视线所形成的夹角一般很小,在一定时间内位置虽移动较大,但这种夹角的变化很小,投影在视网膜上的像在一定时间内位置移动很小,对视神经的刺激强度较弱,容易使人做出运动物体运动速度较慢的错误判断。运动的物体在近前时,尽管其运动方向和运动速度没有变,但与观察者视线的夹角变大了,这种变化随着时间的变化而加速变化,当其运动方向与视线垂直时,其视角的变化率最大,从而使人觉得此时的物体运动得特别快。

正因为上述原因,当驾驶人驾车快要接近铁路道口并准备通过时,如果远处正有一列火车驶来,驾驶人也已经看到了,但由于火车尚远,观察的视角很小,再加上汽车也在向前行驶,对视角的变化又有一定的抵消作用,致使汽车驾驶人认为火车速度较慢,汽车来得及闯过去,于是做出了错误的判断,要赶在火车前面开过去。实际上火车的速度并不慢,汽车根本冲不过去,由此导致事故。由此可知,要防止视角错觉危及行车安全,必须了解视角错觉形成的原因和规律,当车辆行驶到易产生视角错觉的地方时应予以高度重视。例如,驾驶人在驾车通过交叉路口时,一定要考虑视角错觉因素,要充分估计远处活动物体的速度,这种速度必须加倍计算,要与物体缩影倍数成正比,这样才可避免视角错觉带来的误差。

24. 防止眼疲劳的方法

行车中驾驶人要用眼观察交通情况，观察后视镜和车内仪表，视觉疲劳在所难免，再加上眼睛长时间睁着，很容易干涩。道路上的尘灰也易进入眼中，时间一长，驾驶人就会出现视线模糊、视觉偏差、双眼肿痛等眼疲劳现象，会影响行车安全。为防止眼疲劳，可采用以下方法：

（1）注意用眼卫生，不要用脏、污、变硬的布料擦拭眼睛。

（2）正对阳光刺眼时，及时放下遮阳板，并可戴上专用太阳镜保护眼睛。

（3）适当调整视觉焦点，切忌只紧盯前方路面。

（4）连续开车2h应休息一下，休息间隙做一些眼保健操。

（5）感觉视线模糊时应及时停车，闭眼休息一会，用热毛巾敷眼。

（6）换装防眩光的后视镜。

25. 防止节假日出事故的方法

据有关方面统计，节假日前夕和节假日期间是事故发生率的上升期，而其中小汽车的事故率明显高于其他机动车。为什么此期间的事故率高呢？大体有以下几方面的原因：

（1）节假日，大多数私家车主会借此机会进行自驾游，致使道路上车辆流通量大幅上升，使交通环境变得恶劣，道路交通交织点多，不安全因素增多。

（2）节假日，驾驶人在思想上有放松的趋势。节假日一般在月头或周末，驾驶人经过一个星期或一个月的紧张劳动，生理和心理都到了疲劳期，因而反应较迟钝，精力难以集中。

（3）受社会环境影响，心绪不稳定。特别是春节前期，社会上各单位基本处在半停滞状态，人人忙着准备过节，驾驶人不可避免地要受到这种社会气氛的影响，常出现人在车上、思想在家里的分神现象。

（4）饮食影响。节假日，尤其是传统的节假日，家中及食堂的饭菜都较丰富，有时与亲友聚会，可能会喝上两杯，造成饮食过量及酒后开车的现象。

（5）休息不够。回家后，往往亲朋好友节日相聚，你言我语，热闹非凡,有时玩牌打麻将或跳舞聚会至深夜,甚至通宵达旦,精力损耗过大。

(6)管理监督力量少。在一些大的节假日,一些管理监督部门也相应地休息,值班人员少,驾驶人在路上会有一种被"解放"了的感觉而出现违章行为。特别是轿车,此时往往会高速赶路。

(7)交通环境复杂。到了节假日,道路上行人多,行人精力不像平日那样集中在走路上,给交通环境带来较大影响。

驾驶人要防止节假日出事故,就要了解上述原因。驾驶人应以平常心对待节假日,如果已很疲惫,不要出车或利用出车间隙抓紧休息。

26. 防止高速行驶影响判断准确性的方法

人们对事物判断的准确性除了与经验、知识以及事物的复杂程度有关外,还取决于另外三个方面:一是思维判断的时间长短,思维判断的时间越长,准确性相应就越高,时间越短,准确性就越低;二是事物对人的刺激强度,刺激强度越大,对事物判断的准确性越高;三是单位时间内对人刺激的信息量的多少,信息量越多,对事物判断的准确性越高。车速很快时,留给驾驶人思维判断的时间很短,会使判断失误率增高。车速快时,刺激物一晃而过,对驾驶人的刺激强度很小,而单位时间内对驾驶人刺激的信息量又很多,因而严重地影响驾驶人对车外失误判断的准确性。

驾驶人要防止高速行驶对判断准确性产生不良的影响,最好的方法便是降低速度。要准确判断,车速必须降至驾驶人来得及处理各种信息的程度。另外,驾驶人应进行快速反应方面的训练和锻炼,以提高快速处理信息的能力。

27. 防止交通视觉干扰的方法

交通视觉干扰是指交通所需要的情况以外的视觉要素对视觉的影响。例如,道路两旁涂着各种色彩的招牌、商标、广告,夜间各种霓虹灯、手电闪光、彩花等,对驾驶人辨认路旁的交通标志等交通情况是有妨碍的,因而不利于交通安全。人们将这些干扰驾驶人的色彩和物体称为交通视觉干扰。交通视觉干扰会延长驾驶人的反应时间,使其产生错觉,影响正常行驶。因此,一般规定在道路上设置交通标志时尽量远离商标、广告。驾驶人要提高防止交通视觉的干扰能力,平时就应多积累各种色彩和物体的作用及其意义的知识,并在行车实践中多加体会,仔细分辨各种色彩和物体,扩展知识面,以便在日后见到各种干扰因素时能迅速判明其性质,防止干扰。

28. 选择交通信息的禁忌

驾驶人驾驶车辆时有各种交通信息通过感官系统传到大脑,这些交通信息对驾驶人正确操作具有十分重要的意义。但是,并不是所有的交通信息都是有用的,驾驶人就要善于从众多的交通信息中选择出有用的,剔除无用的或作用不大的(见图6-2),禁止将各种无用的交通信息堆积到大脑。例如,对方来车的颜色,这种信息对行车影响不大,应不予以重视,而来车的速度、行驶是否反常、转向灯是否闪亮等,这些信息对行车有影响,驾驶人应予以重视。这样就可捕捉到有用的交通信息,不被无用的交通信息迷惑和分散注意力。

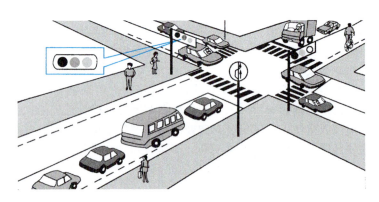

图 6-2 选择有用的交通信息

29. 处理已现危险信息的措施

所谓已现危险信息,就是在行车路上出现的一些具有威胁行车安全的现象。例如,有的车辆违章行驶,有的车辆行迹不正常,有的车辆存在故障,有的行人心神不定,有的人在路上嬉笑打闹等。如果不对这些现象高度重视、及时分析和采取措施,就可能导致事故。未及时处理已现危险信息,正是驾驶人所禁忌的。处理已现危险信息的措施如下：

（1）要细心观察。从已现危险信息的表现形态，分析对方的心理行为、行迹，找出问题的原因，想出对策。

（2）如果情况允许，有恰当的空间，则应在确保安全的前提下迅速通过，尽快消除已现危险信息。

（3）如果情况不明又无通过空间，可减速，在适当的地方停车观察，考虑处理已现危险信息的方法。

30. 培养良好速度感的方法

这里所说的速度感就是对所驾车辆速度的感知，也包括对其他车辆、行人及其他运动物体移动速度的判断。当驾驶人发现情况（即前进路上的障碍）时，首先判断的是距离，接着就要判断的是以本车速度约用多长时间与前方目标相遇。这种判断就要依赖对车辆速度的感知。有良好的速度感时，就能很准确地预测与障碍相遇或两车相会的地点。如果驾驶人感到用现有车速行驶会在不适宜的地方与障碍或来车相会，就应做出加快车速或减慢车速的决定，使车辆平顺地通过障碍或会车等。缺乏速度感的驾驶人常常不能提前修正车速，也预测不到安全适宜的车速，从而形成车与障碍或来车相挤交会的情况，致使险象丛生、忙于招架，对安全驾驶是不利的。

要培养良好的速度感，可在平时多做速度方面的运动，对运动的物体进行目测计算，同时检验自己目测的结果，然后不断进行修正，更可以利用驾车处理交通情况的经验来培养良好的速度感。

31. 正确掌握动作记忆的方法

按照记忆的内容，心理学把记忆分为四种：动作记忆（也叫运动记忆）、情绪记忆、形象记忆和逻辑记忆。这四种记忆对驾驶人来说都是必要的，但特别要掌握动作记忆。

动作记忆，即对躯体和四肢运动或动作的记忆。因为动作记忆通过整个身体所有运动器官来记忆，所以记得很牢，像游泳、骑自行车等动作，一旦记住便终生难忘。汽车驾驶技能基本属于这种记忆。因此，驾驶人学习任何一项驾驶动作和技能，一开始就应力求准确，在准确的基础上求熟练。这是一个非常值得注重的问题，否则养成不准确的动作和习惯，一旦形成了牢固的记忆就会很难改正。动作记忆对初学驾驶的人和刚学习某一动作的驾驶人来说十分重要，只有十分严谨、一丝不苟地练习，才能掌握正确的动作记忆。

32. 提高过目记忆能力的方法

驾驶人在驾车观察交通情况时，视线并不是也不可能只注意某一点，而是通过视线的扫描，将情况记忆在大脑中，这种功能称为过目记忆。过目记忆能力的强弱对记住道路、各种标志以及安全行车有着十分重要的影响。要提高过目记忆的能力，驾驶人可通过下列方式进行练习：

（1）起步前，迅速观察周围情况；起步过程中，回忆观察到的情况。

（2）车辆返回后，详尽地回忆行驶过的路线、道路和环境的情况，例如路面情况、交叉路口数目及类型、红绿灯、道路标志、会车和超车情况等。

（3）先目测静止物体的距离、轮廓、大小，然后逐渐目测运动目标的方位、速度、轮廓、尺寸等。

（4）对视线内的物体观察一下后，立即闭目默想视线内物体的形状、方位和活动情况，然后再睁眼观察所记物体是否准确。

33. 行车时集中注意力的技巧

指向性和集中性是注意的两个特征。汽车驾驶人在城市中行车时，不应把外界喧闹的声音、繁华的景象作为心理活动的对象，而应注意正在操纵的车辆，从中挑选出应该注意的现象和声音，并且将其作为自己心理活动的指向对象，这就是驾驶人在城市中行车时注意的指向性。不仅如此，驾驶人还应表现出能抵制与行车无关的甚至有害的注意、记忆和思想，即对其他一切事物"视而不见""听而不闻"，这就是汽车驾驶人在城市中行车时的注意性。反之，驾驶人的心理活动没有指向并集中于当前应该注意的对象，却指向并集中于不该注意的对象，这种现象即俗话说的"走神"。汽车驾驶人行车时禁止"走神"。行车过程中驾驶人"走神"极易发生事故。如果在行驶过程中万一"走神"，则应立即意识到其危险性，有意识地克制自己，调整好心理活动，做到"一闪而过"，迅速恢复正常心态，确保安全。

34. 兴奋型驾驶人安全行车的方法

具有兴奋型特性的驾驶人平常的表现是心直口快、办事干脆、坦率正直、勇猛果断、乐于助人。但这种人情感发生很快且强烈，往往控制不住自己，稍有刺激或者冲动，便会出现一触即发、互不相让的局面。

兴奋型的人驾驶车辆一般有以下特点：操作动作有力干脆，处理情况果断，开车速度较快，能超额完成任务；严格要求自己的愿望很强烈，但这种愿望常被自己的一时冲动所破坏；行车中易被对方不礼貌的行为（如长时间不让车，越线行驶等）激怒，一旦被激怒会做出危险的报复行动；处理情况时不够沉着仔细，喜欢冒险尝试。车辆的恶性事故中，由这种类型的驾驶人造成的比较多。

这种性格类型的驾驶人，平时要注意克服急躁轻率的弱点，培养遇事谨慎、认真的性格；驾驶车辆前，切忌食用带有刺激性的食品，以免使急躁加剧；在感到自己格外烦躁、坐立不安时，不可驾驶车辆，或服用适量的镇静剂后再驾车；行车遇到不顺心的事感到自己要生气发怒时，可进行积极的情感暗示，如自言自语地说"我性格暴躁，现在不要生气""我现在不发怒，我现在有耐心"等，以此平息心中的怒气；当感到怒不可言、心血上涌、处理情况不顺畅时，应及时停车，休息片刻或下车溜达一会，待心情平静后再继续行车或处理情况，必要时，可在驾驶室面板处写上醒目的诫言，例如"遇怒莫急""细致耐心"等，以提醒告诫自己。

35. 活泼型驾驶人安全行车的方法

具有活泼型特性的驾驶人平常会表现出反应敏捷、好学上进、快嘴利舌、兴趣广泛、爱接近人等外向性性格，并有较强的谦让精神，接受新生事物较快，善于社交辞令。这种人情感发生得快，消失得也快，有轻率、任性的特点，往往表现出意志薄弱、不深刻、不坚定的现象。

活泼型的人驾驶车辆一般有以下特点：操作动作敏捷，反应较快，处理情况准确，行车中能坚持礼让，并乐意帮助其他驾驶人解决困难，遇紧急情况采取的措施也较得力。但这种人车辆驾驶的平顺性和安全性随着情绪有较大的波动，车速时快时慢，有时车开得十分平顺，有时却马马虎虎、粗心大意，经常会耍一些小聪明蒙混其他驾驶人或有关人员，对一些重要的情况观察得不细致，导致行车中险情和小事故不断。

这种性格类型的驾驶人，平时应注意锻炼和培养自己坚定顽强的意志品质，努力克服那种轻浮好胜的特性；驾驶车辆前，要有片刻的沉静，将整个行车准备工作仔细地考虑检查一遍，提醒自己行车应注意什么，保持清醒的头脑进入驾驶室；行车中，要注意集中精力，禁止思想开小差，努力保持情绪稳定；当长时间开车感到烦躁时，应适当停车活动一下，待精力又能集中到驾驶上时再继续行车；当周围的环境有较大变化时，要常想想自己的弱点，自我告诫切不可"心血来潮""出风头"，以保持情绪的稳定，谨慎地驾驶车辆。

36．安静型驾驶人安全行车的方法

具有安静型特性的驾驶人较为内向。在人群中，这种人不易给人留下深刻印象，平时表现得憨厚随和、不慌不忙，办事认真、有条理，不易发脾气，执行制度严格，勇于批评和自我批评。但这种人有时较古板，不灵活，惰性较强，常会有精神不振、缺乏自主性的表现。这种人经受大的打击和失败后，往往流露出沮丧的神情。

安静型性格的人驾驶车辆一般有以下特点：操作动作稳定自如，行车中不急躁，车速不快，具有较强的节奏性，驾车时不易受外界的干扰，能较严格地遵守交通法规。但这种人驾车的工作节奏较慢，对情况处理不够果断，对危险情况的处置常因优柔寡断而坐失良机。这种人发生行车事故的主要原因就在于遇情况犹豫，自信心不足。

这种性格类型的驾驶人，平时要注意克服自己优柔寡断的弱点，积极参加各种活动，加强锻炼，以培养果断自信的性格；驾驶车辆时，切忌对判断缺乏信心而不断地修改操作方法；当遇到情况犹豫不决时，要立即迫使自己迅速地做出选择，如感到能保证安全时立即下决心加速通过，感到没有把握时则坚决停车或减速；遇到危险情况时，切不可产生犹豫情绪，要立即停车处理，防止在反复思考中贻误时机而发生事故。

37．抑制型驾驶人安全行车的方法

具有抑制型特性的驾驶人平常讲话较少，爱独立思考，忠实积

极，遵守纪律，专注性很强，意志也较坚定，但这种人孤僻寡言，不很合群，思想不够开朗，内心的思绪较复杂隐晦，有时很爱钻牛角尖，为一件事能独自盘算很长时间。

抑制型性格的人驾驶车辆一般有以下特点：操作动作较正规，能严格按操作规程和交通法规驾驶车辆；车速比较稳定，行车中有主动礼让的精神，完成任务较好。但这种人处理情况有时会出现顾此失彼的现象，对一些交通情况观察得不够全面，思路较狭窄，致使对意外情况的处理不知所措；行车中，情绪虽稳定，但一种意念产生后，却非要付诸实现，不易改变；一旦遇到超车、让车、会车不顺心而产生固执情绪时（如非要超车或非要会车），便会强行付诸行动。

这种性格类型的驾驶人，平时应加强学习、开阔视野、活跃思维，并经常参加各种体育和社会活动，注意克服本身固执的弱点；行车前，多想点愉快的事情，心情开朗地进入驾驶室；驾驶车辆时，要注意抬头远望，切忌固执情绪的增长，遇事要勇敢果断一点；对感到为难的问题，可以采用自问自答的方法来活跃思维；当一种意念在心中产生时，首先应想到自己固执的弱点，再仔细衡量意念是否得当；尤其在行车中，自己非要去干一件事时，更要注意控制情感，可紧握转向盘，甚至可高声呼喊几下，以转移和发泄自己的情绪，然后停车休息片刻，待情感平息后再驾车。

38. 平安度过事故高发危险期的方法

从统计学上可看出，刚学会开车的新驾驶人和老驾驶人一般肇事较少。从驾驶人个人统计上来看，事故高发期大多在领取驾照的 2~4 年间。这段时间便是驾驶人的事故高发危险期。这是"半桶水"心理造成的。新驾驶人刚学会开车，怕出事故，对交通管理规章总是认真遵守，处处小心谨慎，对单独驾车完成任务有一种新鲜、严肃的神圣感，因而工作热情高、责任心强，事故就少。老驾驶人的行车经验丰富，心绪稳定，能把握住自己，对车辆技术状况也较熟悉，并总是把安全放在首位，行车也是比较安全的。学会开车 2~4 年的驾驶人，随着驾驶技能和经验的积累，对安全行车的神秘感已消失，思想上逐渐麻痹，几年没有出事故自感技术熟练，在无交警监督时也敢违反交通法规，并常爱表现和吹嘘自己，这就是人们常说的"满桶不晃半桶晃"的半桶水心理。有了这种心理，事故率必然就会增高。过了这段时期，那种"血气方刚"的劲头相应衰减，此段亲身经历或亲眼所见的教训，慢慢会使其心理再度稳定，行为谨慎起来。进入这个时期，就进入了相对安全的稳定期。为此，新领证的驾驶人，在进入事故高发危险期时，要禁止产生各种自以为是、麻痹大意的思想，应一如既往地保持自身心理情绪的稳定，多看自己的不足，多注重学习和自我反省，以平安度过事故高发危险期。

39. 颜色对安全行车的禁忌

颜色能使人们产生兴奋、紧张、安定、轻松、烦躁、忧郁等心理效果，影响人们的情绪、工作效率以及生活和其他方面，同样也能影响驾驶人安全驾驶车辆。因此，驾驶室内不同的颜色，会给驾驶人带来不同的心理反应。驾驶室内不宜涂刷使人感觉沉闷、忧郁的暗灰色，也不宜涂刷使人感觉亢奋、烦躁的强刺激颜色，一般应涂使人感到轻松欢快的颜色，如乳白色、淡蓝色等，并可结合个人的爱好对驾驶室进行布置。驾驶室内的面板不宜涂刷得过于鲜艳，若面板过于鲜艳，会使路面与面板颜色形成较大反差，进而使驾驶人在观察路况时分散注意力，造成视觉疲劳。

我国道路路面大多是单调的灰色，灰色对人的神经系统有镇静作用，长时间注视灰色的路面会使驾驶人注意力变得迟钝，甚至昏昏欲睡。所以长途行车或在单一颜色路面上行驶时，驾驶人应经常将视线转移到别处，如看看蓝天、瞧瞧路旁色彩绚丽的物体，使视觉神经不断得到不同颜色的调剂，减轻外界对中枢神经的抵制作用。在复杂的交通条件下行车，尤其在城市里驾驶时，驾驶人不要只把注意力集中于那些涂着鲜艳色彩或穿戴颜色醒目的物体或行人上，而忽视颜色平淡的物体或行人。

颜色具有可过滤性，除非不得已，驾驶人不要戴变色镜或有色眼镜驾驶车辆，以免颜色与镜片相同的障碍或行人被有色眼镜"滤"掉，造成事故或险情。

40. 车前窗装饰物选用的禁忌

不少驾驶人爱在自己的车内窗前放置小装饰品，如一串塑料葡萄藤叶、一簇绢花、一个玩具动物等。这些装饰物一般颜色明亮、形象生动、位置突出、引人注目。驾驶人在行车过程中，眼睛盯着前方，绝大多数时间会注意观察前方道路上的情况，但也不可避免地会瞟上几眼窗前的小装饰物，这样就下意识地分散了注意力。更主要的是，装饰物大多数颜色艳丽、引人注目，而人的视线有容易被鲜明颜色的东西吸引的特性，在路面颜色暗淡的情况下，装饰物会与此形成强烈的色差，使驾驶人视线看不清处于暗背景路面上的情况而发生事故。此外，有些小装饰物放在窗前或吊在前窗，会阻碍驾驶人视线，往往险情被装饰物挡住未被及时发现而发生事故。所以，驾驶人最好不要在前窗悬挂装饰物，并尽量清除车前窗的一切杂物，以保证开阔的视野，如图 6-3 所示。如果非要美化车内环境，那么车前窗的装饰物应以低矮、色彩淡暗的物品为宜。从安全角度考虑，车前窗不得加装硬性物品，以防车辆在紧急制动时，乘员因惯性碰撞硬物而受到伤害。

图 6-3　车前窗处禁止放或吊装装饰物，以保证视野开阔

41. 车内播放音乐的禁忌

汽车上一般都装有音响设备，可播放自己喜爱的音乐，这些音乐的确能给驾驶人和乘员在工作和旅行途中带来乐趣。但如果驾驶人听音乐过于倾心，则与集中精力驾驶车辆的规定相违背。所以，驾驶人在行车中不要播放会使自己陶醉的音乐。若一定要放给其他乘员听，则应有选择地播放，以免驾驶人被音乐吸引而进入音乐的境界。此外，不要播放音调过于激烈或过于缠绵的音乐，以免车内

噪声繁杂使人心烦意乱或缠绵幽怨，令人过于亢奋或伤感低沉。这些情感都不利于驾驶人安全行车，因而应尽量避免。

三、驾驶人生理调节

42. 保护听觉的技巧

在汽车运行过程中，驾驶人应耳听八方，对外界车辆的声音、交通指挥人员发出的声响信号以及其他声响，能迅速听清、准确处置，否则容易发生事故。因此，驾驶人要努力提高和保护自己的听觉。

听觉是由发音体振动所产生的声波作用于音分析器而产生的。人的听觉不是固定不变的。儿童听觉是在外界影响下，随着年龄增长而不断发展完善的。到了老年，随着年龄增大，听觉逐渐下降。人们还常常由于职业的需要或生理缺陷而强化听觉。例如，盲人为补偿视觉的缺陷，促使其听觉和触觉感受性高度发展，他们常常可凭手指触摸来认字，凭走路的声音来认人。同样，驾驶人为适应工作的需要，必须强化和提高自己的听觉能力。一般情况下，驾驶人的听觉适应性比视觉快，对外界的声响几乎立刻就能听到。驾驶人在行车中，应注意保护听觉，禁止在噪声很大的驾驶室内长时间工作，要设法降低工作环境的噪声。驾驶人的听觉在一定条件下，也会出现下降，比如长期连续行车，体力消耗过大，外界噪声刺激过重，车子各部件松动发出刺耳的声音等，都会使听觉器官出现疲劳，导致驾驶人的听觉下降，觉察不出有可能造成危险的声响。所以驾驶人一旦感觉疲劳，就要适时休息，以保护自己的听觉器官。同时，要经常检查身体，使两耳听力均保持在音叉测距50cm，并能辨别方向，低于这个数值时就不要继续开车了，应积极治疗，使其恢复。

43. 预防"振动病"的方法

汽车和其他机动车及动力机械在起动或运行中，都会有不同程度的振动，医学上将这类振动引起的疾病，称为"振动病"。科学研究和长期实践证明，驾驶机动车辆的驾驶人，由于振动的影响，会导致神经系统功能下降。例如，振动会使驾驶人条件反射受到抑制，神经末梢受损，振动觉、痛觉功能减退，对环境温度变化的适应能力降低；振动使手掌多汗，指甲松脆；振动过强时，驾驶人会感到手臂疲劳、麻木，握力下降，长此下去，会使肌肉痉挛、萎缩，引起骨、关节的改变，出现脱钙、局部骨质增生或变形性关节炎。强烈的振动和噪声长期刺激人体，会使自主神经紊乱，出现恶心、呕吐、失眠和眩晕等症状，女驾驶人还会出现月经失调、痛经、流产、子宫脱垂等病症。

为防治振动病，在驾驶车辆时，应戴手套，使手掌与转向盘的接触为间接性接触，以缓冲振动的作用和刺激；对驾驶座位应进行适当调整，在座位靠背上装配富有弹性的垫子，以分散振动冲击；要保养好汽车的减振器，使其始终处在良好的工况下，并正确选用轮胎花纹；驾驶车辆时应平顺柔和，减少粗暴动作，并正确选择路面行驶。另外，要加强食疗营养，提高身体免疫力，定期进行体检，发现病症及时治疗。

44. 途中停车休息的方法

一般情况下，驾驶人停车休息时往往爱静坐小憩，或在车旁漫步看书报等。这种休息方式在运动医学上称为消极性休息。这种休息方式消除疲劳慢，效果也差。另一种称为积极性休息方式是进行快速步行、慢跑、游戏、体操等轻松小运动量的活动。这些活动会使身体得到恢复，而且这种方式往往效果明显。用积极性休息方式休息过的人，不论在体力还是在精力上都比消极性休息的人强得多。为什么会产生这种现象呢？这是因为积极性休息方式使运动形式发生了改变，同时借助大脑运动中枢兴奋，来消除神经细胞的抑制现象。另外，这些活动可适当加强呼吸系统和血液循环系统，使肝脏加强分泌，加速氧气和营养进入中枢神经系统和肌肉，从而起到解除神经紧张，恢复工作能力的目的。为此，驾驶人停车休息时可采用积极性休息方式，在车周围快步走、慢跑等，以较快地消除疲劳。

45. 判别"高速行车综合征"的方法

驾驶人长时间开高速车，容易患"高速行车综合征"。据观察，车辆行驶的速度越快，驾驶人的精神越紧张，大脑皮质兴奋性增高，肾上腺皮质醇浓度增加，促使心跳加快。例如，当车辆速度超过80km/h时，心率会增至90~100次/min；车辆行驶速度达到

120km/h 以上时，心率将超过 100 次/min。如果长时间高速行车，就会使心肌疲劳而产生心血管系统的疾病。车辆在高速行驶时，会产生剧烈的颠簸和振动，这种振动长时间作用于人体，会使脑部血管强烈痉挛而收缩，产生头痛、恶心、耳鸣、呕吐、颤抖等疾病。此外，车辆高速行驶在平滑路上时产生的振动频率若与人体脊椎骨发生共振，便会损害脊椎骨，引起腰痛病。长时间开高速车的驾驶人，如果经常出现上述症状，就可能患了"高速行车综合征"。

46. 防止车厢密封伤人的方法与禁忌

人的基础体温维持在 36.2~37.2℃，皮肤温度一般要低于体温 0.5℃，而当环境温度超过 30℃时，身体就会开始产生热觉，人体的汗腺开始起动，通过出汗来散发体内的热量。如果体温超过 41℃，人就会出现意识模糊、昏迷等症状。轿车密封性较好，在烈日下，密封的轿车车厢内温度会很快上升到 50℃以上。人处在如此的高温下会很快失水、休克，危及生命。为防止闷热的车厢伤人，应注意以下几点：

（1）不让年幼的孩子单独留在车内，即使短时间离开也不行。
（2）养成在锁车门和走开前查看车内（包括后座）的习惯。
（3）车内配备安全锤、扳手等，放置在醒目及方便拿取之处。
（4）平时教会孩子打开车门、报警、鸣喇叭等急救方法。
（5）车膜颜色不要太深也不要反光，万一孩子被困在车内，别人也好及时发现，帮助救助孩子。
（6）发现孩子被锁在车内无法及时打开车门时，要不断安抚孩子的情绪，需要砸碎车窗玻璃时，要注意不要直接敲打面对孩子座位的车窗的玻璃，以免玻璃碎片伤到孩子。

47. 防止汽车在烈日下成"焖烧罐"的方法

夏天，汽车在车门和车窗封闭状态下只要露天晒 20min，车内温度就能达到 50℃，使车厢成为一个危险的"焖烧罐"。若有人，尤其是儿童不慎被关闭在这"焖烧罐"内就会酿成悲剧。即便车内没有人，驾乘人员进到"焖烧罐"内也热燥难受，是无法驾乘的。

要防止汽车成为"焖烧罐"，应采取以下措施：
（1）尽量将车停在车库或有树荫的地方，避免受太阳的照晒。

（2）打开天窗，全景天窗可开启一半（保证外人无法从天窗进入车内），以便车内与车外空气流通。

（3）车内放置盛水的敞口容器或湿毛巾等物，利用水降温。

（4）在车风窗玻璃盖遮阳板，有条件的在车顶盖隔热板。

要快速将车内的温度降下来，便于驾乘人员乘坐，应将车的门全部打开，然后来回地关开左侧门，使车门成为一个大扇子，驱动车厢内的热气快速流通出去，让外界温度稍低的空气流通到车内。打开空调，使用外循环模式，迅速给车内降温。如果是互联网汽车，应提前 10min 左右通过手机远程控制，将汽车空调打开，并设置要达到的车内温度。

48. 防止在空调车内一氧化碳中毒的方法

现代汽车基本上带有空调设备。汽车空调若使用不当，则会使乘员发生一氧化碳中毒，危及生命。我国每年都会发生多起空调车一氧化碳中毒死亡事故。其实，产生一氧化碳的不是空调机，而是发动机。据测试，汽车运行时，发动机转速在 1500～3000r/min 时，所排出的废气中是不会有过量的一氧化碳的，但是，当发动机怠速空转时，因为燃油燃烧不充分，往往会产生含大量一氧化碳的废气。在运行过程中，加油过多，转速超过 3000r/min 时，油与空气之比超过了正常的 1∶12.5，油多空气少，也会出现一氧化碳浓度高的废气。空调车为了节约能源，门窗大多气密性良好，车内外的空气难以进行对流，只有在车子开动后，空气通过空调设备才产生对流。所以，如果车子停驶时仍开放空调，发动机排出的一氧化碳便可能逐渐聚集在车内，加之车内人员呼吸耗氧而排出二氧化碳，时间一长，车内氧气逐渐减少，乘员便会不知不觉中毒而失去知觉，严重时会丧失生命。为防止一氧化碳中毒，对于空调车，应注意检查排气系统是否有漏气处，若发现有向车厢内逸漏废气的地方，则应及时处理。空调车在停驶时，不要过久地开放空调；即使是在行驶中，也应该常打开一两扇车窗，让车内外空气产生对流。驾驶或乘坐空调车感到头晕发沉、四肢无力时，应及时开窗呼吸新鲜空气，并且在排除晕车和其他病因的前提下，应考虑到有可能是一氧化碳中毒。此时应停车，下车休息片刻，待身体恢复正常后再驾车。

49. 行车前饮食安排的要求与禁忌

人们的饮食，搭配得当可以给人以营养和健康，搭配不当会损坏健康。驾驶人工作有一定的特殊性，在饮食搭配与营养成分方面应有特殊要求。驾驶人的工作特点要求其有较敏感的神经系统，具有高度集中的注意力及充沛的精力。为此，驾驶人应多吃一些富含钙、磷类的食物，如海带、鱼、虾、牛奶、瘦肉、动物内脏、豆腐、骨头汤，以及山楂、核桃、干豆、南瓜子和叶绿素含量多的蔬菜等，为神经系统提供丰富的营养成分。若驾驶人工作较久，感到头昏脑涨，神经系统比较疲劳，可以服用一些有助健脑的食品，如莲子、大豆、蛋黄、芝麻、桂圆等。现代医学研究表明，驾驶人由于神经系统长期处于高度紧张状态，对糖的消耗量较大，如果膳食中糖分不足，驾驶人神经系统一旦缺糖，行车中容易出现注意力分散，反应能力降低的现象。因此，驾驶人应注意补充含糖分的甜食，如水果、果汁、甜点心等。驾驶人在长期行车中，由于受发动机噪声和振动的影响，容易导致神经、内分泌和消化系统发生功能紊乱，使人产生神经衰弱症候群症状和心血管疾病。现代医学研究表明，噪声和振动可使体内的蛋白质分解和维生素 B_1、B_2、B_3、C，以及色氨酸、赖氨酸等氨基酸消耗量增加，致使谷氨酸减少等，从而导致上述疾病和症候。为此，驾驶人应适当增加饮食中的蛋白质、维生素，以及赖氨酸、谷氨酸类食物，如鱼类、蛋类、乳类、豆类，以及新鲜的蔬菜、水果等，使营养得到平衡，减少噪声和振动对身体的危害。此外，驾驶人还应多吃些富含维生素 A 和胡萝卜素的食物，如动物肝脏、乳、蛋，以及胡萝卜、西红柿、杏等，以保护视觉神经，提高视觉能力。

行车前禁止饮用交通法规明确规定的禁用物品，如酒、国家管制的精神药品或麻醉药品，或会起麻醉作用、产生幻觉的食品。

50. 行车前性生活方面的禁忌

有关调查表明，在肇事驾驶人中，有相当比例的驾驶人在出车前有过度的性生活。从生理和心理角度上说，性生活适当可给男女双方带来身心健康，驾驶人若有美满的家庭生活，往往工作时精力充沛、思想轻松。但如果性生活过度，则会引起相反的效果。过度的性生活，会使男女双方在体力上消耗太大，精神过度兴奋后会转入较长时间的抑制状态,从而导致驾车时反应迟钝、动作无力,影响行车安全。长期搞长途运输的驾驶人更应注意,因为长期在外,性生活不正常,团聚少,久别重逢往往过度亲热,会给第二天安全行车带来影响。适当的性生活最好在上半夜和凌晨左右进行,以便性生活后能再睡一觉,使体力得到恢复,有利于驾车。

51. 女驾驶人驾驶中的禁忌

女驾驶人处在特有的生理期时,会有不同程度的精神、心理、体质上的变化,若掌握不好,一则危及行车安全,二则影响自身的身心健康。对女驾驶人影响较大的生理期是月经期、妊娠期和更年期。女驾驶人在"三期"中应注意下列几点:

(1)月经期。多数女同志在月经期没有严重的不适感觉,但也有不少女同志在月经期会有明显的生理反应,例如情绪不稳定、烦躁不安、无故发火生气、容易疲劳、嗜睡,身体上感到腹部坠胀、腰酸、轻度腹泻或便秘、乳房胀痛等,有痛经史的女同志反应严重,往往还伴有头痛头晕现象。因此,月经期反应轻的女驾驶人,只要在出车前散散步,活动一下身体,行车时注意克制感情,保持镇定的情绪即可;反应比较严重的女驾驶人,禁止开长途车,最好暂时停止驾驶车辆,或采取适当措施行车。女驾驶人在月经期行车时,应注意卫生,注意保暖,采取正确的驾驶姿势,适当增加休息次数,带足卫生纸、卫生巾,月经量较多的女驾驶人还应注意营养和饮食。

(2)妊娠期。妊娠初期的妇女,常常会出现头晕、疲乏、恶心、呕吐、嘴馋、小便增多等妊娠反应。轻者基本能适应正常的驾驶工作,重者应停止驾驶,直至妊娠反应减轻。不论妊娠反应轻重,都要注意多吃含蛋白质和维生素较高的食物,采取少吃多餐的方法,以保证营养。女驾驶人怀孕后,尤其怀孕月份已较高时,行车要注意平稳,少开长途车,少走凹凸路和搓板路段。有流产史的女驾驶人应尽早停止驾驶车辆。女驾驶人在怀孕六七个月后,体形发生显著变化,驾驶操纵不方便,行动迟缓,禁止继续再从事专职汽车驾驶工作。

(3)更年期。男女均有更年期,但更年期生理反应女子要比男子重一点。不少妇女在更年期时常出现面颊潮红、容易出汗、头痛失眠、心情烦躁、精神忧郁、易怒生病等症状。因此，女驾驶人在更年期，可适当服用雌性激素类药物，要积极做一些适合更年期妇女的体育锻炼项目。行车中，应运用多年行车经验，努力克服烦躁情绪，症状严重时应停止驾车。

这里需要指出的是，妇女的"三期"均是正常的生理反应，女性驾驶人不必为"三期"而忧愁。汽车驾驶并非是特别复杂和繁重的劳动，男性驾驶人能做的，女性驾驶人一般也能做到，在耐心、细致方面，女性驾驶人比男性驾驶人做得更好。所以，女性驾驶人应满怀信心地面对"三期"，做好安全行车。

52. 减少车内污染的方法

对汽车内环境污染情况的调查显示，现代汽车车内污染均很严重，尤其是新车和新装潢过的汽车，车内污染物质很多，对驾乘人员的身体健康造成了较大危害。

车内污染的来源主要有以下几个方面：一是由车内装饰材料释放出的甲醛、苯等有害气体；二是发动机燃烧产生的一氧化碳和二氧化碳，以及挥发出的汽油味；三是由于使用空调而进入车内的二氧化硫、氮氧化物等大气污染物。

要减少车内污染可采取以下措施：

（1）驾驶新车的前几个月内尽量少用空调，行车时经常开窗以加强车内通风换气。停车时，可将所有车门都打开，让车内气味尽快挥发。

（2）车内装饰品须严格选择，禁止选用有刺激气味的装饰品，防止用含有有害物质的地胶、座套垫装饰汽车。

（3）慎用香水和空气清洁剂。香水大多是化学合成品，本身就具有一定的污染，所以，车内尽量不用或少用，即使要用也要注意选择天然材料制作的香水或空气清洁剂。

（4）慎用车内空气净化器和其他净化剂，即使要用也应注意选择有效果和副作用小的，防止产生第二次污染。

（5）如果车主驾驶新车时发现有体征反应，比如感觉熏眼睛、呼吸受刺激甚至头晕，建议进行车内空气质量检测。

（6）体质较弱者、妇女、儿童和有过敏性体质的人，要尽量避免长时间驾驶和乘坐新车。

(7)新车原始包装必须拆除,特别是包装用的塑料膜,要尽快拆除丢弃。

(8)经常检查车身密封程度,防止车身密封不严,汽车尾气和燃油气味泄漏到车内。

53. 驾驶人行车前服药的禁忌

交通法规规定,服用国家管制的精神药品或者麻醉品,不得驾驶机动车。驾驶人行车前因故服药,应禁忌以下药品:

(1)抗过敏药:苯海拉明、异丙嗪(非那根)、氯苯那敏(扑尔敏)、去氯羟嗪(克敏嗪)、赛庚啶等。抗过敏药主要用于治疗各种过敏性疾病,如支气管哮喘、荨麻疹、血管神经性水肿等。因其具有减轻鼻塞、流涕等感冒症状,也被用于感冒的治疗。目前市售的抗感冒药,如日夜百服宁、恺诺、重感灵、新康泰克等,都含有氯苯那敏成分,服用后可能出现嗜睡、眩晕、头痛、乏力、颤抖、耳鸣和幻觉等症状,容易引发交通事故。

(2)镇定催眠药:安定、氯硝西泮(氯硝安定)、阿普唑仑(佳静安定)等。镇定催眠药服用后可引起嗜睡、乏力、头痛、头晕、运动失调等副作用,严重者可出现视力模糊、精神紊乱、兴奋不安、眼球震颤等症状。服用巴比妥类、水合氯醛等催眠药,可产生头晕、困倦等症,停药2~3日后,仍可能出现以上不适反应。

(3)解热镇痛药:阿司匹林、水杨酸钠、安乃近、非那西丁、氨基比林等。此类药如使用剂量过大,可出现眩晕、耳鸣、听力减退、大量出汗甚至虚脱等副作用。

(4)镇咳药:可待因、二氧丙嗪(克咳敏)、右美沙芬(美沙芬)等。服用镇咳药后,可出现嗜睡、头晕等不适反应,过量服用还可引起兴奋、烦躁不安。此类药物在高空作业、驾驶车辆、操作机器时禁用。

(5)胃肠解痉药:阿托品、东莨菪碱和山莨菪碱等。此类药服用后,常出现事物模糊和心悸等副作用,过量服用则出现焦躁、幻觉、瞳孔散大、谵妄和抽搐等中枢兴奋症状。

(6)止吐药:甲氧氯普胺(胃复安)、多潘立酮(吗丁啉)、昂丹司琼(枢复宁)等。此类药物可以引起倦息、嗜睡、头晕等不适,长期或大量服用可出现肌震颤、斜颈、共济失调、惊厥等不良反应。

(7) 抗高血压药：利舍平（利血平）、可乐定、特拉唑嗪、硝苯地平、吲达帕胺等。此类药物部分患者服用后可出现心悸、体位性低血压、头痛、眩晕、嗜睡、视力模糊等不适。

(8) 平喘药：麻黄碱、异丙肾上腺素、沙丁胺醇、特布他林（喘康速）等。此类药物长期或过量服用可引起震颤、焦虑、心痛、心悸、心动过速、软弱无力等严重的副作用，影响驾驶安全。

(9) 抗心绞痛药：硝酸甘油、普萘洛尔（心得安）、异山梨酯（消心痛）和硝苯地平（心痛定）等。此类药物服用后，会有搏动性头痛，在高速行驶或颠簸不平的道路上行驶时驾驶人容易出现眼压、颅压升高等副作用，导致视力不清、头痛、头晕、乏力等症状。

(10) 抗微生物药：链霉素、庆大霉素、卡那霉素和新霉素等氨基糖甙类抗生素及酮康唑等抗霉菌药物。长期或过量服用此类药物的驾驶人，可出现头痛、耳鸣、耳聋、视物不清、颤抖和体位性低血压等不良反应。

(11) 降糖药：胰岛素、格列本脲（优降糖）、格列吡嗪（美吡达）、格列齐特（达美康）等。此类药物如使用剂量不当，可导致低血糖反应，出现心悸、头晕、多汗、虚脱等症状。

(12) 抗心律失常药：美西律（慢心律）、普萘洛尔（心得安）等。长期、较大剂量服用抗心律失常药物，可出现头痛、眼花、耳鸣和低血压等不良反应；剂量过大时可产生心动过缓、传导阻滞甚至低血压昏厥。

以上药物的副作用均可影响驾车的安全性，进而导致交通事故的发生。因此，专家建议，在一般情况下，驾车时应尽量不服用以上药物。此外，考虑到多种药物联合应用可能加重药物的副作用，因此驾驶人如果由于病情需要用药，一定要接受医生的指导。对因疾病必须服用的药物，应认真、详细地了解其作用、服用方法、可能产生的不良反应和注意事项，禁止随便用药。如果服药后出现身体不适等异常情况，则应去医院请教医生，不要勉强开车以免发生行车事故。

54. 驾驶人防止雪盲的方法

雪地行车过久，眼睛会发红、灼痛、流泪，像进了沙子一样，即雪盲症。雪盲患者畏光，看灯光时眼前会出现晕环，同时视力下降，有时会感到头痛。一般情况下。眼睛在雪地中暴露 4~6h 之后才会出现雪盲症状。治疗雪盲症一般从两个方面入手：一是避光，待在黑暗处或用绷带蒙上眼睛；二是消痛，把冷湿布遮在眼睛上（注意不能让冷湿布结冰）或给患者服一些阿司匹林，均可使眼痛缓解，不必点眼药水和眼药膏，绝大多数人无须进一步治疗就能在 18h 之内自愈。不过一旦得过雪盲症，就会经常出现眼痛症状，故应注意预防。预防措施是在雪地驾驶前应保持体质良好、精力充沛，注意饮食平衡，多食蔬菜、水果；行驶时要戴上有色眼镜，并在行驶一段时间后停车闭眼休息一会，然后再继续驾驶。

55. 防止汽车空调病的方法

空调病是现代文明病。周围温度（大气温度）是经常变化的，但在空调车内总是保持着恒温。乘车人员从很热（或很冷）的车外，突然进入冷车厢（或热车厢）内，隔一段时间，乘车人员又从恒温的车厢到温度变化较大的车外，人的体温调节机能就会不适应，加之乘车时的颠簸已打乱了人的调节功能，很可能得空调病。空调病的症状类似感冒，无力、头晕、不思饮食、低热等，但用治感冒的方法治疗无效。为了预防空调病，使用空调时应注意：

（1）最好把车内温度与车外温度的温差控制在 6℃ 左右。

（2）不要让冷（热）风直接吹到身体上。

（3）经常换气，隔一段时间打开车窗换气，保持车内空气新鲜。

（4）如果长时间长距离行车，车内外温度相差很大，则可将空调温度设定在乘员较舒适的温度，当接近终点或要停车下车时，应提前十几分钟，将车内空调温度逐步调到接近外界温度的状况，使乘员有个逐步适应的过程，防止出现身体不适的感觉。

56. "三高"人员驾驶车辆的注意事项与禁忌

若驾驶人患有高血压、高血脂、高血糖，驾车时应注意以下事项：

（1）经常检测身体生化指标，达到较高危险值时，禁止再驾驶车辆。

（2）驾车时注意车内空气流通，保持车内氧气的充足，禁止车内一氧化碳和二氧化碳超标，禁止汽车尾气泄漏进入驾驶室内。

（3）按时服药，随车携带降压片、硝酸甘油、速效救心丸、胰岛素等必备药品。血糖高的驾驶人应随车备有必要的食品和饮料。

（4）行车中感觉头晕、眼胀、耳鸣等情况时，应及时靠边停车，静止休息和服药，待身体状况恢复后再驾车，禁止在有病症的状况下坚持驾车。

（5）行车中要保持心态平静，坚持中速行驶，禁止疲劳驾驶，禁止开赌气车，禁止开怄气车，应控制好自己的情绪。

57. 行车中防止冻伤的技巧与禁忌

现代汽车内均有空调，一般不会发生冻伤事故，但汽车在严寒地区行驶，特别是在野外抛锚时，防护不当也会发生冻伤。驾驶人易发生冻伤的部位有鼻子、面颊、耳朵、脚趾和手指等。冻伤病人一般感觉不到冻伤部位疼痛，只感觉到极冷和麻木。如果是手足冻伤，患者不脱下手套、鞋袜，有时还发现不了。冻伤部位一般呈灰白色。预防冻伤的措施有以下几点：

（1）严寒条件下禁止空腹出车，必须吃饱喝足，保证身体有充足的能量，以免遇到情况时，体内无后备热能抵抗严寒。

（2）身上衣服要穿足，并携带大衣、棉帽、手套等御寒衣物，以便野外抛锚时排除故障或等待救援时使用。

（3）出驾驶室时应戴帽子护耳，尽量戴手套作业，防止冻伤手指。

（4）驾驶人穿戴既要保暖又要轻便，禁止穿着过于臃肿而影响正常操作。

（5）在野外抛锚时，尽量紧闭车门，关闭百叶窗，保存车厢内的暖气，防止车外寒气进入车内。

58. 控制伤口出血的方法

车辆事故造成行人和驾驶人负伤出血时，必须将伤口上的衣物或其他覆盖物十分小心地剪掉、撕开或除去，但不要使伤员发生新的损伤。对伤员不要随意搬动，也不要使其受凉，否则会造成体温下降。要及时控制出血，以防流血过多，难以抢救，如图6-4所示。控制出血的方法有下面几种：

（1）加压敷料：用消毒敷料压迫出血的伤口，可以促进血凝块的形成；压迫破损的血管，保护创面，防止病菌侵入伤口。

（2）抬高受伤的肢体：将受伤的肢体抬到高于心脏的位置，可明显地减少出血，特别是静脉

图 6-4　对伤者及时止血

出血，还有助于降低血液对伤口部位的压力。在采用加压敷料前后以及操作过程中，都可以采取抬高伤肢的方法减少出血。何时采用此方法为宜，主要取决于创伤的种类和严重程度。可以告诉伤员，在等待包扎敷料时，可抬高伤势不太严重的肢体，在包扎敷料后，也要保持一定高度。对严重出血，特别是动脉出血，则必须持续地采取抬高伤肢的方法，并包扎敷料及加压。如果伤肢有骨折，必须等伤肢固定好夹板后再抬高伤肢。

（3）指压法止血：选择供应伤口血液的主要动脉所处的部位（这些部位最接近皮肤表面，又在骨干上）作为止血的压迫点，可用手指或双手按压这些压迫点，把动脉压向骨面，阻止血液向伤口方向流动。通常此方法很难长时间持续进行，所以，它只能是应用在加压敷料之前的一种临时措施。下面介绍身体各个部位的止血压迫点。

1）颞部或头皮出血：把颞部主要动脉（位于耳前和突出的颧骨上方）压到颅骨上面，就可以止血。

2）下颜面出血：眼睛下方的颜面出血时，可用手指把动脉压到下颌骨底面的凹口处便可以止血。凹口处很容易摸到，用手指从下颌角向前推移就能碰到底面凹口处。

3）颈部出血：用手指压迫伤口下方颈部侧面突出的肌肉，向内向后压，把颈动脉压向脊柱。不过，在采用这种方法时，必须注意不要妨碍伤员呼吸。

4）肩部或上臂部位出血：在锁骨后，用手指把动脉压向锁骨或第一肋骨下面。

5）上臂中下部和肘部出血：在上臂内侧，用手指使劲将动脉压倒上臂骨上，压迫点位于肩部的中心点处。

6）前臂和手部出血：以肘部为压迫点，用手指压迫该处动脉便可以控制前臂出血；手部出血时可以压迫腕部两侧动脉。

7）大腿部出血：有时用手指向后压腹股沟中部，把动脉按压到附近的大腿骨上就能控制住出血。如果在大腿中部内侧向大腿骨压迫，效果则更好。在以大腿中部为压迫点时，必须用手掌根部加压，手收拢成拳头，同时，将另一只手放在上面，以增加按压力量。

8）小腿部出血：只要用力压迫膝后部便能止血，即将一只手固定在膝关节正面，另一只手握拳向膝后面腘窝部的动脉用力推压。

9）足部出血：一只手用力捏紧踝部上方，便能有效地控制足部出血。

如果伤者伤势严重，出血量过多，则应急送医院抢救。

59. 儿童安全乘坐的方法与禁忌

现已明确规定，儿童不得在副驾驶座位乘坐。这是因为儿童坐在装有安全气囊的副驾驶位置，安全气囊以约 300km/h 的速度打开，其冲击力足以将一个西瓜打得粉碎。孩子发育未健全，不能像成人那样承受如此冲击。经试验，若把孩子放在后排，无论汽车是否有气囊，致命伤都减少 1/3。所以当有儿童乘车时，要将儿童安排在后排座位上乘坐，禁止让儿童在副驾驶座位乘坐。

有些地方已立法，四岁以下儿童乘车时必须要在后排安装儿童安全座椅。这是因为，即便儿童在后排乘坐，汽车速度在 50km/h 时发生碰撞，惯性作用下将产生 30 倍的重力加速度冲击力，会使儿童造成撞击伤害。所以，四岁以下的儿童在后排乘坐也应使用儿童安全座椅。

对市场上各式儿童安全座椅，应根据儿童特点和所用车辆具体情况选购，使用时应按说明书安装和使用。

60. 儿童安全座椅的选择方法

目前，儿童安全座椅最通用的是安全带固定式。这种座椅任何一个有安全带配置的车型都能使用。儿童安全座椅的选择方法如下：

(1) 3 岁以前（体重在 25kg 以内）的，应选择后向式安全座椅，座椅倾斜度在 30°~45°之间。当儿童面朝后坐车时，撞击力会分散在整个背部和头部，从而减轻正面碰撞时对颈部造成的冲击。

(2) 4~7 岁（体重在 36kg 以内）的，应选择向前式安全座椅，这种座椅带有挽具。

(3) 8~12 岁，应选择儿童增高座椅，直到他们长到足够能正确使用车上的安全带为止。

儿童安全座椅如果能反向安装，一定要反向安装，这样安装可以最大限度地保护儿童安全。

61. 汽油溅入眼内的处理办法

汽油是化工产品，汽油如果与皮肤或呼吸道接触，当时不会有什么感觉，但时间一长，汽油中一些对身体有害的化学成分会在人体中产生化学反应，就会发生慢性中毒。如果含铅汽油溅入眼内，后果会严重得多，毒性很快侵入眼球，造成伤害。为防止含铅汽油溅入眼内，进行汽油操作时应戴防护眼镜。一旦含铅汽油溅入眼内，应立即用食盐水或清水洗涤。方法是：打一盆清水，放入适量的盐，然后将头侵入水中，在水中睁开双眼，眨动几次，然后再换 1~2 次清水反复洗几次，直到眼中没有发涩的感觉为止。

四、操作技巧与禁忌

62. 遵守驾驶操作规程

驾驶人应按操作规程驾驶车辆，因为很多事故是驾驶人违反操作规程导致的。应该说，驾驶人都清楚驾驶车辆的操作规程，但还是违反。这是因为，违反操作规程有时并不会发生事故，反而会给驾驶人带来很多方便和实惠。正是这种不严格遵守操作规程的习惯，成为以后发生事故的祸根。违反操作规程的情况通常都发生在监管之外，并可以得到方便、实惠时。常见的违反操作规程的情况有以下几种：

(1) 明知驾驶室乘坐人数有定额，但驾驶人遇到熟人时，仍违反规定让其超定额地挤坐在驾驶室，结果影响了正常操作。

(2) 明知下坡不准熄火滑行，但在感到路况较好时，仍熄火滑行。

(3)明知超车应从前车左侧超越,但在行驶中,见到前车右侧空隙较大时,便会从右边超车。

(4)明知城市中不准鸣高音喇叭,但待远离交警时仍使用高音喇叭。

(5)明知驾驶车辆时禁止饮食、讲话,但无监管人员时,便自行吸烟、吃东西或与他人闲谈。

(6)明知转弯时应发出转向信号,但见转弯处无来车或无交通管理人员时,便不发信号。

(7)明知出车前、行车中要对车辆进行例行检查和保养,但怕麻烦,不检查、不保养。

(8)明知明火不可接近燃油或使用直流供油,但为了方便,还用明火去照看燃油箱或使用直流供油,结果发生火灾。

(9)明知不准驾驶与自己证件不符的车辆,但见有驾驶其他车辆的机会,还是上去试试。

(10)明知不准将车辆让给没有驾驶证的人员驾驶,但遇到熟人、亲友要求开车时,便将车让给他们驾驶。

违反操作规程,明知故犯的现象是很多的。出现这种情况,主要原因是对规章制度和操作规程的重要性认识不足。解决的根本方法是提高思想认识,要使驾驶人认识到,各种规章制度和操作规程都是安全防事故的根本措施,都是用血的教训换来的。驾驶人只有自觉严格地遵照执行,才能保证行车安全。

63. 转回旋弯道的技巧

回旋弯道也称为发夹型弯道,多见于盘山公路上。在这种弯道上可采用外内外方法,使车辆尽快安全转弯。外内外就是使车从道路的外侧进入弯道,车逐渐驶向道路内侧,到弯道顶点时,车辆处于道路的内侧,驶过弯道顶点后,又逐渐驶向道路的外侧。此方法可使行车路线的曲率半径增大,较顺畅地通过弯道,但此方法必须在转弯时对面无来车的情况下才可采用。采用此方法时应注意,车辆应先慢速进入弯道,待转弯至顶点才可给车辆加速,禁止提前加速,否则会使转弯角度增大,车辆会因转弯后过于靠外侧而发生危险。

64. 转弯中进行加速的技巧

汽车在转弯中进行加速,可使车辆尽快完成转向,如图6-5所示。要安全地在转弯中进行加速，必须采用外内外和慢入快出的转弯原则，只是在对加速踏板控制的时机上有所不同。实施转弯加速时，可在汽车驶入弯道前停止加油，在汽车减速后，把转向盘转向转弯的方向，同时开始慢慢地加油，使汽车在拐出弯道前有个加速度，在车转过弯道后可踏下加速踏板，使车辆在转弯的后半部比前半部的速度要快，车辆一进入直道就可恢复到原来的车速。

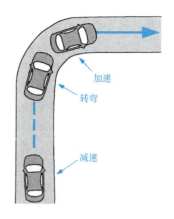

图 6-5　汽车转弯加速

65. 上、下斜坡进行转弯的技巧

汽车上斜坡时，车辆的重心多在后轮上，所以转弯时，转向盘会显得较轻，这是前轮负荷减少的缘故。特别是大型货车载重量很大时，车辆表现出转向盘反应迟钝的特性。这样，在斜坡上转弯时，转弯曲线会大大偏离驾驶人想象中的行车路线。若是上坡，车速变慢，危险性不会太大。但如果是湿滑路面，路面摩擦因数减小，会增大转向侧滑的危险。若汽车上斜坡转弯时仍采取平路上的操作方法，就会偏离想象中的行车路线。此时必须提前转动转向盘，以抵消转向盘往外偏的现象。

汽车下斜坡时转弯，较大的危险在于车速过高。这时车辆重心落在前轮上，在大坡度的斜坡上制动，前部负荷大的车辆，其后轮可能会抬起，使制动效果减弱，极易造成翻车，如图 6-6 所示。因此，下斜坡

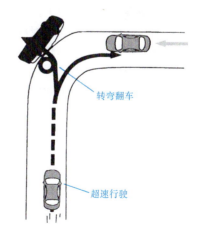

图 6-6　高速下坡时急转向易翻车

转弯时首先要把制动点提前，使车辆的速度降下来再转弯。与上斜坡相反，由于车辆对转向盘反应性增强，必须注意更准确地操作转向盘，禁止过早转向，以免内后轮进入道路内侧。

66. 车前轮发飘时转向的技巧

由于各种原因，有时前轮会抬离地面，此时驾驶人会感觉前轮发飘，转动转向盘时感觉特别轻，车辆不能按意图转向。对此的处理方法就是设法移动汽车的负荷位置，让车的负荷前移。可使用制动踏板使车辆制动一下，若前后轮为6∶4的负荷比，通过制动，使前轮沉下，负荷比会变成7∶3。在负荷加于前轮的瞬间转动转向盘，会使车辆准确地实施转向。

67. 转复合弯道的技巧

弯道曲率半径在转弯途中变化的弯道叫作复合弯道。在曲率变大的弯道，可以提前选取加速点，提高车的速度。在曲率变小的弯道，转弯时非常困难，途中必须再次转动转向盘。对此，可把弯道分成两部分考虑，进入复合弯道转弯时先将车驶向外侧，把加速点选在弯道远处的内侧，然后再次转动并调整方向，实施转向；或者抬起加速踏板使速度降低，第一次转向完成时，再加速实施第二次转向调整。

68. 通过路面陷隙的技巧

行驶中突然遇到路面上的陷隙时，多数驾驶人都会不由自主地进行制动，并以踏着制动踏板的状态，使车前轮进入陷隙。此时车辆的前部就会下沉，使车辆前悬架系统处于压缩状态，车辆就会像没有悬架系统的车一样，产生剧烈的颠簸，乘车人或货物会因此受到损伤。正确通过这些陷隙的方法是：首先踏下制动踏板，使车辆速度降下来，当前面的车轮快要驶入陷隙时，松开制动踏板。避免车的前部下沉，使悬架系统处于松弛状态。这样，车轮通过陷隙时，悬架系统可正常工作，从而使车辆平稳地通过陷隙。通过陷隙时，驾驶人双手不要离开转向盘，尽可能紧握转向盘，防止车轮在陷隙中受阻力影响造成方向的改变，使转向盘产生回旋。

69. 横滑转向的操作技巧

汽车在高速转弯时，并不像平常汽车车轮沿道路转向，而是四个轮子基本形成一定角度，整个汽车横着滑动实施转向的。这个转向方法就称为横滑转向，也称为四轮横滑和加速横滑技术。

横滑转向是利用力学，巧妙地让车辆保持平衡的转弯技术，也可说是动力滑动的运用。

高速通过弯道时，前、后轮总会滑向外侧，当后轮比前轮滑动得多时，车变得对转向盘反应过敏；相反，当前轮比后轮滑动得多时，就成了反应不足。巧妙地使这种前后轮的滑动量保持平衡的方法，就就可实施横滑转向。横滑转向的关键在于加速时机和加速程度，其次是当后轮滑动到何种程度时使用反转转向盘技术。如果时机掌握不好，就会导致汽车转不过弯或冲出弯道。

横滑转向的操作方法是：在转弯前，要将车调整到大致与转弯后道路平行的姿态，大体与道路呈斜横状，然后加大节气门，同时将转向盘扭向需转弯的方向，当车产生滑动时，向转向相反的方向转回转向盘（注意不要过于转向内侧），此时车速不应降低（节气门大小不变），使车产生横滑，在车要过弯顶时，再立即回转转向盘，在车横滑过弯道后即可恢复正常行驶。

此技术一般是在赛车中运用，平时行车时禁止使用。

70. 缩短汽车跳跃距离的技巧

汽车高速通过凸起障碍物后，会沿着障碍的抛物线产生四轮腾空，向前跳跃后再落向地面的现象。这种现象在越野赛车中是经常见到的，但在平常的行车中出现这种现象是不利于安全的。在汽车即将跳跃时，可轻轻踏一下制动踏板，然后再猛踩下加速踏板，这样就可以把车头部分抬高，使汽车跳跃落地时更安全点。为缩短跳跃距离，可在前轮离地的瞬间进行制动，使制动力作用于后轮上。汽车腾空时驾驶人要调整转向盘位置，并握紧转向盘，确保车辆落地后沿正确方向行进。

71. 进行慢入快出转弯的技巧

汽车转弯时，减速后进入弯道，然后加速驶出弯道的方法称为慢入快出的转弯方法。此方法被多数汽车转弯时采用。采用此方法转弯时，在转弯前应降低车速，使车辆平稳地进入弯道，在弯道开始转直时，即可踩加速踏板加速行驶，进行快出的操作。为了快速驶出弯道的后半部分并尽可能直线行车，应将加速点放在弯道的后半部。这样可以改变前半弯道和后半弯道的曲率半径，使前半弯道的曲率半径比实际小，而后半弯道的曲率半径变大，车辆可尽快进入后半弯道，使弯道尽早变直，从而可以提前加速驶出弯道。

72. 单手转动转向盘的技巧

按操作规程要求，驾驶人应双手操作转向盘。但自动档汽车有时在转弯行驶中需要进行换档，当右手操纵变速杆时，只得由左手单独转动转向盘。以左转弯为例，其操作方法是：当需要连续向左转动转向盘时，左手握在转向盘9点钟方向的起始位置，向左转动转向盘到8点钟位置时，要改为手掌（或手指背面）同轮缘接触；继续转动转向盘到4点钟位置时，左手握住轮缘转动，实现连续转动转向盘。

73. 危险地段倒车的技巧与禁忌

汽车必须在危险的地点倒车时，应采取下列防护措施：

（1）仔细勘察倒车地点的地形，认真研究倒车时的进退路线和可能发生的各种险情及防范措施。禁止不实地查看就盲目倒车。

（2）有条件时，应修整倒车地点的地形，尽可能消除各种隐患。在不符合倒车条件时，禁止不修整改善条件就冒险倒车。

（3）在危险地段边缘放置大块的砖头或木头等，以防制动不及时，车轮能被这些东西阻挡而停止。在可能造成汽车下滑或翻车的地段，禁止不采取防范措施。

（4）倒车时，应将车头对着危险地段，车尾对着安全地段以便于观察。尽量避免车尾对着危险地段倒车。

（5）倒车和前行都要留有余地，应在车轮离危险界线1m处停车。禁止低估载重车轮对边缘路肩施压的能力。

（6）倒车时，一只脚踏在加速踏板上，另一脚踏在制动踏板上，准备随时停车。车一旦停不住，就立即运用驻车制动。禁止倒车速度很快时运用紧急制动，这对载重量大的车辆是很危险的。

74. 原地调整转向轮的技巧与禁忌

汽车在非常狭窄的路段掉头，前轮来不及回方向时，可采用离合器半联动的方法，原地调整转向轮方向。具体操作方法是：将变速杆挂入低档，将转向盘向所需转的方向转动，消除转向盘的游动间隙，慢抬离合器踏板，微踏加速踏板，在汽车稍起步时，迅速转动转向盘，同时踏下离合器踏板，抬起加速踏板，此时汽车又会退回到原来的位置，但汽车已完成改变转向轮方向的工作。一次转向不足时，可用二次、三次，直至合适时为止。采用此方法时，禁止强行转动转向盘，尤其在车身未动的情况下不可转动转向盘，以免损伤转向机；禁止踏下离合器踏板不及时，使车辆前进而发生事故。

75. 观察前车行驶状况的技巧

驾驶人在行车中，除要观察车前整体交通情况外，还要较多地观察前面车辆的行驶情况，这对及时处理行车情况十分重要。

当前面车辆在行驶中方向忽左忽右、摇摇晃晃，进行不必要的制动和制动灯闪亮时，就可判断该车驾驶人正在打瞌睡或者醉酒驾驶。对这类车不宜跟随，要尽早谨慎超越。

当前车在交叉路口停车时制动距离过长，绿灯亮起后起步缓慢，行驶速度缓慢，显得小心翼翼时，就可判断该车是由新驾驶人驾驶的，对这类车不宜跟得太紧。

当前车的轮胎发生摇晃或振动时，如果在高速道路上，可能会随时发生爆胎。特别是负荷大的客车和大型货车，如果轮胎与路面接触的地方有碎片飞出，那么爆胎马上就要发生。对此应做好停车避让准备，并设法通知前车做好防范。

当前车行驶中，频繁制动、经常被超车、行驶速度不稳定时，就可判断该车驾驶人驾驶技能较差，对此类车也不宜跟随。

当前车行驶平顺、处理情况果断、转弯圆滑、交会车自然有序时，就可判断该车驾驶人技能水平较高，若车速恰当，可跟随此车行驶。

76. 利用汽车喇叭传递交通信息的技巧

汽车喇叭如同人类的语言，在行车中，可巧妙地使用喇叭传递自己的交通信息，如图6-7所示。汽车喇叭发出的声响通常分为三种：一种是短音，即"嘀"；第二种是长音，即"嘀——"；第三种是混合音，即"嘀嘀嘀——"等。平时可利用这三种声

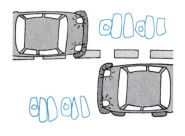

图6-7 利用喇叭传递信息

响表达驾驶人意思。

"嘀——"即"你——",这多是遇见熟人或同行错车时的行驶性召唤,表示了一种礼仪,这种声音一般比较低柔,让人听了心情舒畅。

"嘀嘀嘀——"即"我过去——",这多是要超车时发出的声音,但要把握好尺度,做到彬彬有礼,让前车的驾驶人听到之后愿意给你让路。

"嘀嘀"即"谢谢",这多是在超车完毕,或需要向别人致意时所发出的声音。

"嘀嘀嘀!"即"请停止!"这一般是需要行人或其他车辆稍候让路所发出的声音。

"嘀嘀——"即"开门——",这一般是汽车需要进入某单位,用以叫人或叫人开门时发出的声音。

"嘀——嘀—— ——"即"呜—— 呜—— ——",这一般是表示哀悼、愤怒、报警的意思,大多用于哀悼或悼念时共鸣喇叭,或向外界报警呼唤支援发出的声音。

77. 雨水中防止车辆滑行的技巧

汽车在雨水中高速行进时,会产生滑行现象。所谓滑行现象,就是在汽车驱动轮和路面之间形成水层而使汽车在水上滑行。在雨水中,当汽车载满货物或轮胎的沟纹浅,车辆速度超过 80km/h 时,很容易引起滑行现象。此时,应抬起加速踏板,让车速降低,禁止使用制动器和转动转向盘。只有滑行现象消失了,才可使用制动器和转动转向盘,一旦车速降下来,滑行就可消失。

78. 利用车辙转弯的技巧

一些土质道路,即使是修筑过的道路,在弯道处也常会留有车辙。泥土路车辙往往比较深,而车辙通常占据道路较为理想的路线,再重新开辟行驶路线较难,因此,大多利用车辙实施转弯。操作方法是:转弯前先查看车辙深度是否影响车辆通过,若不影响,可先将车轮驶入车辙中;在曲率半径以前的弯道,使前轮转向转弯的内侧,沿着车辙横向行进,使前轮胎的侧面碰到车辙的外壁,在车行进到转弯顶部时,逐渐回转方向,然后把车辙作为土堤来对待,加速行进。利用车辙转弯比较安全,但在视线盲区要防止对面来车也利用车辙转弯，以免发生危险。

79. 反转转向盘的操作技巧

反转转向盘也称为修正舵，它是为了修正行驶中车辆的姿态而向反方向转动转向盘的操作方法。这种技术，在赛车中经常使用，在正常的车辆驾驶中，当车辆在高速转向出现侧滑时也应采用。车辆在转弯时，如果路面滑、车速高，就会出现后轮滑动现象，对此若不采取正确措施，车辆就会发生侧滑。为及时消除这种现象，应采用反转转向盘的操作方法。反转转向盘的操作方法是：在车辆发生滑动的瞬间，立即将转向盘向弯道相反的方向转动。这样，转向盘虽然转向弯道的逆方向，但由于后轮正在滑动，受到逆转向盘作用的前轮就会正确地返回原来的曲线上来。当车辆停止滑动时，在车向相反方向行驶前，应立即再将转向盘回正。

80. ABS+EBD 的使用禁忌

近年来，许多车型都在制动中说明是"ABS+EBD"。EBD 的英文全称是 Electric Brakeforce Distribution，中文直译就是"电子制动力分配"。汽车制动时，如果四只轮胎附着地面的条件不同（比如，左侧轮附着在湿滑路面上，而右侧轮附着于干燥路面上），四只轮胎与地面的摩擦力就会不同，在制动时就容易产生打滑、倾斜、侧翻等现象。

EBD 的功能就是在汽车制动的瞬间，按照设定的程序进行高速调整，达到制动力与摩擦力的匹配，以保证车辆平稳和安全。

在紧急制动车轮抱死的情况下，EBD 在 ABS 运作之前就已经平衡了每一个车轮的有效抓地力，可以防止出现甩尾和侧移现象，并缩短汽车制动距离。

ABS 是多数汽车中已装置的防抱死制动装置。

驾驶人使用 ABS+EBD 时，能有效缩短制动距离，对安全行车确有很大帮助。但在使用中，禁止离险情很近时才使用制动，因为此时使用制动，汽车会因强行抑制的冲击力而抖动，与前面障碍物相撞。另外，在雪天路滑或路面凹凸不平的情况下，即使配备了 ABS+EBD，车辆所需的制动距离也会加大。所以，行车中仍必须始终注意保持安全车速和安全车距。

第七部分

汽车防盗劫及急救技巧与禁忌

发生在汽车交通方面的盗窃、抢劫、碰瓷、绑架等治安犯罪行为，严重威胁到驾乘人员的生命和财产安全。为有效打击、防范此类案件的发生，除要有整个社会的综合治理外，驾驶人还要有防范此类案件的强烈意识及防范技能。汽车在紧急状况下，驾驶人的应急能力是保证汽车转危为安，减少损失的主要因素。

一、汽车防盗劫

1. 汽车防盗的方法

盗窃汽车尤其盗窃高档私家车是常见的犯罪活动。为防止汽车被盗，应注意以下几点：

（1）不要随便停放车辆。车辆被盗多是因为长时间将车随意停放，被犯罪分子钻了空子。因此，车辆应有一个安全固定的停放处，不可在陌生的地方长时间停放。

（2）人离开车时必须上好防盗锁。不论长时间还是短时间离开车辆，都应上好防盗锁，养成人一离车就上锁的习惯。为防止忘记上锁或电子锁未反应，人在离开车时，应再拉一下各车门，看是否真正锁上了。

（3）证件不要放在车上。有的人为了方便省事，将驾驶证、行驶证、养路费证、保险费证甚至车辆出厂合格证等都放在车内。犯罪分子一旦将这种车盗去，转移赃物就可以畅通无阻了，赃车被他人购买后，车管部门上牌照也可一路绿灯，这样不利于破案。

（4）不要轻易将车借给他人。如果将车外借，该车钥匙就容易被人盗配。

(5)关好门窗玻璃。很多犯罪分子就是利用车主未将车门窗玻璃关严的疏忽实施盗车的。

2. 车辆被盗后的报警方法

车辆被盗抢后,应及时拨打"110"或"122"进行报警,也可向当地派出所、车辆管理部门或交巡警报警,如图7-1所示。车辆已上盗抢险的还应及时通知保险公司。

公安机关接到汽车被盗抢的报案后,会立即起动盗抢机动车侦破程序,被盗抢机动车信息会很快上网,传输到各个相关部门和单位。各地车辆管理所在办理新旧车辆登记注册和车检时,均

图7-1 车辆被盗抢后,应及时拨打"110"或"122"进行报警

会先在全国被盗抢汽车信息库(已全国联网)中进行查询对比,发现伪造涂改等可疑车辆时,会扣留审查并交刑侦部门查处。

3. 提防利用电子解码器盗取车内财物

利用电子解码器盗窃车内财物的案件是常发案件。这类案件主要针对安装有电子防盗装置和遥控开关门锁的各类车辆。

犯罪嫌疑人的作案方式通常为:团伙中一人携带电子解码器事先潜伏在车辆附近,在车主使用遥控器开关门锁时,利用电子解码器截获车主遥控器上发出的信号,在车主离开车辆后立即用手中的电子解码器打开车门。此时,团伙中另一成员跟踪监视车主,当确认车主已远离车辆时,用手机通知团伙中的第三人。第三人在接到同伙电话后随即对已打开门锁的车辆实施盗窃。

针对此类案件的特点,车主应注意:停车时尽量选择安全性高、有专业保安人员看护的停车场停放车辆;停车离开时关好车窗,锁好车门,不要在车内存放大量现金和既贵重又轻巧的物品;停车后,注意观察周围有无可疑人员尾随。使用遥控器的车主在锁车离开后,可利用隐蔽方式使用遥控器再次确认车锁的关闭情况;尽量缩短离开车辆的时间,一旦遭遇不法侵害,应及时报警。

4. 防范利用干扰器偷窃的方法

现在很多汽车使用智能钥匙锁车。有些犯罪分子在驾驶人用智能钥匙锁车时，使用干扰器干扰锁车的无线电频波段，致使驾驶人以为车已锁上，而实际上车未锁，给犯罪分子留下作案机会。为防范干扰器偷窃，驾驶人应注意以下几三点：

首先，车辆停稳后，应下车查看周围是否有可疑人员。一般来说，车锁干扰器的干扰范围不会很大，好一些的在 30m 以内，差的可能不到 10m。所以，在锁车前应仔细观察周围环境。

其次，用遥控器锁上车后应再拉一下车门，确保车辆已经上锁，或者直接用车钥匙锁车，不给那些使用干扰器的犯罪分子任何机会。

最后，不要在车内摆放贵重物品，即使在有人值守的停车场内，也不要将贵重物品放在车内，毕竟停车场管理员不可能 24h 看着你的车。

5. 预防劫车的方法

劫车案件直接威胁到驾驶人的人身安全和车辆财产安全。为了预防劫车案件，驾驶人应了解劫车案件的特点，并与犯罪分子斗智斗勇，防止或中止案件的发生。劫车案件有以下特点：

（1）劫持的对象为驾驶人，抢劫的目的是车辆，犯罪分子选择的作案目标往往是小轿车。

（2）犯罪分子与驾驶人有一段时间的正面接触。犯罪分子大多采用欺骗手段，先乘上车，然后实施犯罪。这一段时间，驾驶人均较清楚，事后能向公安人员提供抢劫的经过、作案手段及犯罪形象。

（3）犯罪分子大多带有凶器，有一定的驾驶技能，作案时对受害人使用暴力或以暴力相威胁。

（4）多有预谋，且团伙作案较多。犯罪分子大多是两人作案，事先有比较充分的预谋活动，了解地形、路线和车辆情况。

由于劫车案件中，犯罪分子同受害者直接接触，因此，驾驶人一旦遇劫，首先要树立敢于同犯罪分子进行斗争的精神，其次要机智冷静，要充分利用各种有利条件同犯罪分子周旋。劫车犯罪的目的是抢劫车辆，一般情况下不会对人身进行伤害，而是威胁驾车人按照他们指定的路线行驶。因此，驾驶人要利用这段时间和路面的情况做出相应的判断和处置。首先要发出警报和求救信号，如果车内无报警装置，则可利用前照灯、喇叭等现有设备进行报警。其次，要利用地形和路面具体情况制止犯罪。可利用熟悉的地形将犯罪分子引向人群密集的地区或公安人员执勤的地点，突然制动后打开车门寻求保护。可人为制造故障，使车辆无法正常行驶或用车撞倒路边建筑，致使车辆损坏。这就需要驾驶人根据具体情况做出正确的分析判断。

6. 驾驶人面对暴力犯罪时的禁忌

驾驶人应先对各种暴力侵害有思想准备，并进行反暴力的各种演练。驾驶人一旦受暴力伤害，应注意以下几点：

（1）不要不敢吭声，而要大声呼喊。因为犯罪分子在实施犯罪时，内心总是胆怯的，怕暴露、怕受惩罚，所以大声呼喊可震慑犯罪分子，在气势上可将其压倒。大声呼喊还可向周围报警，人们闻声会注意现场，这是犯罪分子最不希望的。大声呼喊还可给自己助威，缓解自身紧张心态。很多事例可以证明，在暴力犯罪开始时，如果驾驶人能大声呼喊，犯罪分子就会逃走，中止犯罪。

（2）不要过早妥协，而要依势反抗。遇到亡命之徒时，妥协往往会使自己丧失反抗能力，甚至会到受犯罪分子任意宰割的地步，但反抗要讲策略，要根据当时情况权衡而定。如果能随手拿到合适的工具（驾驶人应事先做准备），就可以与犯罪分子对峙。当只身对两名以上犯罪分子时，应背靠汽车，面对犯罪分子，用汽车掩护后身等。若犯罪分子使用绳索从后面用双手紧扼脖颈，驾驶人不可用双手去掰脖子上的绳索，而应将头后仰，顺势收腹，举腿屈身，用后滚翻之势，双手后伸，抱住犯罪分子头部（此时犯罪分子头部必在双手的后上方），方可摆脱勒脖的绳索，同时猛扭犯罪分子头部，可将其制服。

（3）不要软弱不动，而要奔跑突围。趁机逃离施暴现场是上策。奔跑时应上身前倾，弓腰，降低身体重心。这种奔跑姿势冲击力大，可乘势撞开围堵的犯罪分子。奔跑方向应选择有人员来往的地方。若自己奔跑速度快，可直线奔跑；若自己奔跑速度慢，则应曲线奔跑。奔跑的同时，大声呼喊，既可突围脱离危险，又可起到报警作用。

7. 驾驶人防止被拦车抢劫的技巧与禁忌

拦车抢劫通常发生在僻静的道路上，尤其在人车稀少治安条件较差的山路以及夜深人静的时候，较容易发生拦车抢劫案件。驾驶人要防止被拦车抢劫，应注意以下事项：

（1）出车前应向有关人员了解所经路段的治安和社会情况，对高频率出现过拦车抢劫的路段尽量回避绕行。

（2）经过僻静道路时，可与其他车辆结伴而行，没有同行伙伴时，可慢行或停车，等待其他车辆通过时，跟随而行，尽量避免单车孤行。

（3）尽量避免夜间行经人车稀少的路段。

（4）做好被拦车抢劫的各种应对准备，如在驾驶室放置必要的应对暴力的撬杠、大号螺钉旋具等。

（5）偏远道路上遇到人拦车时要仔细辨认，既不要延误确有急事要搭车人员的求助，又要防止劫匪伪装伤病员拦车，在无把握情况下，不要轻易停车和打开车门。

（6）遇有恶意拦车时，应判明情况加速冲过。

（7）遇摆有路障等明显要迫使车辆停下的情况时，应分析观察周围环境和路况，不要轻易下车去搬动路障，必要时应及时倒车或掉头离开此路段。

（8）遇拦路的可疑情况时，可不间断鸣喇叭，禁止与其纠缠，并及时报警。

8. 驾驶人防暴力威胁的技巧

暴力威胁是驾驶人特别是出租车驾驶人最容易遇到的一种劫车方式。暴力威胁通常有以下几种方式：

（1）用拦车或搭车的方式，由一名以上人员接近驾驶人，在人迹稀少的地方，突然拔出刀或枪架在驾驶人脖子上或顶在额头上，再用语言威胁，要驾乘人员交出钱物。

（2）车行驶至偏僻处，借故要求停车，哄骗驾驶人下车后，几个人合伙对驾驶人围攻威胁，要驾驶人交出财物或车钥匙。

（3）乘车中或乘车后，借故找碴与驾驶人发生争执，几个人用暴力威胁抢夺钱财。

暴力威胁一般有几个共同点：一是通常有暴力工具，如棒、棍、匕首、枪支等；二是多人合伙作案；三是多选在偏僻或人迹稀少的地方；四是选择对象通常是女驾驶人或40岁以上的驾驶人。

驾驶人遇到暴力威胁时应沉着、冷静，分析这些人是要钱还是要谋命。如果是为钱而来，在生命受到威胁时，可暂时按歹徒要求去做，同时记下歹徒的面貌特征、语音举止，为以后破案提供线索，同时寻找逃脱或获取救援的机会。如果歹徒可能还会谋命，则要寻找机会反抗、呼救，不可按歹徒要求将自己陷入任人摆布的境地。

9. 驾驶人防被绑架的技巧与禁忌

绑架驾驶人通常有两种目的：一是劫持驾驶人所驾车辆；二是敲诈驾驶人家人获取赎金。绑架属于暴力犯罪，驾驶人一旦被绑架便具有生命危险，应积极防范和应对。

要防止被绑架就应注意：不要驾驶豪华车辆到不安全的地方；不要暴露随身携带过多的现金；不要佩戴名贵首饰外出；不要随便向别人透露家中情况；不要有规律地出现在易被犯罪分子作案的地点；遇到危险时不要轻易打开车门，应及时报警呼救。

一旦被绑架，就要留意犯罪分子的去向和踪迹，利用犯罪分子要求自己与家人联系或取钱物的机会报警。在被犯罪分子捆绑双手时，要注意双手尽量外撑，使手腕或手臂被捆后有活动余地。在被犯罪分子用胶带封嘴时，可用舌头垫着双唇并鼓腮，使胶带封贴后变得松弛，利用机会聚集唾液用舌尖逐渐浸湿胶带，使胶带失去粘贴作用。在与犯罪分子周旋时，要注意既不要让其失去最后的耐心和希望，又不要将自己所有的底牌都交给犯罪分子，使其感到被绑架者已没有价值可利用，这将是十分危险的。周旋中，应寻找机会及时逃脱，如图7-2所示。

10. 驾驶人防桃色陷阱的技巧与禁忌

桃色陷阱是犯罪分子利用色相引诱被害人投入到事先谋划好的圈套内，以达到劫物谋财的目的。为防止桃色陷阱，首先驾驶人要自律、洁身自好，这样才能不被外界美色诱惑。平时要在以下场合和时机注意保持高度警惕：

（1）驾驶车辆在陌生的地方停车用餐时，要注意警惕，不要单独随他人到单独房间或陌生的地方。

（2）驾驶车辆在异地停车投宿时，不要住情况不明的旅馆，要尽量住在正规的招待所或宾馆。住宿时不可随意让陌生人进入自己房间。

（3）驾驶人在异地，不要轻信看到车牌号就自称是老乡而要套近乎的异性。

图 7-2　寻找机会逃脱

（4）驾驶人单独带异性人员乘车时，要对乘车人过于亲昵的表现保持警惕。

桃色陷阱的诱饵，往往是年轻漂亮的女性或英俊潇洒的小伙子。一旦驾驶人被其引诱，就有可能被敲诈或财物被抢劫。驾驶人只身在外时要格外注意这种骗局。

11. 驾驶人防诈骗的技巧与禁忌

诈骗属于智力犯罪，犯罪分子常用事先设计好的步骤和方法，利用被诈骗人贪小便宜或急功近利或诚信可靠的心理，用看似美丽动人或充满逻辑可信的谎言引诱。驾驶人要防止被诈骗，首先要调整好心态，应认识到天上掉不下馅饼，任何过分的便宜、好心都值得认真思考，同时还要有一种害人之心不可有，防人之心不可无的防范心理才行。诈骗驾驶人的方式通常有以下几种：

（1）假车祸：即所谓的"碰瓷"，这是较典型的诈骗手段。

（2）假合同：告知驾驶人有什么运输合同，看似较好的营运前景，在驾驶人预付定金或有关费用之后，供货人却消失得无影无踪。

（3）假电话：利用驾驶人出车在外，用电话与驾驶人或驾驶人家人联系，谎称家中或驾驶人发生了什么事，急需抢救费、担保费、治安处罚费等，诱骗驾驶人或驾驶人家属汇钱寄物。

（4）假货物：要求运送的货物有水分或是假货，货到时利用验收不合格或分量不足骗取钱物。

（5）假厂商：冒充所驾车型生产厂家、维修站等，以定期验收、回访、更换新机件、车辆号码被抽中获奖等骗取车辆。

驾驶人遇到上述情况或类似情况时，要多加警惕，多问几个为什么。防诈骗可靠的手段就是在未弄清楚情况前，不可将车、钱、物出手。即使发生钱财关系，也要注意留下相关人经查实的身份证号码、联系方法和字据，以便日后查证。若感到有疑惑，则应及时报警，待警察到了再处理纠纷。

12. 识别利用车辆"碰瓷"的技巧

识别利用车辆"碰瓷"的技巧在于能注意区分不正常的事故情形。一是轻微剐蹭，车辆却严重受损。"碰瓷"车通常会紧跟目标车，在其变道或转弯时，猛踩加速踏板撞上去，与目标车轻轻剐蹭，但车上零部件会出现严重断裂或破损，然后以此索取修理费。二是车辆虽慢行等待，却突然追尾。"碰瓷"车故意开在目标车辆前面，与目标车辆贴得很近，然后找机会紧急制动，造成与目标车追尾的假象。三是"碰瓷"人故意不报警要求"私了"。很多"碰瓷"车辆往往都是中高档的二手汽车，事故发生后，"碰瓷"车辆或人员通常提出不报警"私了"的要求。

13. 识别团伙"碰瓷"的技巧

团伙"碰瓷"是多人勾结犯罪，成功率较高。团伙"碰瓷"通常有以下特点：

（1）一般有三人以上结伙作案，事先有分工，通常由一人假扮被车撞或挂倒，不久将会有一个以亲戚或同事身份的人出来与驾驶人理论，并且态度强硬，再接着另一个同伙冒充第三者帮腔。

（2）一般针对外地车辆，并大多选中轿车为"碰瓷"的对象，因外地车辆人生地疏，驾驶人孤立无援，想早点了断完事。

（3）这些人一般不愿报警，尽管态度蛮横，但很快就会提出要与驾驶人私了。

（4）"碰瓷"地点一般选在非繁华但又有行人横穿道路的地方，而这些地方通常没有交警值班。

为防"碰瓷"，最好在车上加装行车记录仪，遇到剐蹭等小事故时，可回放行车记录仪进行查看，有疑问及时报警。若车上没有行车记录仪，驾驶人特别是轿车驾驶人，当一个人驾车在异地突然发生撞人或挂倒人的事故时，应冷静分析，回顾车祸发生时的情景，是否确是自己疏忽而造成的事故。如果通过分析发现车祸的发生自己无过错，是行人故意撞上自己的车，就要考虑遇到了"碰瓷"，特别是当自己的车身无明显撞击痕迹，是车后轮或后车身撞、挂时更应警惕。此时，不管周围人怎么讲，应坚持要将被撞者送医院检查，同时报交警来处理事故现场。禁止担心怕麻烦而私自了断，这样不但自己会有财物损失，而且会滋长"碰瓷"者的气焰。

14. 防范"碰瓷"的技巧

为有效地避免被"碰瓷"，应做到以下几点：

（1）杜绝违章驾驶。"碰瓷"者常常利用驾驶人违章驾驶害怕处罚的心理进行敲诈。例如，逆行、违规掉头、违反交通信号、违章并线等，在这种情况下，驾驶人往往因为自己违章在先，害怕被处罚，不愿报警，就被"碰瓷"者抓住把柄，为下一步实施敲诈提供了条件。

（2）不要碰倒地的"伤者"。撞车族利用的就是人们怕麻烦、息事宁人的心理，因此遇上撞车族时不能轻易妥协。如果怀疑是"碰瓷"者"受伤"躺在地上并提出赔偿要求，千万不要去碰他，也不要轻易给他赔偿。

（3）如果是轻微事故，可以先根据交通事故快速处理办法撤离现场，同时报警，由交警调查处理。交警在接警后会核实相关资料，能及时发现疑点。一旦发现车主报警，很多碰瓷者就会自动放弃索赔。

（4）向保险公司报案。按规定，所有车辆都购买了交强险，保险公司接报后也会派人员到现场勘察，并由保险公司承担相关损失。

（5）保存证据。在报案的同时，应及时对证据进行保存，如用相机、数码摄像机、手机等将现场情景拍摄下来，若有行车记录仪会更方便且有力。

15. 驾驶人防被麻醉的技巧与禁忌

驾驶人被麻醉通常用饮用了装有麻醉药物的饮料或食品所致。犯罪分子为了麻醉驾驶人，会主动与驾驶人套近乎，攀老乡、称同学、殷勤好客，在与驾驶人熟悉后，将灌有或掺有麻醉剂或安眠药的饮料或食品给驾驶人饮用或食用。驾驶人饮用或食用后，在药性作用下麻醉或熟睡，失去驾车能力，犯罪分子趁此劫车或劫物。驾驶人为防止被麻醉遭抢劫，日常行车时不要搭载陌生人或不知底细的人；出租车驾驶人不要饮用乘客的饮料，吸烟的驾驶人也不要接受陌生人递过来的香烟。为防止被麻醉，在行车前应确保手机处在随时可发出信号的状态，当自己感到神志越来越不清时，应迅速向外界发出信息，或尽早选择安全的地方停车休息或报警。

16. 出租车防抢劫的技巧与禁忌

增强职业道德和技能，提高同违法犯罪做斗争的责任感，这是出租车驾驶人防范抢劫的主要保证。驾驶人应安排一定的时间，学习反抢劫的知识，进行反抢劫训练，以养成良好的心理素质。一旦遇到这类情况就能够正确处置，不至于惊慌失措，遭受损失和伤害。

驾驶人要自觉遵守各项规章制度，减少案发机会。由于劫车的对象大部分是出租车，因此，无证运营的车辆不要随便搭送乘客，特别是当陌生人要求搭车时，原则上应予以拒绝。出租车要遵守登记送客制度，长途或送偏僻地区的旅客时，出车前必须进行详细登记，在出车时一定要向卡口登记报告。当乘车人要去人迹稀少、僻静的小巷和乡间时，驾驶人可根据情况予以拒绝。驾驶人更不可为钱所动，越是出价较高的，越应引起警惕。对可疑对象，应巧妙地予以拒绝或周旋。

出租车必须具备必要的技术防范装备，在硬件上起到防范作用。这些防范措施包括在车内安装防暴板、报警装置等，有条件的可装备无线电寻呼报警装置。出租车驾驶人夜间运营时必须要有陪乘人员，特别是女驾驶人，尽量避免夜间独自运营。

17. 出租车驾驶人防劫持的技巧

出租车驾驶人要防止被劫持，首先要对乘车人保持高度警惕，要注意观察其是否属于以下几类人员：

(1) 注意观察神态反常、携带可疑物品上车的人员。

(2) 注意观察出高价租车、包车，夜晚到偏僻地方的人员。

(3) 注意观察行无定向，随意改变行程路线的人员。

(4) 注意观察乘客间是否窃窃私语或用眼神、手势、暗语进行沟通。

（5）注意观察反对驾驶人做出城登记的人员。

（6）注意观察对收费站、治安岗亭和交巡警有惧怕感的人员。

（7）注意观察中途接人或有预谋拦车的人员。

（8）注意观察突然做出一些不寻常举动和行为的人员。

18. 轿车防盗的技巧与禁忌

现代轿车都有良好的防盗装置，除非盗车贼拥有高科技手段，否则一般轿车是难以被打开车门和发动的。但目前丢失最多的却是轿车，因为轿车价值不菲，且易改装或出售销赃。为防止轿车被盗，应注意以下事项：

（1）不论到什么地方停车，都要及时关闭车门，若中央门锁失去功能，则应及时修复。

（2）妥善保管好车门钥匙或智能钥匙，不论是电子主钥匙还是副钥匙，都不可随意借给别人。

（3）到外地或需长时间停车时，应到有专人看管的停车场停车，禁止随意将车停在自己视线所不及的地方。

（4）在没有专人看管的地方长时间停车时，要防止轿车被吊装到货车上运走。

（5）要防止盗窃者打破车窗进入车内，将车开走或盗窃车内物品。

（6）轿车在必须停车时，可委托附近店铺人员代为看管，并付给必要的报酬，这样较为保险。

19. 长途客车防车匪的技巧与禁忌

长途客车遇到车匪路霸的案件时有发生。车匪路霸针对长途客车作案，主要目的是抢劫乘客。为防止车匪路霸作案得逞，长途客车驾驶人应注意以下事项：

（1）驾驶人要有对全车乘客生命财产安全负责的责任感，要树立驾驶人是全车人员和物品的保护神的主人翁思想，禁止有车匪抢劫乘客与己无关的自保思想和行为。

（2）要留意观察上下车的乘客，对结伙且不携带物品的中青年要格外注意，对可疑人员，应将其安排在便于观察、不利于作案的位置上。

（3）行车过程中，多用观察镜了解车内情况，一旦车匪开始作案，驾驶人应及早停车报案，并立即予以制止。如果车匪不听劝阻，应大声号召乘客与车匪进行斗争。一般情况下，只要驾驶人带头反抗，全车乘客都会响应，这也是车匪最为害怕的。

（4）若驾驶人自身被车匪用暴力威胁控制，可利用自己对路况熟悉和驾驶车辆的优势，寻找机会采用紧急制动、猛转向、突然停车等手段，乘机逃离车辆并报警。

（5）充分利用沿途的收费站、治安岗亭和与交巡警相遇的机会，及时采用灯光、警报器或直接喊话报警。

（6）一般车匪采用里应外合方式作案，事先有部分车匪先上车，到预定地点有人拦车接应，一起实施抢劫或接应逃窜。驾驶人应尽量不让车匪达到接应的目的，可采用提前停止行驶或冲过接应车匪的方法，以中止或减少车匪犯罪的过程。

20. 自驾游拼车的安全注意事项

（1）拼车搭客最好是熟悉的朋友，车主应和乘车人有必要的互相了解，应知对方的真实身份及联系方式，必要时应验明对方的有效证件。

（2）车主和同车人应分别将了解到的对方信息发送给至少一名亲友，以备出现问题后联系使用。

（3）总路程不宜超过 10h，避免夜间行车。

（4）车主对于没有驾驶过所乘车型的同车人，尽量不要让其参与驾驶。

（5）不要在途中向同车不熟悉的人炫耀自己的财产或所携带的财物情况。

（6）女性车主或乘车人应有熟悉的男性成年亲友相伴。

（7）搭车人应事先了解驾驶人的技术水平和所乘车型等，关键应了解车主是否有长途行车的经验。

（8）出发前，应签订相关协议，协议主要明确双方身份合同，途中过路费、油费如何承担，行车中一旦发生事故责任如何承担等。

（9）拼车者应给自己上一份人身意外保险（短途旅游险）。

（10）遭遇人身、财产损害时，应及时报警或报告家人，并收集、留存证据为后续维权提供依据。

21. 女驾驶人防暴力侵害的技巧与禁忌

女驾驶人，特别是女出租车驾驶人，常成为犯罪分子实施暴力犯罪的选定目标。从大量的驾驶人受伤害的案件看，女驾驶人占据了大量比例。犯罪分子之所以选定女驾驶人作案，主要是认为女驾驶人胆小力薄，作案时不会反抗或反抗时力度也不大，还有的犯罪分子除想劫财外，还想劫色。女驾驶人要防止被暴力侵害，应注意以下事项：

（1）夜间驾车尽量要有陪驾，不要单独驾车外出；若没有陪驾，可在副驾驶位置摆放人体模型，以迷惑外界。

（2）出租车女驾驶人应拒绝跑长途或到县郊偏僻之处。

（3）女驾驶人穿戴尽量简朴，不要穿戴得珠光宝气，特别是女出租车驾驶人，不要戴项链或戒指开车。

（4）不要轻信乘车人的甜言蜜语，对夸奖自己漂亮、有魅力或出言下流粗鲁的人都要警惕，不要饮食这些人递送的饮料和食品。

（5）一旦出现有暴力犯罪的苗头时，女驾驶人要处乱不惊、举止泼辣，要在气势上压住对方，让对方感到自己不是想象中的文弱女性，从而中止犯罪。

（6）当犯罪分子实施暴力侵害时，女驾驶人应见机行事，可利用女性特有的魅力以柔克刚，以智取为上。

22. 载货汽车防盗的技巧与禁忌

载货汽车本地被盗的情况不多见，载货汽车被盗多数发生于车在异地运输时。载货汽车主要防被盗，应注意以下事项：

（1）载货汽车本身一般没有防盗装置，必要时，车主可选装一些适用的防盗装置，提高车辆自身的防盗能力。

（2）载货汽车在外地应到指定的停车场停车，不要随意将车停在路边。

（3）载货汽车车身或发动机部分刻暗记，一旦被盗，便于查找。

（4）载货汽车在承接运输业务时，要注意那些会开大型载货汽车，对汽车比较感兴趣的人员。

(5) 装运较贵重的物品时，要切实做好押车工作，防止盗贼为偷盗货物而将载货汽车一同盗运走。

23. 防货物被盗的技巧与禁忌

(1) 运送贵重物品时，应尽量要求专业押运人员随车护卫。无押运人员时，应要求货主或货主派人同行，以减免保护物品的责任。

(2) 运送贵重物品时应注意保密，行驶路线和出发及到达时间的知情人范围均应缩小。

(3) 运送货物时应装载整齐，尽量用篷布全部覆盖，用绳索捆绑牢靠，要做到外人不松开绳索和抬起篷布就无法拿走货物。

(4) 装货的车厢地板要牢固，对松动和有缝隙的车厢地板要及时修理，防止盗贼从车厢地板下偷盗货物。

(5) 行车途中及时用后视镜观察车上货物装载情况。行驶一定路程后，应停车绕车巡视一周，加固松懈的固定绳。

(6) 通过转弯、山路、狭窄路和停车让行时，要注意提防是否有人利用车辆减速或停车机会，攀爬到车上行窃。

(7) 装运着货物的车辆应尽量一次性运输到目的地，避免中途停车住宿。若要停车住宿，应选择有专门人员值班的停车场停车，并做好与值班人员的交接验收。应与值班人员交代好载货汽车装载货物情况，不可认为有人值班就不做交代，以免发生货物差损时分不清责任。

二、汽车遇险急救

24. 行车中制动失灵时的处理技巧

汽车在行驶中，当踏一次制动踏板或连续踏几次制动踏板时，制动踏板均被踏到底，但没有制动效果，即属于制动失灵。

行车中发现制动失灵后，如果要躲避障碍物，应迅速使用驻车制动并抢挂低速档，握好转向盘，及时将障碍物躲避开，驾车驶向较安全的地方。如果在汽车行驶中发现制动失灵，而前面没有特殊情况，可先减速然后换入低速档，靠近路旁停车检修。如果汽车前面有障碍物无法躲避，则应迅速使用驻车制动，并脱开高速档，握好转向盘，使车紧急停靠公路边。

下坡时若驻车制动、制动踏板失灵,驾驶人要果断地利用天然障碍物(如路边岩石或大树),给车辆造成阻力,以消耗汽车的惯性力,必要时还可以把汽车靠向公路边的栏栅或挡护板,利用车身与栏栅和挡板的摩擦阻力停车。

25. 夜间行车时前照灯突然不亮的处理方法

夜间在无灯光的道路上行车时,如果前照灯突然熄灭,则要沉着果断,稳住转向盘,立即采取停车措施,及时开亮示宽灯、雾灯,必要时也可使用转向灯暂时照明。如果前照灯一时不能修复,那么按规定不可继续行驶,特殊情况时可暂用其他灯代替。如果所有灯光都因故熄灭,可借助月光低速行进。为了能较清楚地观察道路,驾驶人可将头探出车外瞭望,注意选择路线,保持在道路中央行驶,若道路两旁有树或电线杆,可作为路宽的标志。前照灯刚开始熄灭时,如果眼前什么也看不见,可停车片刻,闭眼等待一会,待视觉完全适应之后,再驾车继续低速行驶。

26. 车轮被陷后进行自救的技巧与禁忌

汽车车轮陷得过深或车轴触地时,可用木杠撬起被陷车轮。其方法是:选一根坚硬的木杠(或铁棒)插入钢圈内或车轴下,用一块垫木或石块作木杠(或铁棒)的支点,然后用力压下木杠(或铁棒),利用杠杆原理将车撬起,随即在后轮下垫以石块、圆木等。如果一次还不能撬出车轮,可进行第二次、第三次撬抬,直至车轮被撬出陷坑为止。为防止车辆滑动,应将变速杆推入一档,拉紧驻车制动器操纵手柄,并用三角木塞住车轮,必要时踏下制动踏板,以保安全。待垫好后,用低速档驶出。

如果车轮陷入泥泞处或坑中不能驶出,可利用地桩或附近的树木拖出被陷的汽车。其方法是:在被陷汽车车轮的斜前方或后方坚硬的地面上,钉上一根木桩或铁柱,周围有树木或牢固的地面物体时也可代用。另取一根结实的绳索,将绳索一端穿过前轮(驱动轮)轮辋孔眼系牢,并在车轮之间绕2~3周,另一端牢固地系在地桩上或树干上。修整前进或后倒方向的车辙,然后挂一档或倒档,慢慢起步,当绳索绕到车轮中间时,绳索与车轮就成了一个绞盘,车轮再转动,被绕缠的绳索就会拖动车轮前行或倒退,汽车被陷车轮就能被拖出。如果左右车轮均被陷住,则需在两边车轮上同时系上绳索。

车轮陷入泥泞打滑时,可利用木杠和绳索使汽车驶出泥泞。其方法是:找一根稍长而结实的木杠和绳索,将绳索系于木杠的一端,并将绳索的另一端系于打滑车轮的轮辋孔内,再将木杠另一端置于打滑的后轮下,用低速缓慢起步,将绳索绕紧后,汽车即可驶出。

轿车车身很轻,特别是一些微型轿车,车重量更轻。轿车被陷时,找几个人将其抬出或推出被陷地是最好的救助方法。用人力协助推出时应注意以下几点:

(1)先将车轮打正,禁止车轮斜偏,否则会增加前行或后倒时的阻力。

(2)清理车轮前后的道路,便于车辆行进。

(3)推车人员在被陷车轮或车厢后方进行推车;如果要使车往后退,推车人员应在车头处推车,车轮行进的前方禁止站人。

(4)推车时,驾驶人应坐在驾驶室中,控制转向盘,并起动发动机,挂前进档或后退档配合人员推动车辆。

(5)开始推车时,应在指挥人员的统一号令下,人员一起用力,车辆同时起步,使人员的推力和车辆的动力协调一致。

(6)推车人员应站稳,在指挥人员口令下,形成阵发性的力,尽量将车晃动。人员的阵发力要一致,口令采用"一、二,一、二"为宜。

(7)车轮出坑后,驾驶人要立即松开加速踏板。禁止车辆突然加速行进,拖倒或撞倒推车人员。

27. 车辆侧翻后进行救援的技巧

在汽车半侧翻或侧翻后,应及时卸下蓄电池,放出燃油箱内的燃油,以防止引起火灾,然后设法将车身扶正。若是在平坦的道路上侧翻,用人力完全可以将侧翻的小型汽车推正。如果地形复杂,不便人力推正,可利用大木杠撬抬,同时在另一侧用绳索牵拉,将车身扶正,如图7-3所示。也可用千斤顶在侧翻的一侧顶抬,将侧翻的一侧抬起一点后,再用砖、石、木等物塞垫,然后换下千斤顶,重新顶升车身,并用物体塞垫,如此反复,直至扶正车身为止。大型车侧翻后可呼叫救援,用起重机将车扶正。

28. 车辆斜骑在路肩上时救助的技巧与禁忌

汽车两轮或一轮驶出路缘，使车身斜骑在路肩上时，驾乘人员应从靠路面一侧的车门出来，禁止从路肩一侧车门出入。必要时，将车厢内重物由路缘外侧的一边搬到靠路边的一边，以增大路面上轮胎的压力，防止汽车因失去平衡而倾覆。在车身基本稳定后，用锹刨挖路面上轮胎周围的泥土，使路面上的轮胎下沉。如果前、后桥或传动轴触地，也应刨挖触地处的泥土，直至使车身平衡并能驶到路面上为止。在车身未稳定前，禁止冒险开动车辆，以防发生翻车事故。

图 7-3 扶正侧翻的车辆

29. 车轮驶出路肩悬空时救助的技巧与禁忌

当有车轮驶出路肩，悬空停住时，驾乘人员应根据当时的情况，选择既安全又不使车辆失去平衡的地方离开车厢，如图 7-4 所示。驾驶人离开驾驶室后，再仔细观察车辆的险情，并根据情况采取相应的措施。如果车辆有倾覆坠崖的危险，应用绳索系住车身拴在公路上的自然物或木桩上。如果路肩处坡道较缓，可挖削路肩，使悬空车轮落地，然后使车辆驶出。如果悬空车轮下方很陡，可找一根木杠或跳板，以路缘为支点，将木杠或跳板的一头伸到悬空车轮下，将另一头用力压下，使车辆驶出。禁止在车辆未固定的情况下进行救助；救助时禁止人员在发生危险的车上以及存在险情的一边操作。

图 7-4 人员离开车辆时要顾及车辆的平衡

30. 车辆陷在浅水沙滩中后进行自救的技巧与禁忌

当汽车陷在泥泽和浅水沙滩中时，应及时在车周围打一个小堤坝，将坝内水抽净，然后清除轮胎周围的泥沙。如果泥沙松散，则应在离轮胎稍远的地方消除泥沙，使轮胎四周的泥沙流入稍远的地方。如果车轮在泥泽水滩中继续下陷，则应用木板、备用轮胎横垫在前、后桥上，以增大车体接触地面的面积，防止车体继续下陷。如果汽车陷在沼泽地带，下陷严重，则禁止晃动车辆或拖延时间，应果断拆抬发动机，将车辆化整为零地救出来，以防止延误时间，致使车体全部沉入沼泽中。

31. 车辆掉入沟底后进行自救的技巧

汽车掉入沟底后，如果还有行驶能力，可对着公路或通向公路的地方挖一个斜坡，使车辆沿斜坡驶上公路。如果因条件限制，斜坡的斜面较大，车辆行驶会有危险，则可在车体上拴上绳索，把绳索的另一端拴在公路上坚固的自然物或木桩上，然后使车辆上驶。在上驶过程中，根据需要调整绳索的距离，以帮助车辆保持平衡，防止发生翻车事故。如果车辆掉入较深的沟里，无法自行驶出，可先在附近查看有无迂回道路。如果有迂回道路，可从迂回道路开出，没有时可用卷扬机或其他车辆施救。施救时，要注意拖曳的方向，应顺着车头或车尾方向拖。必要时，可用定滑轮或动滑轮，以改变拖曳的方向和增大牵引力。

32. 车辆遇险时避让的技巧

遇到险情时，驾驶人保持冷静的头脑是做好避让动作的首要条件。

行车中驾驶人一旦发现紧急情况，尤其是知道事故已不可避免的一刹那，驾驶人都会出现一种紧张状态，全身出现瞬间的寒战，接着头嗡地一下像要炸开似的，心口感到沉重，四肢发凉。此时，有的驾驶人能保持清醒的头脑，及时判明情况，采取正确的避让措施；有的驾驶人惊慌失措，糊里糊涂地做出一些避让动作；还有的驾驶人则完全惊呆了，忘却采取避让动作，眼睁睁地看着事故发生。第一种驾驶人能及时地中止事故，使事故损失减少到最小范围；第二种驾驶人能在事故后及时停车，但仍会有严重的事故损失；第三种驾驶人则会发生连续事故，扩大事故的损失。形成这三种不同的处理后果的主要原因,在于驾驶人在事故初发时是否有冷静的头脑。

驾驶人临危不乱、遇险不惊的冷静头脑,需平时培养和陶冶。驾驶人要经常进行各种体育锻炼,设想并演练各种事故和危险情况的处理方法,行车中做好可能发生意外情况的思想准备,就能在危急情况面前沉着应付。

物资损坏可以补偿,而人的生命却是无法补偿的。因此,处理危急事故时先顾人后顾物是避险的最基本原则。

在这项基本原则指导下,驾驶人做紧急避让的判断时,要考虑到避让车辆和与物资相撞会不会伤害到人员。如果避让会伤害到人员,那么车辆要向有物资的一方避让,不要向有人员的一方避让,宁让物资受损也要保人员安全。

选轻避重是紧急避让的另一基本原则。所谓选轻避重就是在避让时,要选择损失或危害较轻的一方避让,避开损失或危害较大的一方。例如,当道路右侧交通复杂,人员较多,而道路左侧情况简单或人员较少时,应往左方避让,以减轻事故的损害程度。

选轻避重的另一种考虑是事故责任方面的问题。在损失相当的情况下,应当选择对本车遵守交通法规有利的一面去处理,以保证在事故处理中得到有关法规的保护。

车辆事故特别是行车中的事故的发生,都有一个过程。这个过程虽在瞬间,但驾驶人却可利用这短暂的时间做出避让动作。驾驶人做避让动作时,应按先方向后制动的原则处理。因为在事故前转动转向盘,可以使车避开事故的中心位置,有时甚至能脱离危险,转危为安;若转向盘转动得迟一点或制动得早一点,就会使车辆失去避让的机会和机动能力。但是,对一些需缩短制动距离的事故,应在转动转向盘的同时采取紧急制动。

一旦发生事故,驾驶人应先抢救处在危险中的乘客或受伤人员,不得为保自己安全而擅离职守。当车辆起火或有爆炸危险时,驾驶人应奋不顾身地将危险车辆驶离人群、工厂、村镇,尽量减少事故车辆对人民生命财产的威胁。

33. 车辆将发生相撞时紧急处理的技巧与禁忌

迎面相撞一般是与对面来车或障碍物相撞。与对面物体相撞时力量较大,形成的破坏力也大。车辆在设计时就已经考虑到这一点,所以,在每辆的车架前,都有一个置于车头的保险杠,保险杠与车架相连。车辆相撞时,首先接触的是保险杠,保险杠通过连接的车架会吸收一定的力,起到缓冲作用。撞车力量较大时,这种力就不能被完全吸收,会造成保险杠变形后移,使车头扁瘪。行车中,若看到两车不可避免地要相撞,驾驶人应迅速判断相撞的方位和力量。如果撞击的方位不在驾驶人一侧或撞击力量较小,驾驶人应用手臂支撑着转向盘,两腿向前蹬直,身体向后倾斜,以此形成与惯性力方向相反的力,保持身体平衡,以便安全气囊弹出,即使安全气囊没有打开,也可避免车辆在撞击时头撞到前风窗玻璃上受伤。如果判断撞击的部位临近驾驶人座位或撞击力量较大,驾驶人应在安全带活动范围内迅速躲离转向盘,往副驾驶座位移动,同时迅速将两腿抬起。因为车体相撞时,发动机部位和转向盘都会产生严重的向后移位(有很多汽车转向盘已设计成可弯曲型,当发生撞车时,转向盘会自动折叠,以保护驾驶人),若驾驶人躲避不及时,胸腹部或腿部就可能被转向盘或发动机挤压致伤(见图7-5),有时甚至会危及生命。在车辆即将发生碰撞时,驾驶人不要因慌张而不采取任何避让措施。

　　侧面相撞多数发生在交叉路口。这种撞击若发生在驾驶室部位,危险性相当大,因为车的侧翼部分防撞设施较为薄弱。预防这种撞击的方法是提前发现险情,及时调转车头方位,让车身部分与来物相撞。如果侧面物体将会撞向驾驶人乘坐的部位,驾驶人应迅速往驾驶室另一侧移动,同时用手拉着转向盘,以便控制方向和借助转向盘稳住身体。如事先估计将要发生撞击,可立即顺车转向,努力争取使侧面相撞变成碰擦,以减少损伤的程度。

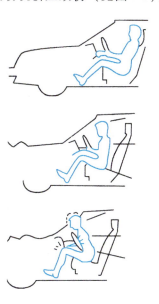

图7-5　汽车和乘员的碰撞过程

34. 车辆将发生碰擦时紧急处理的技巧

碰擦一般是指会车、超车或避让障碍物时，车体与其他物体相碰擦的现象。这种碰擦，对坐在车厢边上的人员有较大的危险性。现代汽车，很多在汽车两侧也配置了安全气囊，当汽车两侧发生碰擦时，安全气囊也会打开，保护车内人员。为避让伤害，当发现车体要与其他物体相碰擦时，应迅速向车厢内侧挤靠，以防车体变形挤伤身体。车辆碰擦的部位多数在车头的两侧。驾驶人在会车、让车、超车或避让时要格外注意，保证车身两侧的侧向安全间距。发生碰擦时，驾驶人应迅速向外侧（如条件许可）稍转转向盘，接着回一点转向盘，并立即将车与碰擦物分开，以免加剧碰擦面积，更应防止因碰擦而造成侧滑，使车与碰擦物撞在一起。

35. 车后被撞时紧急处理的技巧

车后被撞一般是在停车时，后随车辆停不住车而发生的撞击，即追尾。这种撞车，驾驶人一般难以预料，发生得很突然。但由于车后面也有保险杠，加之车辆本身是适合向前运动的物体，所以后面被撞时，对驾驶人威胁并不大。

为防止被追尾，行车中应随时查看后视镜，观察车后是否有车随行，尤其在制动停车前要观察后随车的距离和行车状态。在紧急制动时，要做好被追尾的思想准备。

一旦发生汽车追撞，驾驶人应挺直腰，双手紧握转向盘（见图7-6），防止惯性前冲使身体抛离坐垫，伤及腰部或颈部。同时，应立即采取相应的停车措施。如果自己的车辆在行驶中，前方无障碍物，则应稍向前行驶一段距离后再制动停车，以免防止后车追撞力量过大，加大撞车的损失；如果自己的车辆在紧随其他车辆，则应立即制动停止，以防止本车再次与前面的车发生连环追尾；如果本车被后面的汽车追撞，并推着向前或左右跑偏，则应立即踏下加速踏板，快速摆脱后面的车辆，驶向安全地段再停

图7-6 汽车追撞时应采取的姿势

车；如果车辆已撞坏不能行驶，则应保护好事故现场，报警处理。

36. 车辆掉进水里后救护的方法

如果车辆掉进水里，则应迅速判断水底和水面的距离，估计水的深度，判断水是否能淹没车体。

图 7-7　用车上硬物打破车窗玻璃

如果水较浅，驾驶室没有被淹没，则应待车身稳定后，设法从安全的出处逃离车辆。如果驾驶室将被水淹没，或车身正在下沉中，不要急着推开车门，因为驾驶室未进满水前，车门是难以推开的。此时，若推开或砸碎玻璃，水会向车内灌注，人也无法爬出驾驶室。所以，在这时应有片刻的冷静，立即选择好准备脱离驾驶室的出口。同时，深呼吸几次，做好憋气潜水的准备，从容地等待水将驾驶室灌满。当车内和车外水压基本相等或驾驶室里的水将要淹没头顶时，再深吸一口气，破窗或推开车门潜游而出，如图 7-7 所示。出水后应认准车辆落水处，以便打捞。

37. 车辆坠崖时紧急处理的技巧

车辆若在悬崖或路基边上呈半悬空状态停住，驾驶人应稍停顿片刻，待车身稳住后，弄清安全的出口，再小心地离开车辆。特别要防止人员向悬空方向移动，以免慌乱中加剧车辆的倾斜，甚至导致倾覆。

车辆一旦坠崖，就要抓紧转向盘，让系着安全带的身体后仰紧贴着背垫，随着车体翻滚。翻滚中，安全气囊均会打开。这样，当车摔到崖底时，身体有相应的护垫，起到缓冲撞击的作用。在车辆翻滚过程中，如果未系安全带或未抓牢固定物而使身体在驾驶室内控制不住地滚动，就会使身体不断地撞击到驾驶操纵机件及其他硬质物体，使身体遭受多次撞击而受伤。

38. 车辆发生火灾时救助的技巧与禁忌

车辆火灾一般发生在天气炎热条件下以及撞车、翻车或保养、加油之际。车辆发生火灾时，驾驶人应注意以下几点：若发现发动机罩下有烟冒出，有自燃的苗头，应及时靠路边停车，迅速下车取出灭火器，打开发动机罩检查，有火情时应迅速用灭火器灭火。自己无法扑灭火焰时，应及时拨打"119"报警。如果已发现火情，则应关闭点火开关，打开车门开关，立即设法离开驾驶室。如果驾驶室门无法打开，可从风窗玻璃处脱离，如图7-8所示。当火焰逼近自己，无法躲避时，应用身体猛压火焰，冲出一条

图7-8　用随车工具或灭火器打碎风窗玻璃

路。冲出时，要注意保护暴露在外面的皮肤，不要张嘴呼吸或高声呐喊，以免烟火灼伤上呼吸道。涤纶、尼龙、维尼龙等化纤产品的布料都是易燃品，禁止穿着用这些布料做的衣服接近火源，应及早将其脱去，以防烧伤。如果车辆燃油着火，禁止用水浇和拍打的方法灭火，只能用沙或土压或用棉被、篷布蒙盖使其熄灭。如果在保养或加油时发生火灾，则应先将着火车辆迅速驶离油库。如果高压电引起着火，则应迅速切断电源。如果几辆车在一起或在车场引起火灾，则应迅速将其他车辆疏散或将车驶离危险区及人口稠密区，再设法灭火。

39. 车辆发生爆炸时躲避的技巧与禁忌

车辆爆炸的事很少发生，一旦发生便会造成较大的危害。爆炸的发生，一般是危险品装运不当、撞车碰到燃油箱或火灾中燃油箱燃烧时间过长所致。当有爆炸危险时，驾驶人应驾车迅速驶离人群，避开危险区。在爆炸时，应迅速就地卧倒，尽量选择避开爆炸物飞进的死角躲避，如凹地、土坡和房屋后等处。禁止使身体暴露在危险的空间，以免遭受伤害。

汽车一旦发生爆炸，往往不止爆炸一次，通常会引燃装载的易爆物品或汽油，在发生第一次爆炸后，还有后续爆炸。对此要有充分准备，禁止一次爆炸后立即接近车辆，以防后续的爆炸。

40. 汽车起火现场进行救护与处理的禁忌

一旦遇到汽车着火，进行救护和处理时，应注意以下几点：

（1）遇着火时禁止惊慌。在起火初期，驾驶人应利用汽车上

的灭火器或用大衣、扫帚、沙土扑打、覆盖着火点。如果火势严重，应立即拨打"119"报警，请求灭火。

（2）着火汽车上的驾驶人或乘员身上起火时，禁止慌张、乱跑，否则火借风势越着越大，应立即脱掉着火衣裤或就地打滚，压灭火种。

（3）扑救身体着火的伤员时，禁止用水灭火，以防造成细菌感染，应用被服等物盖住着火的身体，使火自燃熄灭，然后迅速将伤员护送医院。

（4）汽车内可燃物质燃烧时，散发的烟和气易使人中毒。在扑救时，禁止张嘴大口呼吸（见图7-9），以防止烟火烧伤呼吸道或吸入有毒气体，应注意屏气防毒，并迅速将失去知觉的伤员转移后抢救。

41. 防止静电引起汽油燃烧的技巧与禁忌

汽油在运输和灌注过程中，与其他物质摩擦会产生静电。如果容器不接地，静电会越积越多，很容易发生静电着火，引起火灾。为防止静电着火，储存和

图7-9 扑火时，禁止张嘴大口呼吸

灌注汽油的容器、管道、设备等都应安装接地装置。往油罐或油罐车装油时，输油管要插入油面以下或接近罐的底部，以减少油料与容器的冲击和与空气的摩擦，输油速度不要太快。装卸或输送油料时，不要在油管出口上安装过滤袋，不要用汽油使劲揉搓毛织物或人造纤维织物。运送汽油的油罐车，必须有接地铁链。泵送汽油时，除保证铁链接地外，还要将车上油管接地线插入地下，并不得浅于10mm。平时不要用塑料桶存放汽油。尽量避免在雷雨天气及高压线下进行汽油作业。在加油站加油时，汽车应停熄发动机，在加油口附近不要接听和拨打手机。

42. 油料着火时扑灭的技巧与禁忌

当油料着火时，首先要沉着，力争迅速将其扑灭。如果火势刚开始还较小，禁止急于外出喊人，以免耽误灭火时机，使火势急速

扩大。只有当火势不可避免要扩大或一人无法扑灭时，才可离开现场，向消防队或有关人员报警。

油料着火的扑灭方法有窒息法、隔离法和冷却法三种。窒息法就是将燃油与空气隔绝，或降低空气中氧的含量，使已着火的油料在无氧或缺氧的情况下自行熄灭。通常使用石棉被、沙土等不燃烧的物质覆盖在燃烧的油面上。此外，还可用二氧化碳、四氯化碳、泡沫、干粉等灭火剂灭火。隔离法就是将燃油与可燃物隔离，将未燃的油料移至安全地带，避免已燃油料外流等。若车库或车场内着火，则应在扑救的同时，将着火的汽车推出库外，使其离开相邻的汽车。冷却法就是降低燃油温度，使燃烧中止。禁止将水直接喷洒在燃着的油料上，因油比水轻，会浮在水面上使火势蔓延。因此，此方法只与窒息法同时运用，即在用灭火剂或石棉等将着火的燃油箱、桶熄灭后，再用水喷洒罐、桶外壳，降低罐、桶的温度，避免其中的油料大量蒸发而产生爆炸。此外，还可用水喷洒着火现场附近的物体，使其不会因热辐射而着火。

第八部分

汽车使用中的技巧与禁忌

汽车在使用中有很多技巧与禁忌,这些技巧与禁忌直接关系到车辆的技术状况,关系到驾驶人安全驾驶车辆的保障程度。

一、汽车的使用与养护

1. 减缓汽车动力性能下降的方法

汽车在使用中,动力性能会逐渐下降。减缓汽车动力性能下降的速度,是提高车辆经济性的重要内容。为此,应注意做到以下几点:

(1)尽可能使发动机在中等转速下工作,避免长时间高速或低速运转。

(2)尽量提高发动机单位时间的进气量。

(3)保证气缸密封良好,防止气门、气缸盖衬垫和火花塞漏气。

(4)正确选用油品,维护各种电子设备,使供油和点火装置处于良好的技术状态中。

(5)保持发动机的正常工作温度和良好的润滑条件,减少运动部件的摩擦损失和运动阻力。

(6)加强底盘的维护,正确进行检查、调整和润滑,提高底盘的轻巧性,最大限度地减少功率损失。

2. 判定汽车技术状态是否良好的方法

汽车技术状态是否良好,可按以下主要标准判定:发动机容易起动,运转均匀,动力性能和加速性能良好,无异常响声,温度和压力正常;离合器分离彻底,接合平稳可靠,无异常响声;转向装置调整适当，操纵轻便灵活，工作可靠；驻车制动器、制动踏板调整适当，效能良好，不跑偏，制动距离符合要求；变速器和传动机件无异常响声，无过热现象，工作可靠；仪表、照明、警报、信号及附属装置齐全，性能良好；全车线路齐全，连接及固定可靠；空气滤清器、机油粗滤清器、机油细滤清器、燃油滤清器清洁完好；全车各润滑点滑润充分；轮胎气压正常，搭配合理；蓄电池清洁完整，固定可靠，电解液密度和液位适当；空调装置运转正常；钢板弹簧和减振器性能良好；底盘各部件调整适当，汽车滑行性能良好；全车清洁，无漏气、漏油、漏水现象，各部件连接、紧固可靠；车身正直，车厢坚固，牵引装置工作可靠；随车工具及附件无丢失、损坏和锈蚀现象。

3. 新车走合期使用的禁忌

新车使用的最初阶段称为走合期。走合期特别是开始使用的几个小时，对车辆使用寿命、工作可靠性和经济性有很大影响。为此，新车在走合期必须遵守各新车厂家规定的要求。在新车走合期，通常要注意以下几点：

（1）发动机刚起动后，禁止急剧加速，禁止猛踏加速踏板。

（2）发动机处于冷态时，无论在空档还是挂入档位，都禁止高速运转，只有在发动机处于热状态时，各档位的行驶速度和发动机转速才可恢复正常。

（3）行驶中，手动档汽车各档位的行驶速度禁止超过下列规定：1档时30km/h；2档时55km/h；3档时80km/h；4档时105km/h；5档时120km/h。

（4）走合期的行驶里程规定为1500km。在前1000km内，允许发动机的最高转速达到4200r/min，高速档时也只允许在低于此转速的范围内行驶；1000～1500km时，行驶速度或发动机转速可逐渐提高至最大极限。

（5）根据道路的不同条件，提前换低速档，禁止用高速档行驶，以免发动机负荷过大。

（6）禁止紧急制动，以免损坏机件。缓和地使用制动，能较好地磨合制动器，并延长其使用寿命。

（7）选用原厂规定的品质好的燃油和润滑油。

（8）加强各部件的润滑并及时紧固。

4. 出车前进行检查的方法

出车前，驾驶人应坚持对车辆进行下列检查：

（1）检视汽车外表，查验车体有无异常。

（2）检查汽车主要外露部位的螺栓、螺母是否齐全、紧固、有效。

（3）清洁汽车外表，尤其要清洁前风窗玻璃、后视镜。

（4）打开点火开关，检视各仪表工作是否正常，查验有无报警信息。

（5）检查照明和信号装置工作是否可靠。

（6）检查制动装置工作是否良好。

（7）检查燃油量。

（8）检查后视镜位置是否合适。

（9）检查轮胎气压和轮胎状况是否正常。

（10）检查刮水器工况和风窗玻璃清洗液液位是否符合要求。

（11）检查驾驶证、行驶证和必须携带的行车证件是否齐全。

（12）检查乘员乘坐或货物装载是否符合规定。

（13）检查随车装备（三角架、灭火器、随车工具）是否齐全。

（14）起动发动机，检查发动机运转是否正常，有无异响，各仪表、警告灯工作是否正常。

5. 行驶途中进行检查的方法

长途行车一段路程或一定时间后，应选择平坦、宽阔、安全可靠、能避风或遮阳的地方停车，进行检查保养。在高速路上应选择服务区停车休息，并对车辆进行途中检查。途中通常进行下列项目的检查：检查汽车发动机和底盘的工作情况是否正常；检查各种仪表工作是否有效、可靠；检查转向器、驻车制动器和离合器的工作是否正常、可靠；检查轮胎气压，清除轮胎花纹中的夹杂物；检查有无漏水、漏油、漏气现象；查看全车外身，检查有无异常情况。

6. 收车后进行检查的方法

收车后的例行检查一般包括下列内容：检查发动机运转是否正

常，察听有无漏气之处；检查和补充燃油、机油、冷却液；扭转机油滤清器手柄 3~4 转；用手摸制动鼓是否发热或过烫；检查轮胎气压是否充足；气温在 0℃ 以下时，冷却系统无防冻液的应将冷却液放净；关闭所有电子、电压、互联网开关和按钮；检查并配齐随车工具及附件；清洁全车外部，打扫驾驶室；检查是否按规定停放了汽车，驻车制动器操纵手柄是否拉紧；最后关闭车门窗，关闭车门；将车门关好后应再拉一下，确保已锁上。

7. 新车检查保养时的注意事项

为了避免新车因缺损零部件而造成损坏，在使用前，应认真仔细地逐条阅读新车的随车说明书，并按说明书的要求进行下列检查：检查各部位的连接及紧固情况，尤其是传动、转向、制动、悬架、车轮等主要部位；检查散热器内冷却液存量及其连接部位是否有漏液现象；检查发动机、变速器、后桥、转向器的润滑油油位及各润滑点注油情况；检查供油系统是否漏油；检查发动机附件和传动带的张紧度；检查蓄电池的液位是否符合规定；检查电气设备、灯光、喇叭和仪表工作情况，有无松旷和发卡现象；检查变速器各档位能否正确接合；测量轮胎气压是否符合规定；查点随车工具及附件是否齐全。

最后应进行路试，在动态下检查车辆的动力性，各大总成工作状况，操作装置是否轻便有效；对高级汽车和特种汽车的特殊装置应开动使用一下，以证明其技术状态。

8. 提高汽车滑行性能的技巧

汽车的滑行性能与燃油消耗率和车辆是否平稳驾驶有很大关系。要提高汽车的滑行性能，需做好以下几点：

（1）定期进行车辆保养，保养中要加强底盘的润滑。

（2）车轮轴承调整适当。要求调整后轮毂在推拉时感觉不到轴向间隙，轴承松紧适度，在轻转轮毂时，轮毂应转动轻快且无明显摆动。

（3）选用子午线轮胎。

（4）定期检查和核对前轮定位和轮胎气压。

（5）制动器要调整得当，制动松开时，不得有摩擦制动片或制动鼓的现象。

（6）不随意增加车的附属设备。

9. 降低汽车噪声污染的方法

降低汽车噪声污染主要在于改进汽车自身构造。对驾驶人来说，应采取以下方法：

（1）按规定润滑车辆，防止机件发生干摩擦。

（2）不乱踏加速踏板，加速平稳，档位使用正确，避免错档乱档。

（3）少鸣或不鸣喇叭，杜绝使用高音喇叭。

（4）正确选用轮胎，有条件的应尽可能选用纵向花纹的轮胎或子午线轮胎，并保持轮胎的正常气压，以降低轮胎噪声。

（5）加强维修保养，定期对汽车进行检查、调整和紧固。

（6）正确选择行车路线，坚持中速行驶，减少汽车颠簸。

（7）加固汽车的外壳，对齿轮室盖和油底壳以及其他部件的隔声部位要保证密封可靠。

（8）货物装载要稳固牢靠，避免晃动、碰擦。

（9）对行车中发出的噪声做仔细判断，找出噪声产生的根源，停车后及时采取紧固、更换、润滑等方法予以排除。

10. 清洗轿车的技巧

轿车车身喷漆考究、美观，要保持轿车清洁，必须经常清洗。清洗轿车时，应注意以下几点：

（1）清洗车漆表面时，切勿使用刷子、粗布，以避免划到漆面留下痕迹。

（2）应避免在烈日高温条件下清洗。若发动机罩还有余热，应待冷却后再进行清洗，防止温差太大伤及漆层。

（3）清洗时，最好用分散水流喷射，避免用高压水柱对漆面进行冲刷，如图8-1所示。

（4）清洗后再用软而清洁的海绵自上而下地擦洗。擦洗时应经常将海绵在清水中洗涤，以免海绵中有杂质而划伤漆面。

（5）现在洗车场洗车都用洗衣粉帮助去污，在用海绵蘸洗衣粉水清洗擦拭后，一定要用清水再次冲洗，以免含碱的水留在漆面上。

（6）对于柏油渍，可用二甲苯溶液清除，然后用水洗净。

（7）对于机油渍和泥浆水迹，可用肥皂120g、刨细的白蜡400g、蒸馏水2.5L的混合物加热成液体后，再掺入60g钾碱（碳酸钾）液体擦洗，擦洗后再用水清洗。

（8）对于死虫秽迹，最好当天用温水除去。若难以清除，可用

图8-1 避免用高压水柱对漆面进行冲刷

浓度为1%~2%的无碱皂溶液擦洗，再用清水冲净，禁止用肥皂水长时间浸泡。对于车身污迹，禁止使用有机溶剂如汽油、香蕉水等擦拭，否则会伤及漆层表膜。

（9）对发动机罩下各部件表面进行清洁时，禁止用油脂清除剂清洗，否则其防腐材料也同时被清除。

（10）对于行驶在盐碱地带的汽车，禁止用当地水池中的水冲洗车辆，应经常使用清水冲刷发动机罩下机件，然后采取防护措施以消除盐渍的损害。

11．行驶中轮胎爆裂的处理技巧

汽车行驶中轮胎突然爆裂，会使车辆出现严重的偏行及车身倾斜的现象，驾驶人若处理不当，会引发行车事故。正确处理的方法应根据轮胎爆裂情况而定。

如果汽车的后胎爆裂，汽车的尾部就会摇摆不定、颠簸不已。对此，驾驶人应双手紧握转向盘，使汽车保持直线行驶，再踏几次制动踏板使汽车制动，利用惯性将车辆的压力前移，以减轻后轮所承受的压力，随之再将汽车缓慢停下。切不可采用紧急制动方式停车，以免造成车辆横滑和车轮损伤。

如果汽车的前胎爆裂，汽车偏行就会严重，在高速行驶下，很容易引发事故。对此，驾驶人应双手用力控制转向盘，放松加速踏板，保持车辆直线行驶，利用发动机牵阻作用制动车辆，使其安全停车。切不可采用紧急制动，以防加剧偏行或横滑。

12. 汽车上皮革制品的清洁和保护方法

高档汽车上有很多器件是用皮革包装或制造的，如转向盘及座椅等。清洁这些皮革制品时，可先用一块湿布擦去皮革上的污物。如果污物较重，可用一块蘸上稀清洁剂的海绵擦拭。但擦拭时不可将皮革弄得太湿，以免水顺着合缝处渗入机件。用清洁剂擦拭后，再用一块干燥的软布或毛巾将其擦干，然后再打开车门，让空气流通，彻底吹干皮革上的水分。必要时，可使用皮革保护剂，如皮革上光剂、液体鞋油等，对即将晾干的皮革上光擦拭。使用的保护剂颜色要与车上皮革颜色相匹配。

13. 雨雾天车身保养的方法

雨雾天气出车时，车身表面会有大量的水，而车身上微小损伤处露出的金属部分会生成铁锈。天气寒冷，损伤部位的水还会冻结成冰，其张力会将漆层胀开，使该处产生裂纹。这种情况若继续发展下去，车身表面的漆层将会产生许多裂痕，铁皮沾水后很容易生锈，使金属部分受到腐蚀损坏，从而影响车身的耐用度与美观。在汽车在雨雾天气中行驶后，应将车驶入车库，也可用雨布、车罩将车身保护起来。但使用雨布或车罩时，要注意雨布和车罩本身的清洁，以防污物擦伤车身表面。

14. 添加冷却液时的禁忌

驾驶人平时应经常打开发动机罩，检查冷却液消耗情况。现代汽车冷却液均是防冻液，冷却系统也是封闭便于检视的。若看到冷却液罐中的冷却液液位低于标准线时，应及时添加冷却液。添加冷却液时禁止将不同品牌的冷却液混合使用，因为不同品牌的冷却液其化学性能可能相差悬殊，比如对黑色金属有效的防腐剂却常常对铝制品有腐蚀作用，而适用于铝合金的防腐剂则对铁合金有害。由于不同品牌的冷却液所用的防腐剂不同，所以不能混合使用。平时更不可用玻璃水代替冷却液加到散热器中，也不可将自来水加到散热器中代替冷却液长期使用。如果混加了冷却液，最好在车到达目的地后放净冷却液，重新添加适合本车使用的冷却液。

15. 养护刮水器的技巧

刮水器是车上的易损件，刮片需要不定期更换，但养护得当，可延长刮水器的使用期限。做好刮水器的养护，首先要防止异物的伤害。车辆在停放、行驶中都会有沙、灰等小颗粒物黏附在刮水器和风窗玻璃上，此时，很容易给刮片平整的表面造成伤害，导致刮不干净。对此，平时应用柔软的布擦拭胶条接触面，将附在上面的沙粒和灰尘除去，让刮片和风窗玻璃同时得到保护。雨天过后应尽快用净水冲洗刮水器和风窗玻璃，因为雨中的酸性成分容易造成胶条老化。寒冷条件下，玻璃结冰和有积雪时，不可用刮水器硬刷，否则会导致刮片损坏，甚至烧坏刮水器电动机。经常改变胶条接触面的倾斜状态，防止出现变形。当刮片贴合不严密时，应尽快去维修店调整或更换；刮片最好一年更换一次。在车辆长期停放的情况下，可将木条之类的小东西垫在刮片下，使刮片与风窗玻璃相互分离，这样可以延长刮水器的使用寿命。

16. 自检制动片的方法

有些车上有制动片警告灯，警告灯亮时，提醒驾驶人需要更换制动片了。此外，当制动片上的摩擦材料磨到钢背警示线时，会有警示声，警示声也是提醒驾驶人需要更换制动片了。

当踩下制动踏板，感到制动很吃力时，很可能是制动片已经丧失摩擦力了，需立即检查更换。当制动时听到贴片摩擦的异响声时，说明制动片已超过使用极限，应立即更换。更换制动片的同时还要检查制动盘是否也已磨损，是否需要同时更换。

当肉眼观察制动盘厚度已经仅剩原厚度的 1/3 时，就要增加自检频率，随时准备更换。每个制动片的两侧都有个凸起的标志，当制动片厚度接近这个标志时，就应更换。

17. 禁止给轮胎螺母上油

有些驾驶人不了解轮胎螺栓与螺母的工作特性，出于爱护的目的会在更换轮胎时，擅自给螺母上油。其实这是禁止做的一件事情。因螺栓和螺母拧紧后，相互具有自锁的特性，而涂上润滑油后，两者间的自锁系数变小，造成自锁性能下降，在汽车高速行驶时，螺栓和螺母很容易松动乃至脱落，引发行车事故。

18. 门窗橡胶密封条脱落后的处理技巧

汽车车门的内侧与车身接合的部位，以及车窗玻璃的边缘都有橡胶密封条。这些橡胶密封条主要起到防风、防雨、防尘、防振动（四防）的作用。橡胶密封条经长期使用，会产生老化、龟裂、断裂、松动或脱出的现象,从而降低汽车四防的性能。所以,当橡胶密封条损坏脱落时,应立即用相同规格的橡胶密封条更换。若当时没有可更换件,可将橡胶密封条放入温水中泡一会再使用,对于不严密的部位,可以用强力胶粘牢。

19. 保护车身漆膜的方法

汽车尤其是轿车车身的外观十分漂亮,车身外表漆膜平整、光亮、丰满、色泽鲜艳。这主要是汽车制造厂家采用了先进的涂装技术,其中包括阴极电泳涂装、中间层的涂装、面漆层的涂装等。而这些工艺一旦离开生产线,就难以在分散的维修站实施。所以,汽车车身漆膜一旦被破坏,就难以修复到原样。这样就要求平时需更好地保护汽车车身漆膜,并应注意以下事项:

(1) 避免使漆膜遭受强烈冲击、碰撞或划伤,尤其要注意避免在行车中与尖硬物体划碰。

(2) 擦洗车时,要使用干净柔软的擦布、海绵,要防止擦布和海绵内混入金属屑和沙粒等,以免擦伤漆膜。

(3) 不要用带有有机溶剂的擦布擦洗漆膜,并且不要把这种擦布或物品放在漆膜表面上。

(4) 不要用脏手摸车身漆膜,因手上的污物也会伤害漆膜,并且脏手印留在漆膜上也较难清除。

(5) 汽车应停放在车库或阴凉的地方,避免日光暴晒和冰冻。

(6) 若无大的损坏,不要轻易进行二次涂装,以防止漆面接合不好脱落。

(7) 冲洗车辆时,尽量少用碱水。如果用了碱水,则应及时用清水冲净,以防止碱对漆膜的腐蚀。

20. 修补车漆的方法

当车身表面擦伤使车漆剥落,露出内部的铁皮时,应及时进行修补,否则,时间久了,铁皮会生锈,继而锈蚀出孔洞。修补时,应先以汽油或石油溶剂去除修补部位的车漆。若擦伤处已露出铁皮部分,需先涂铅粉或表面防锈剂打好底子,然后再涂上修补用的漆或真漆,这样可以增强漆层与铁皮的接合强度,否则,修补层会迅速脱落。

修补车漆时,也可采用喷涂的方法。喷涂后大约需要一个星期，涂层才能完全硬化。在此期间不能涂蜡，否则会损伤修补层。

对细微的车漆划痕，可以将画油画用的油彩调到与车漆颜色一致，然后滴一点万能胶，拌和好后用笔描在划痕上，待干后用蜡打磨，可使划痕与车身颜色一致。

21. 车身上沥青焦油的清除方法

汽车行驶在沥青路上，车身上经常会粘上沥青或焦油等污物。这些污物不溶于水，而且黏性很大，用水或布不能擦掉。要去掉车身上的这些油污，必须涂车蜡。因为蜡中的油分能将沥青中的焦油溶解，只要反复涂抹车蜡，就可以将粘在车身上的沥青或焦油去除。在去除后，再用干净的棉布擦拭一次，这样可将沥青或焦油残留在车身上的污迹彻底擦净。

22. 防止汽油溅落到车身上的方法

汽车加满油后，常因不小心而使汽油流到车身表面及地面。汽油具有较强的挥发性，当其流到地面时，会很快挥发。但滴到车身上时，车漆就会被汽油溶解，即使车身表面涂有车蜡，也不足以阻止汽油的侵蚀与破坏。受到破坏的车漆表面会立即褪色，并失去光泽，使车身表面出现斑点。因此，加油时可在加油口垫上毛巾以及能吸油的垫层。如果汽油溢到车身上，则应立即用干布将汽油擦净。

23. 车身锈蚀时的处理方法

车身表面出现铁锈时不可轻视，因为铁锈可导致车身腐蚀、穿孔和报废。铁锈因氧化程度不同而分为红锈和黑锈。当铁锈呈黑色时，表示尚未侵蚀到内部，可以用研磨粉或细砂纸将其擦去。若出现红锈，则表明铁锈已侵入钢板内部，这时再要消除就不容易了。若不予以处理，红锈腐蚀金属每年约1mm。车身钢板的厚度有1.4mm、0.8mm、0.6mm等各种规格，在汽车产生红锈之后，少则半年，多则2年，汽车车身的钢板就可锈蚀出孔洞。为了防止锈蚀，出现黑锈时就应立即将其除掉，然后再用真漆或防锈漆进行处理。

24. 汽车电镀层的保护方法

有些汽车的保险杠或车灯框是在金属或塑料表面镀银而制成的，以使零件表面具有光泽且能起到耐蚀的作用。但电镀件也会因时间过久而降低耐蚀的效能。因为电镀表面存在着许多微小的孔洞,当电镀表面受水侵蚀时,水分就会由这些微小孔洞渗入,引起镀层下的金属生锈。由于锈层夹在金属与电镀层之间,会使电镀层剥落、开缝。为了防止电镀件锈蚀,需要在电镀件的表面涂上一薄层光蜡。对于塑料制品的电镀件,不存在生锈的可能,因而在保养时,用沾湿的抹布轻轻地擦净即可。但是电镀层与塑料之间的接合能力差,因而在擦拭时不要用力过大,以免造成电镀层剥落。

当电镀件生锈时,应将锈蚀部位的四周清理干净,并在其上做好耐蚀处理,以防止锈蚀蔓延,然后再做电镀处理。这样才能恢复原有的光泽,起到保护作用。

25. 给汽车涂蜡的技巧

车身涂蜡的作用有以下两点:一是保持车身表面光泽,看起来闪亮耀眼,给人焕然一新的感觉;二是对车身形成一层保护膜,使车身表面与空气及水分隔绝。

涂蜡时要求蜡层均匀一致,不得过厚。涂得不均匀时,有些部位未涂到,起不到保护作用;涂得过厚时,粘上灰尘,也会使车身受损。另外,涂蜡前一定要将车身表面的灰尘、泥土除净,否则,在涂蜡时这些灰尘、泥土会形成磨料擦伤车身表面。同时,灰尘还会与光蜡混合在一起形成污点黏附在车身上,很难清除。涂蜡时,应以海绵沾蜡用画圆圈的动作在车身上摩擦。这样,不但涂得均匀,而且能使车蜡深入到车漆表面的细微凹坑处,防止水分附着于车身表面,达到防锈的目的,从而保护车身,延长汽车的使用寿命。蜡层过厚或旧的蜡层需要去除时,必须用细毛巾或细棉布擦除,避免擦伤车身表面。

26. 用牙膏处理汽车划痕的技巧

汽车长时间在风吹、雨打、日晒下行驶,车身时常会出现一些轻微的划痕。因轻微的划痕而去做汽车美容不值得,不进行处理又有碍美观。对此类轻微划痕,可用牙膏巧妙地处理掉。操作方法是:把牙膏轻轻涂在划痕处,用柔软的棉布逆时针抹圆圈。这样做一般可减轻划痕印记,还能避免空气对车漆损伤处的侵蚀。不过,这只是一个权宜之计,暂时应付一下,有机会或划痕增多时还是要认真地给爱车做真正的车身美容或是车漆修补。

27. 加错燃油后的处理方法

因不慎给汽油车加了柴油，这时若起动发动机，发动机及相关机件就会受到损害。由于汽油和柴油的密度及燃烧方式都不同，误加了柴油的车起动后就会出现抖车、排气管冒黑烟、尾气有臭味甚至无法打着火等现象。此时若继续行车，则会使整个供油系统受到严重损害。若在汽车起动前发现加错了油，车主应在第一时间联系4S店进行补救。若无4S店，则应及时放空燃油箱中的柴油，加注高牌号的汽油10L左右，再放净汽油，以清洗燃油箱，然后再加注汽油，起动发动机，怠速运转一段时间，待油管内燃油燃烧尽后再行车。

柴油车加了汽油，后果虽没有汽油车加了柴油那么严重，但柴油车发动时没有那么有力，排气管冒白烟，发动机渐渐会出现异响和抖动。出现此情况的处理方法与汽油车加柴油的方法相同。

不论什么车，应尽量到正规加油站加油，并最好在一个固定的加油站加油，这样油品、牌号都会尽量相同。不可贪图便宜，到一些非法油站购买劣质油，这些劣质油往往不是正规炼油厂出品的，杂质多、不达标、掺假、油品不纯，对发动机损害较大，也影响发动机的功率。

二、电子装置的使用

28. 防止静电积累影响车用电脑的方法

搭载车用电脑的汽车，停放时偶尔也会出现故障，如发动不了或防盗系统失灵，无故出现光、声报警等。追究其原因，常常是静电积累和芯片引脚水汽形成串扰短路或接触不良。因此，对于较长时间停放的汽车，应注意周围的环境条件，烟尘不能大，更不能潮湿，还应远离强电场，最好能做到遮风避雨，经常起动暖机或行驶一段路程，使静电得到释放。禁止使静电形成积累，对电子系统造成不良影响。

29. 防止人体静电影响行车 ECU 的方法

据不完全统计，有60%~70%的行车 ECU 故障由静电放电所致，其他故障才是由潮湿、振动和高温等引起的，而静电的产生，大多是由驾乘人员引起的。一般的芯片耐静电电压在几十伏至几百伏之间，而人们在车内脱毛织物时产生的静电放电，瞬时电压一般可高达几万伏，这足以击穿任何类型的芯片。因此，在有行车 ECU 的车上，驾乘人员应缓慢地脱毛织品衣物；在对 ECU 进行操作时，如拔插其插头等，即使点火开关置于 "OFF" 位置，也应先用手触摸一下搭铁良好的车身部位（裸露铁质的部位），尽量让身体上的静电释放掉。

30. 行车 ECU 显示屏的使用方法

新型汽车在仪表板上设置有行车 ECU 信息显示屏，其显示的不仅是数字而且还有文字，并且主要针对使用操作，还未深入至维修，未指明大系统中的具体故障部位。

先进的汽车设有信息中心，信息中心仪表板上设置有信息键、计时键、显示键、短程计距键、公英制换算键和复位键等。当按下显示键后，显示屏会直接用文字向驾驶人提示某一大系统的故障信息，提醒驾驶人应注意的事项、应采取的操作方法或立即送修。例如，当显示屏显示气囊系统有故障时，应尽快维修，但故障部位具体在加速度计、气囊（垫）组件、点火电路还是在气囊 ECU，显示屏却没有提示，这还要让专业人员检测。

31. 使用显码法检查汽车技术状态的方法

现代汽车用数字显示故障码的方式简便、直观。当汽车发生故障，或需要对汽车进行技术检查时，只需按空调面板上设定的 2 个或 3 个控制键，即可显示出故障码（直接由 2 位或 3 位数显示）。以凯迪拉克汽车为例，显示故障码的操作如下：

（1）将点火开关转至 "ON" 位置或起动发动机。

（2）同时按下 "OFF" 和 "TEMP▲" 键。另外，选择被测系统需按 "ON" 和 "SLEW" 键，确定选定的被测系统需按 "YES" 键。

（3）若显示屏显示 "-00"，说明系统已进入诊断模式。

（4）用风扇的 "▲" 或 "▼" 键选择所需诊断的大系统，如 "-00" 为发动机及变速器/动力控制系统，"-01" 为中央控制系统，"-03" 为气囊系统，"-04" 为防抱死制动系统，"-05" 为电子控制模板块中的可编程只读存储器 PROM。

（5）选择了诊断系统后，再按 "OUT TEMP" 键，即可显示该大系统中的各种故障对应的 2 位数故障码。若出现 3 位数故障码，则是曾经有过的故障码。

（6）根据故障码查找和排除故障后，再消除故障码，消除方法是直接按"OFF"键一次。

（7）再次按"AUTO"键，即可脱开诊断功能。

32. 行车 ECU 故障诊断的方法

现代汽车的行车 ECU，大部分都设计了能与外接诊断仪和扫描仪相适配的故障检测电路；部分高级汽车还设计了 ECU 直读法，可直接在仪表板的行车 ECU 显示屏或空调面板上显示故障码或显示故障。现代汽车的行车 ECU 故障诊断的方法大体分为以下几种：

（1）闪码法：这是较早的一种显示故障的方法。

（2）显码法：即 ECU 直读法，直接显示故障码。

（3）外接仪器诊断法：采用故障诊断仪、光学网络诊断仪、个人计算机数据分析等。

（4）参数测量法：用数字万用表直接测量有关接线柱电压或电阻参数，与标准值对比，以确定故障部位。

33. 恢复电子钥匙功能的方法

有的车主将遥控主钥匙遗失了，或摔落在地上损坏了，或被水浸湿后使用功能丧失；或有的车主因为遥控器发射窗的指示灯不亮，而用主钥匙或平匙去开车门，再按说明书上的一些"非授权"方法将报警电路解除后开车，导致主钥匙功能消失。主钥匙功能丧失使最关键的编解码防盗电路失去作用，即失去了防盗功能。

为使电子钥匙恢复原来的功能，可按说明书上所示方法进行再恢复。所谓"再恢复"是针对遥控主匙上的电池电压的再恢复而言的。以奔驰"S"系列汽车电子钥匙为例，恢复方法是：按压遥控器发射钮 1s 左右，红外发射窗 2 内的指示灯应发亮，否则说明报警电路和起动使能电路未接收到解码器输出的脉冲，应换新电池（备用电池放在杂件箱中）。推开电池盒盖更换电池后（两片电池正极接线柱面向上），即可进行如下的"再恢复"操作：将发射窗 2 对准车门把手或行李箱门的接收器，短暂压按发射钮 1，然后压按钮 3 伸出主匙，再将遥控主匙插入点火锁中，并拧至"ON"位约 30s，中央门锁电路、报警电路和起动使能电路完成"再恢复"。

这样，红外遥控系统又进入原设定的编解码工作状态。

34. 汽车遥控器的选用方法

　　汽车防盗系统常用的遥控载体有红外线和无线电波两种（超声波遥控多用于汽车倒车防撞警告装置等）。红外线遥控器的优点是成本低、抗干扰能力强、工作可靠，是近距离遥控汽车的优选方式；缺点是遥控距离没有无线电波长，遥控时不能穿越汽车周围的遮挡物，遥控距离一般在几米至几十米范围之间。红外线遥控器若只用一种编码来遥控汽车，那么，一个遥控器就可以开启一个车型的所有汽车的车门。因此，红外线遥控器用于汽车防盗系统与用于家用电器是截然不同的，它必须采用编码技术，让每辆车的锁定和开启有各自的密码。

　　无线电遥控器在无天线的条件下发射无线电波，故遥控车门锁的距离也只能比红外线遥控远一些，在无噪声等干扰的条件下可达几百米。无线电遥控器无天线，但接收端却有天线，即借助汽车后窗玻璃除雾电热丝形成的天线接收无线电波，然后再让信号进入防盗和门锁控制的 ECU 中。无线电遥控器较红外线遥控器的优点是无线电波可以"穿过"一些遮挡物（墙壁、并排停放的其他汽车等）去开闭车门锁；缺点是主匙遥控器发射的电磁波很弱，又没有发射天线，因此，在有噪声或其他电磁波干扰的环境中，很难在设定距离内实施遥控，即在有干扰的环境中，必须让遥控器靠近后窗玻璃才能实现遥控。

　　驾驶人可根据自己使用的车辆及需遥控汽车的距离来选用红外线或无线电遥控系统。

35. 电子钥匙的使用方法与禁忌

　　电子钥匙实质是在原有的汽车钥匙机械编码锁定系统的基础上，又增加了一套电子编码系统，即 VATS。

　　使用 VATS 钥匙时，驾驶人应该将该钥匙的编码复制下来。与此同时，还应将其电阻片的电阻值测定并记录下来备用。因为带编码的钥匙与 VATS 模块是在汽车总装厂里随机匹配的，在汽车总公司和代理商处一般都不留下这部分资料。因此，禁止对电子钥匙不留任何资料，或将资料泄露给别人。如果丢失钥匙而未留资料，只能将点火开关全部拆散，重配钥匙。

36. ECU 调控空调的使用方法与禁忌

现代汽车内有很多空调出气口，各出气口根据人体皮肤调控空调输出空气的温度。这种调控是靠 ECU 来完成的，是在传统汽车空调的基础上发展起来的。ECU 调控空调一般配置有车内温度传感器、日光照射传感器和外部温度传感器等，以对空调进行更精确的控制。由传感器检测出车厢内、外的温度差，再由乘员操作按键、旋钮或调节柄等，选择适宜的风机转速和空气混合门的开度，进而获得所需的温度。

图 8-2 是按人体皮肤温度自动调控的汽车空调工作示意图。它有一个红外传感器和一个热感（车内乘员对冷、热的感觉级）调节板。热感从热感调节板输入给空调 ECU，经红外线传感器检测到的人体皮肤温度也输入给空调 ECU。空调 ECU 将上述传感数值复合，并将其作为目标之一，以自动调定空气混合门的开度及风机转速来实现调温。其实，目标皮肤温度（设定的皮肤温度）与红外传感器从人的额头实测到的皮肤温度是不同的。空调实际输出的空气温度还需考虑人体模式、衣服、鞋、帽、头发、湿气蒸发潜热、导热系数及季节等参数。

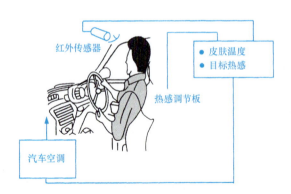

图 8-2 按人体皮肤温度自动调控的汽车空调工作示意图

对驾驶人来说，使用 ECU 调控的空调时，禁止在车内（驾驶室内）装载过热或过冷的物品，尤其注意避免在红外线探头附近有不正常的冷热源，以免空调 ECU 过敏反应，造成空调输出空气温度的偏差。

37. 安全气囊的使用方法

现代汽车都装有安全气囊。安全气囊在什么情况下打开，打开的速度有多快，主要取决于安全气囊内的碰撞传感器。安全气囊充气保护过程示意图如图 8-3 所示。

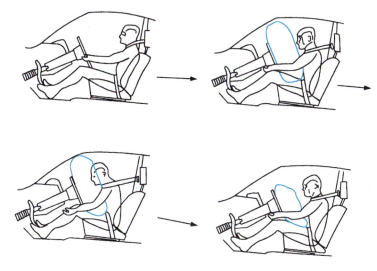

图 8-3　气囊充气保护过程示意图

传感器及电路出现故障时，安全气囊警告灯会闪亮，驾驶人发现警告灯亮时应及时检修，否则汽车发生碰撞时，安全气囊不会正常工作，从而造成危险。

安全气囊警告灯在点火开关从"LOCK"转向"ON"位置时，亮 4s 或 6s 左右应自动熄灭。也就是说，在汽车正常行驶中安全气囊警告灯始终是熄灭的。若发现安全气囊警告灯在点火开关从"LOCK"转至"ON"位置 4s 或 6s 后不熄灭，或在行驶中一直亮着，可能有两方面原因：一是安全气囊系统曾发生故障，闪码与拆修换件后未清除故障码，若是此原因，可按车型维修手册的规定清除故障码；二是安全气囊警告灯控制电路有故障，影响到 ECU，因此，汽车发生碰撞时不可能有引爆电流流向引爆管，安全气囊就不一定能适时张开，因此应尽快维修。

38. 检修安全气囊时的禁忌

检修安全气囊系统与检修汽车的其他系统不同，若操作错误，可能会使安全气囊意外引爆弹出，导致人员伤亡。各个厂家采用的传感器、充气器类别和级数、引爆电路布局、引爆-扩爆-推进剂等都有差别。因此，驾驶人一旦发现安全气囊有问题，不可擅自检验，应由专业人员进行检修。检修时应注意以下事项：

（1）对于安全气囊系统的故障，禁止用"想当然"的检验方法去"猜"或者"拆开瞧瞧"，而必须采用显码法、外接仪器诊断法、闪码法或参数测量法确诊故障部位，才能进入维修或换件阶段。

（2）由于安全气囊电子控制装置 ECU 内设置有电能电容器（备用电源），一旦蓄电池在碰撞中损坏或电缆线脱落，仍能由备用电源供给引爆电流。因此，检修安全气囊系统时，虽然将点火开关转至"LOCK"位置并拆下蓄电池负极电缆，但是仍然禁止立即进行维修，还需再等待 2min 左右才能进行维修工作（让电能电容器放电完毕），否则安全气囊有不适时引爆张开的危险。该等待时间与电路中的电荷泵及储备电源的电压有关，备用电源电压的等待时间应延长。

（3）维修安全气囊系统时禁止用万用表测量安全气囊组件引爆电阻的电阻值。原因是引爆电阻引爆时所需的电流极小，万用表电阻档的输出电流一般都大于引爆电流。另外，引爆电阻的设计值一般只有几欧姆，很可能因热和振动等不定因素导致电阻值超出容限。由于电阻值波动，在使用万用表测试时，即使选用输出电流只有几毫安的高阻档，也不能保证安全气囊不误爆。只能用安全气囊 ECU 内的诊断电路发送比引爆电流弱得很多的检测电流，对引爆电阻进行检测。

39. 电子助力转向系统（EPS）的使用方法与禁忌

EPS 传动效率高、返回性能好。经测试，EPS 比 HPS（液压助力转向系统）能节省燃油 5.5%。尤其在高速行驶中，EPS 与整车匹配性很协调，现代先进的汽车大多配置了 EPS。

当手动操作转向盘时，转向盘输入的转矩经万向节传送到齿轮-齿条机构的小齿轮轴上，小齿轮轴的旋转运动被转换为齿条的轴向位移，与此同时在齿条上产生推力，轴向推力经拉杆传至转向节并转换成车轮的往复摆动。因此，转向盘输入的转矩，最后就转变成了改变汽车行驶方向的车轮偏摆运动。

转向传感器感知转向盘输入的转矩和速度后，由电子控制装置ECU发出信号，并计算出合适的输出数据。输出数据和工作模式转换信号输送至功率装置，功率装置根据这些信号驱动助力电动机，由电动机产生的推力被反馈至转向传感器，由此减少了驾驶人施加在转向盘上的作用力。

使用 EPS 时，禁止将转向轮长时间固定在某一转向角度，这样会使齿轮机构停止在某一行程，导致系统产生过电流，引起故障；禁止停车后不断地往复摆动转向盘，这样会使功率装置中的元件发热烧坏；禁止将两个 12V 蓄电池串联起动发动机，这样串联起来获得的 24V 电压会使电动机过电压、过电流而烧坏。

40. 配置有 ABS 汽车的使用方法

配置有 ABS 的汽车就是制动系统中配有防抱死装置的汽车。使用时，应事先了解该车是 2 轮驱动还是 4 轮驱动，因 ABS 在不同数量的驱动轮上效果是不相同的。要了解所驾车辆 ABS 的工作情况，驾驶人应选择不同的路面，在不同的车速下，采用轻、重、缓、急的方式踏下制动踏板，体验车轮制动的实际情况，掌握所驾车辆在不同路面和不同车速时各种制动情况下的制动距离。

配置有 ABS 的汽车，行驶在冰雪覆盖的路面或油污覆盖的沥青路面等低摩擦因素的路面上时，由于预定的车速与实际车速的差别较大，车轮仍然有抱死的可能，这对汽车行驶的稳定性和安全性极为不利。由此，驾驶人不要以为汽车配备有 ABS，制动性能就会大为提高，在冰雪、湿滑等路面上就不会打滑。此外，配备有 ABS 的 4 轮驱动汽车，在冰雪等湿滑路面上制动时，4 个车轮会对冰雪覆盖层同时挤压，造成 4 轮同步抱死的不良后果。因此，按 2 轮驱动的汽车未抱死车轮的旋转速度预测 4 轮驱动的汽车制动时的车速是不可能的。换句话说，4 轮驱动的汽车在摩擦因数低的路面上制动时的控制性能比 2 轮驱动的汽车还差。驾驶人对此应高度警惕。

对于配置 ABS 的汽车与不配置 ABS 的汽车，在制动时，驾驶人的感觉会有所不同。ABS 具有一定的使用特性，使用时应掌握

以下几点:

(1) 当车轮尚未抱死时,制动踏板的行程较普通制动系统短。这是因为当制动踏板的行程达到总行程的 40% 时,液压泵在 ECU 的控制下即开始运转,对制动分泵开始加压,使制动力迅速上升,故不需制动踏板有更大的行程。

(2) 当踏着制动踏板使发动机起动时,会感到制动踏板有回弹的现象。因为此时尚未起步,车轮不转动,ABS 将起作用。反之,当踏下制动踏板使发动机熄火时,又会感到制动踏板有下沉现象。这是因为发动机熄火后,ABS 也将停止工作。对于制动踏板的反弹,可用脚轻轻将制动踏板压住。

(3) 当踏下制动踏板转动转向盘时,若有轻微的振动感,则属于正常现象,因为动力转向系统与 ABS 共用一个液压泵。

(4) 在汽车行驶过程中使用制动器时,有弹性感觉,这是由于 ABS 作用的结果。

(5) 在汽车制动过程中可能会听到轮胎与路面的摩擦声响。这是因为 ABS 起作用时,将有约 20% 的滑移现象,声响即来自滑移,抬起制动踏板后响声即消失。

(6) 紧急制动时,路面上不会留下很清晰的拖印。

(7) 装 ABS 的汽车不能采用拖印法检验制动性能,必须使用制动试验台进行制动性能测试。

41. 汽车空调 GAS 灯的使用方法

新型汽车空调在仪表板 A/C 按键的旁边或下方设置了一个 GAS 灯,用于预报和警示制冷剂的泄漏极限。当制冷剂量以及制冷剂与气流比例不符合规定时,此灯就发亮。

GAS 灯与空调制冷剂检测传感器相连。空调制冷剂检测传感器通常是一种机械式安全传感器。制冷剂检测传感器和 GAS 灯不仅用来检测制冷剂量,而且可检测空调压缩机早期损坏的情况,能及时向驾驶人提供准确、便捷的检查空调的信息。

驾驶人在起动发动机,开启车用空调后,若见到 GAS 灯亮,应知道这时空调中的制冷剂量已经减少了约 40%,应尽快补充相同规格的制冷剂。禁止在 GAS 灯亮后还长期使用空调,以免造成压缩机提前损坏的严重后果。

三、行车故障诊断与排除技巧

42. 及时诊断行车故障应遵循的原则

诊断行车故障应遵循以下原则：

（1）一切检查工作应本着先外后内、先易后难、由简到繁的原则进行，即已知的某一症状有几个可疑的故障时，应先检查拆卸方便的机件，然后再检查拆卸费事的机件。

（2）有多种症状时，无论是否已明确为同一故障，都应抓住其中最突出的症状进行检查，其他症状往往随之消失。

（3）当同时发生几种故障或某一故障同时有几个原因时，应分别进行修理，先修理明显损坏的机件，再修复其他机件。

（4）在具备测试仪和检验设备时，应充分加以运用，以做到快速、准确和不解体即能发现潜在故障。

43. 从外部现象判断汽车故障的技巧

汽车故障均会从技术状况表现出来，这些表现会在汽车外部显示。

（1）性能不正常：发动机动力性下降，行驶无力，油耗增加，起动困难等。这在驾车行驶中就可感觉出来。

（2）作用不正常：发动机转速不稳定，转向、制动不灵，离合器分离不彻底等。这在操纵机件时能感觉出来。

（3）外观不正常：发动机排烟增多，烟色不正常，漏油、漏水、漏气，车架、车身变形等。这在发动机不熄火的情况下下车查看及对车的巡视检查中可发现。

（4）声响不正常：发动机或底盘发出不正常响声，排气管放炮，化油器回火等。这在起动发动机和加速的过程中可感觉和听出来。

（5）温度不正常：发动机温度过高、零件发烫、元器件过热等。这在触摸机件时可感知。

（6）气味不正常：发动机或底盘发出焦臭味，元器件烧毁发出臭味，烧机油发出烟油味等。这在行车中或刚停车后能闻出来。

汽车出现上述不正常现象时，均表明汽车有故障。

44. 用隔除法诊断故障的技巧

隔除法是部分地隔除或隔断某些系统、部件的工作和联系,通过观察故障现象的变化来确定故障范围和部位的方法。

将发动机某部位隔除或隔断后,若故障现象立即消失,则说明故障发生在此部位或与此部位直接涉及的系统;若故障现象依然存在,则说明故障在其他部位。例如,对某缸采用断火方法,判明某缸是否存在故障。

对底盘故障,可用断续切断某部动力传递路线的方法确定故障区段。例如,诊断底盘异响故障时,使离合器接合和分离,根据声音变化判断故障。

对电气系统故障,可用某段线路暂时隔除的方法来确定故障的范围。例如,某灯不亮时,可用导线将灯与电源直接相连,以此判断是灯故障还是线路故障。

45. 用比较法诊断故障的技巧

对怀疑有故障的零件,当没有仪器去测试其是否工作正常时,可将其与工作正常的相同件对换,根据换件后故障现象的变化,判断换去的零件是否有故障。这种判断零件故障的方法称为比较法。例如,当怀疑某缸火花塞工作不正常时,可将该缸火花塞拆下换上正常的火花塞,若故障随之消失,则说明该缸火花塞有故障,若故障现象仍存在,则说明原火花塞良好。

46. 用触觉法判断故障的技巧

行车中感觉汽车有故障时,驾驶人可用手触摸或扳动有关机件,凭触觉来判断故障。此方法也称为触觉判断故障法。例如,当用手摸机件感到发热时,温度约为 40℃;当感到发烫时,温度约为 60℃;当感到不能触摸时,温度为 90℃以上。以此用手触摸机件,判断是否过热、配合是否合适、润滑油是否不足等。另外,用手压拉有关机件,看是否松动;板晃有关机件的配合间隙,看是否空旷或过紧等。这种触觉判断故障的方法感知快,判断故障更直接和方便。

47. 用听诊法诊断故障的技巧

任何机动车在运行时都会发出特定的声响。听诊法是根据车辆运行时的声音特点来判断故障的部位及原因的方法。

听诊法有两种：对明显的声音，用耳朵直接辨明；对混杂隐匿的声音，可借助听诊器或金属棒予以分辨。听诊有两大部分内容。一是对发动机的听诊。发动机的故障声音比较复杂，有些响声随温度的升高而出现或增强，有些声响则相反，有些响声与发动机转速和车速有关。听诊时，应不断变换节气门开度，使发动机处在不同的转速和温度下，察听发动机各种声音。二是对底盘响声的诊断。对底盘的听诊应在汽车停驶时，和行驶时相结合，并伴随踏下离合器踏板等，察听传动系统、制动系统及车身等方面的故障响声。

用听诊器诊断时，注意不可将听诊头过于贴近声响较大的部位，防止声波震伤耳膜。

48. 调出自诊断系统中故障码的方法

各汽车电控系统的程序不同，故障码从自诊断系统内调出的操作程序也不同。驾驶人一旦发现故障信号灯闪亮，就应调出故障码，以判断故障。调出故障码的方法应按自己所驾车的说明书进行。从自诊断系统中调出故障码，大多按以下步骤进行：

(1) 将点火开关置于关闭位置。

(2) 在熔丝与继电器盒内找一个两脚诊断插头。

(3) 用一根导线连接诊断插头的 A 脚和 B 脚，再用另一根导线与此导线并联后搭铁。

(4) 将点火开关打开，置于"ON"位置。

(5) 将搭铁线搭铁 3s，仪表盘上的检查发动机警告灯开始发光。

(6) 移开搭铁线，检查发动机警告灯会亮一下后熄灭，停一会闪两次再灭，表示自诊断系统开始进入自我诊断测试。

(7) 再将搭铁线搭铁 3s 后移开，出现一个故障码。

(8) 搭铁线每搭铁 3s 后移开，可显示下一个故障码。

(9) 当显示屏上出现"OK"时，表示故障码已输出完毕。

49. 电喷发动机起动困难的检查方法

电喷发动机起动困难时，若是单点喷射系统，可采取以下步骤检查。

(1) 将点火开关置于"ON"位置，不起动，检查喷油器和油管是否漏油。可装上油压表，堵上节流体处的回油管检查。将点火开关由"ON"转到"OFF",注意油压变化情况。如果油压迅速降低,则检查燃油泵止回阀或燃油箱连接器是否不良;如果点火开关在"ON"位置,而回油管堵住时压力保持正常,则注意检查燃油调压器的漏油情况。

(2) 检查点火正时;检查点火电压是否正常;检查火花塞高压线电阻,电阻过高时需更换火花塞。

(3) 检查喷油器线束插头盒电路是否良好,检查喷油器是否漏油。

(4) 检查节气门位置传感器是否黏滞、弯曲,检查进气歧管压力传感器和真空管是否工作良好。

(5) 检查供油系统、燃油泵和燃油泵继电器以及废气再循环系统是否工作良好。

50. 电子点火装置的使用禁忌

使用电子点火装置时,为防损坏点火系统,应注意以下几点:

(1) 禁止在点火开关未关闭时就拆除或安装点火系统线路,包括高压线路和测试仪线路。

(2) 如果用起动机运转发动机而不发动发动机的话,应将来自分电器的高压线拆下,并将其接地,禁止不拆高压线和接地。

(3) 当快速充电机被用作辅助起动电源时,其电压禁止超过16.5V,使用时间禁止超过1min。

(4) 禁止未关闭点火开关就冲洗发动机,防止因短路而损坏电子点火装置。

(5) 禁止车辆被牵引时不将电子点火系统的插头拔掉。

(6) 禁止将防干扰电容器接到接线柱上。

(7) 仅仅用其他的分电转子代替1kΩ的分电器分电转子。

(8) 禁止在高压线上不使用1kΩ的电阻和1~5kΩ的火花塞接头而使用其他火花塞接头。

51. 热车不易发动的处理方法

高速行驶或炎热天气行驶的汽车熄火片刻后,有时会出现不易发动的现象,其原因可能有以下几种:

(1) 风扇及水泵停止工作,使发动机罩下的空气温度、发动机水泵套内冷却液的温度，特别是气缸上部靠近爆发部位的温度突然升高。此外，燃烧室、火花塞电极上积炭又较多，积炭会因温度的突然升高而形成多个炙热点。发动机的高温又使可燃混合气燃烧前的准备时间缩短。在上述诸种因素的作用下，发动机发动时出现早燃现象（燃烧发生在电火花出现之前），导致整个发动机的点火正时遭到破坏，并且会削弱活塞的散热效果，使上述情况更加严重。

（2）发动机罩下空气的温度很高，致使发动机的充气系数下降，点火的难度加大。高温情况下点火线圈的效率下降又使点火能力下降，从而造成发动机不易发动。

如果出现上述情况，应将发动机罩和百叶窗全部打开，利用自然风对发动机进行冷却，待发动机温度下降后再发动。有条件时应对燃烧室壁、活塞顶和火花塞电极上的积炭进行清理。

52. 汽车行驶中突然熄火故障的诊断技巧

汽车在行驶中突然熄火，不能重新起动，利用车子惯性挂档也不能起动时，可根据熄火情况判断故障。汽车在行驶中突然熄火，一般来说是电路故障引起的，应先检查中央高压总线是否脱落，低压电路是否断路或短路。若均良好，应将分电器盖打开，用起动机或手摇柄转动曲轴，观察分电器是否转动。如果不转动，原因一般是凸轮轴的胶木正时齿轮的轮齿脱落或键损坏。行驶中感到油不够用，拉阻风门虽有好转，但仍逐渐熄火，一般是油路故障，应按不来油故障诊断检修。行驶中发生严重缺火后熄火，不能重新起动，原因一般是点火线圈击穿、电容器击穿，分火头击穿，应逐一检查排除。

53. 发动机只能在起动档转动的处理方法

在接通点火开关起动档后，发动机能够起动运转，而断开点火开关的起动档后，发动机即熄火。造成此故障的原因：一是点火线圈附加电阻断路或其连接线断路；二是点火开关发生故障。一般汽车点火线圈的附加电阻仅有一个，少数采用两个附加电阻串联使用。起动发动机时，其中一个附加电阻临时断路，就会出现该故障。若两个附加电阻均断路，即使接通点火开关起动档，发动机也不会工作。

该故障可利用万用表或直流试灯测试附加电阻、导线及点火开关（一档），若不通电，则应更换新件，也可直接更换附加电阻，看故障是否消除。

54. 照明系统自动监测装置的使用方法

现代汽车多数安装了照明系统自动监测装置，当前照灯、远光灯、近光灯、示宽灯等灯泡烧坏或线路发生断路故障时，位于仪表板上的警告灯亮，提醒驾驶人注意。少数汽车照明系统正常时，警告灯亮；发生故障时，警告灯就灭。驾驶人应根据车型使用说明，利用自动监测装置及时了解全车照明系统的工况，发现故障应及时处理。

55. 点烟器不呈红热状态的检查方法

按规定，点烟器在18s内若不呈红热状态并自动跳出，则应首先检查熔丝是否断路，插头是否插接良好，然后检查电阻丝是否断路，最后检查电阻盘与双金属片接触是否良好。

56. 空调出风口只出热风不制冷的处理方法

打开空调开关，出风口不但不出冷风而且出热风，低压表读数很低。此故障的原因是压缩机传动带断裂，使制冷系统不工作；或膨胀阀感温包破裂，包内制冷剂泄漏，使阀孔关闭，系统中的制冷剂停止循环流动；或制冷系统中制冷剂全部泄漏。对此应使用以下方法处理：

（1）更换压缩机传动带，并调整其张紧力。

（2）检查膨胀阀上的感温包是否破损，如果破损，需换新的膨胀阀。

（3）对系统进行全面检查，修理漏损部位，抽真空，并向系统加注适量的制冷剂。

57. 停驶时间较长的车辆曲轴转不动的处理技巧

汽车停驶前未发现机械故障，起动时用手摇柄不能摇转曲轴，原因多是气缸垫轻微漏水，时间一久，积存在气缸内的水越来越多，因为水是不可压缩的，所以气缸中的水就会阻止活塞运动，使曲轴转不动。遇此情况时，禁止强行用手摇柄转动曲轴，应先拆下火花塞，摇转曲轴，将水排出。再检查时，如果气缸垫漏水，则应更换气缸垫。

58. 温度警告灯亮时的处理方法

在汽车行驶中，若温度警告灯闪亮，则表明发动机温度过高，驾驶人应尽快采取以下处理方法：

（1）如果空调工作时，过热指示灯亮或温度计指示过热，可先关掉空调。倘若等1min后过热指示灯还亮，就将车开到安全的地方，拉好驻车制动器操纵手柄，将变速杆拨到空档位置。

（2）不要关掉发动机，相反将发动机加速到正常转速的两倍。掀开发动机罩，检查散热器软管和散热器加水孔有无泄漏现象，查看一下传动带是否完好，风扇是否在转，散热器盖是否密封，如果一切正常，温度应该下降。

（3）如果温度已经下降，则应以稍慢的速度在公路上行驶10min再恢复正常速度。

（4）在汽车行驶过程中，当遇到冷却液沸腾时，应尽快驶离公路，关掉发动机。等冷却液沸腾停止后，掀开发动机罩，但切勿摸散热器盖，应等待系统冷却。待系统冷却后，隔着一层布慢慢地旋松散热器盖，直到露出第一个缺口放气减压，拿掉散热盖，起动发动机，慢慢地加水，然后再换新的散热器盖。

当发动机还热的时候，不要打开散热器盖，因为压力释放会促使液体沸腾和进一步过热，可能会烫伤附近人员。

（5）当发动机冷却液损失太多，风扇传动带损伤或松动而持续过热时，要关掉发动机，直到故障排除，过热消失为止。

59. 驻车制动器不起作用的处理方法

汽车在坡道上停车时，拉紧驻车制动器，不起制动作用，车轮继续滚动。汽车在拉紧驻车制动器的情况下，仍可以用二档起步。此现象为驻车制动失灵。发现驻车制动失灵时，应停车挂上档，以防车溜滑，然后将驻车制动器操纵手柄拉到底，下车用砖块等将车轮前后抵住后，到车下检查。如果摩擦片没有和制动盘靠紧，则应检查拉杆是否过长。若拉杆不过长，则用手晃动各销轴，检查是否松旷。若各销轴不松旷，则应检查摩擦片与制动盘间隙是否过大。拉紧驻车制动器操纵手柄，若摩擦片能靠紧制动盘而不起作用，则应检查是否有油污。若没有油污，则应检查摩擦片是否磨损严重、硬化、铆钉露出以及制动盘是否磨损等。

60. 防抱死制动系统（ABS）警告灯闪亮的处理方法

现代汽车多数装设了由 ECU 控制的防抱死制动系统（ABS）。

ABS 发生故障后，ABS 的 ECU 将自动储存故障信息，ABS 故障警告灯将始终闪亮，告知驾驶人 ABS 出现了故障。驾驶人知道 ABS 有故障后，制动时应格外注意，应防止制动侧滑或制动距离延长。在车到达目的地后，应及时交给维修人员修理。维修人员可根据 ABS 自诊断系统的使用方法进行操作，由警告灯（标有"AN-TILOCK"）的闪烁规律（故障码）即可知道故障发生的部位，并据此进行进一步检查判断，找出故障的具体原因。不同厂家生产的汽车，其 ABS 自诊断系统的使用方法有所不同，必须依据维修手册给定的操作程序进行操作。

不同车型的 ABS 故障码一般不相同，切不可互换使用。

61. 汽车前轮发摆的检查技巧

为防止在高速时前轮发摆，车轮总成包括轮胎、轮辋、制动鼓和轮辋都经过了平衡试验。车辆在使用一段时期后，若出现前轮发摆现象，且经过检查未发现其他故障，则应重点检查前轮的平衡问题。检查方法有路试和停车检查两种。路试时，一个人站在公路旁边观察，让汽车从 300m 地方开过来，观察哪个车轮发摆得厉害。停车检查是指用千斤顶支起车轮，用手将车轮转动 2~3 转，车轮停止转动时用粉笔作个记号，观察记号是否停在一个部位。如果每次最低位置记号一样，说明该点是不平衡点，称为偏重点。这种现象叫作静不平衡。处于静不平衡状态的车轮在高速旋转时，会产生很大的离心力，从而引起车轮周期性跳动，传到转向盘就有发摆的感觉。如果车轮每次自然停止时，粉笔记号位置都不一样，用手停住车轮后，车轮能稳稳停住，说明车轮静平衡是好的，高速时就不会引起车轮发摆。检查制动鼓是否平衡的方法与检查轮胎的方法相同。无论检查哪个部位，最好都让发动机怠速运转，用发送机振动来确定不平衡点效果会更好。

当确认某前轮有问题时，可先对轮胎进行换位，然后再进行路试。若不是轮胎的问题，则应检查轮辋和制动鼓。要使不平衡的轮胎达到静平衡，可采取黏结平衡块的方法。另外，不平衡的轮胎放在后轮一般不会出问题。

62. 汽车低速摆头的处理方法

在汽车低速行驶，尤其是刚起步时，前轮摇摆，这是低速摆头现象。发现此现象后，应停车，在驾驶室内用手左右转动转向盘，检查其自由转动量是否过大。若过大，则继续来回转动转向盘，另一人观察横、直拉杆的球节是否松动。若松动，则为横、直拉杆球头或皮碗磨损严重、弹簧折断及螺栓调整得过松。连续左右转动转向盘，另一人用手握紧转向摇臂，凭感觉来判断齿轮与蜗杆的啮合间隙是否过大。用手握住转向盘，上下来回推拉转向盘，凭感觉检查螺杆上下轴承间隙是否过大。经上述检查均未发现问题时，用千斤顶将前轮架起，用手里外推动车轮，检查是否有旷量。有旷量时，应观察是转向节主销和衬套的间隙过大，还是前轮轴承松旷。

63. 汽车高速摆头的处理方法

高速摆头现象是指汽车在高速行驶时，前轮摆动，转向盘抖动，较长时间后，手有被抖麻的感觉。造成此现象的原因除了低速摆头的原因外，还有前轮辋拱曲，轮胎内装有垫皮，前束失准或钢板弹簧的U形螺栓松动、脱扣等。遇此现象，诊断时应检查以下两个方面：

（1）检查轮辋。将前轮用千斤顶架起，在轮辋旁边放一根划针，然后转动车轮，将划针靠近下轮辋，看其拱曲度。一般拱曲度不应超过3~5mm，如果拱曲度过大，有扭摆现象，则应校正或更换前轮辋。

（2）检查钢板弹簧U形螺栓是否松动或退扣。若车架前横梁铆钉松动，可用锤敲打铆钉头，如果有虚声，即证明铆钉松动。如果前横梁弯曲，可将其卸下检查。

64. 行驶中车辆自动偏向一边的检查技巧

在汽车行驶过程中，感到方向自动偏向一边，驾驶人必须用劲把住转向盘，才能保持正直方向行驶。遇此现象，驾驶人应及时停车检查，先检查前轮左、右轮胎气压是否一样，然后让车慢行，在车轮旁边听是否有制动片磨制动鼓的声音。若不磨，但转动车轮吃力，则用手抚摸轮毂轴承处，如果感到烫手，说明轮毂轴承过紧。如果车身一侧高一侧低，而两侧车轮的轮胎气压相等，则应检查低的一侧钢板弹簧是否折断。若钢板弹簧没有折断，车厢装载又未向一侧偏重，则是一侧钢板弹簧过软或弧度不够。若经上述检查均良好，则应检查前轴和车架是否弯曲，前轮定位是否失准或两边轴距是否相等。

65. 汽车玻璃的辨别与破碎时的处理方法

汽车行驶时，车上的门、窗玻璃处在颠簸、振动的状态下。如果用普通玻璃，容易破碎并伤害乘员，所以汽车上要用安全玻璃。安全玻璃中有一类叫作钢化玻璃，它经过韧性处理，破裂后的碎片为钝边，不致伤人，常用作侧窗和门上玻璃。有一种区域钢化玻璃，破碎后形成较大的圆形裂纹，能保持一定的透明度，常用作风窗玻璃。安全玻璃还有一类叫作夹层玻璃，它是在两片玻璃之间用塑料PVB（聚乙烯醇缩丁醛）薄膜黏合制成的。这种玻璃破裂后碎片被塑料膜粘住，从而减少人受伤的危险。另外，它有良好的光学和力学性能，主要用作风窗玻璃。

出现一层层的彩虹状光晕的是钢化玻璃；从任一角度观看，始终透明的是夹层玻璃。

如果行驶途中遇到风窗玻璃破碎，不要惊慌，应握稳转向盘，防止汽车偏离行驶路线，缓慢减速，靠右边停车，如图8-4所示。如果是在高速公路上，禁止使用紧急制动。钢化玻璃破碎后，碎片会散落在仪表板前的座椅上，对此应小心，防止划伤。如果没有散落下玻璃碎片，则应将其敲落下，以防在此后的行车中再次掉落而伤及人员。

图8-4　风窗玻璃碎裂后应及时停车

66. 行驶装置产生噪声的检查方法

汽车在行驶中，如果从行驶装置中传出非正常的噪声，则应做以下检查和排除：

（1）检查减振器是否松动，拧紧减振器紧固螺栓。

（2）检查转向器的安装情况，并拧紧转向器紧固螺栓。

（3）检查转向器调整间隙是否正常，不正常时予以调整。

(4)检查稳定器衬套是否磨损,若磨损,应更换稳定器衬套。

(5)检查控制臂衬套是否磨损严重,若磨损严重,应更换控制臂衬套。

(6)检查转向拉杆磨损情况,若磨损严重,应更换不合格的零件。

(7)检查前轮轴承是否调整不当,若调整不当,应重新按标准调整。

(8)检查悬架支杆衬套是否松动,若松动,应紧固悬架支杆衬套。

67. 检查轮胎是否需要更换的技巧

检查轮胎磨损状况时,应检查轮胎侧面有无划伤,轮胎冠面有无裂纹,如果有异常情况,应进行修补或更换。轮胎磨损后极易爆胎而引发事故。可用以下标准确定轮胎是否要更换:

(1)当轮胎磨耗标记显露出来时,就应更换轮胎了。在胎面上嵌入的磨耗标记一般为8条,宽度为12.5mm,并在相应部位的轮胎侧壁印有"σ"或"TWI"记号。如果能从邻近的两个槽中看到磨耗指示带,就应及时更换轮胎了。当出现轮胎异常磨损现象时,应结合汽车维护保养排除故障或去汽车修理厂进行修理。

(2)如果轮胎上有硬伤切口、暴露帘线的裂隙及凸起等现象,说明轮胎存在严重的故障隐患,应予以更换。

68. 根据轮胎磨损情况判断前束不准的方法

根据轮胎的磨损情况,可以判断出前束是否准确,外倾角是否符合标准。

检查轮胎时,若花纹上出现毛边,则表明前束不准,需对前束进行调整;检查时,若轮胎出现单边磨损现象,则表明外倾角不准,需对外倾角进行调整。

69. 轮胎上红点和黄点的检测方法

轮胎在出厂检测过程中,出现检测振动幅度最突出的点时,对此点做标记。

(1)实心红点表示此处是轮胎纵向振动幅度最大的位置,也就是说这个位置最重,用专业术语说叫作重心。

(2)空心黄点和实心红点正好相反,它表示此处是轮胎纵向振动幅度最小的位置,也就是说这个位置最轻,是轮胎的轻点。

(3)在部分轮毂上也有一个白色实心点(有的没有),这个白色实心点表示此处是轮毂的轻点。

安装轮胎时要注意以下几点:

(1)使有点标记的一侧向外。

(2)轮毂上有白色标记点的,要将轮胎上的红点和轮毂上的白点对齐。

(3)轮毂上没有白色标记点的,要将轮胎上的黄点和气门嘴对齐。因气门嘴也有重量,这样就把重点与轻点结合,让其互补,使车轮尽量达到平衡。

如果车辆重新做了动平衡,技术人员可能未按标记点装胎,这通常使轮胎在行驶过程中,重点和轻点因磨损而发生变化。技术人员会根据轮胎情况,在轮毂上加一个铅块来弥补。

70. 整修轮胎胎面磨损不均的方法

汽车行驶一段时间后,若四个轮胎胎面有明显的磨损差别,可参照表 8-1 所列内容予以整修。

表 8-1 轮胎磨损不均的原因和整修方法

轮胎磨损不均的原因	整 修 方 法
①前轮定位不正确,前束和外倾调整不当 ②轮胎气压过高 ③车轮摆差过大 ④制动器分离不彻底 ⑤悬架零件磨损严重 ⑥转弯速度过快	①正确调整前束和外倾 ②按标准压力充气 ③更换车轮 ④检查制动器 ⑤更换悬架不合格零件 ⑥转弯时控制车速

71. 汽车乘坐不舒适时的整修方法

在汽车行驶过程中,感到乘坐不如以往舒适,颠簸加剧,摆动得厉害,此即为乘坐性不良。对此种现象,可参照表 8-2 中所列内容予以整修。

72. 汽车出现前轮侧滑现象时的整修方法

汽车在行驶过程中,出现前轮侧滑现象时,可按照表 8-3 中所列内容予以整修。

表 8-2　汽车乘坐性不良的原因及整修方法

乘坐性不良的原因	整 修 方 法
①轮胎气压过高 ②轮胎型号不对 ③减振器失效 ④弹簧失效 ⑤转向器调整得过紧 ⑥后倾角不对	①保持轮胎标准气压 ②按原厂规定选用轮胎 ③更换减振器 ④更换弹簧 ⑤调整转向器 ⑥检查并调整后倾角

表 8-3　前轮侧滑的原因及整修方法

前轮侧滑的原因	整 修 方 法
①前束不符合规定或出现反前束 ②轮胎气压不符合标准 ③前轮毂轴承和横直拉杆松旷 ④转向节销与轴承松旷 ⑤前轮偏摆	①按规定数据调整前束 ②按标准给轮胎充气 ③消除前轮轴承和横直拉杆松旷现象,必要时更换不合格零件 ④更换轴承,必要时更换转向节销 ⑤检查轮辋是否变形,必要时更换轮辋

73. 行车途中遇到故障时进行急救的原则

　　汽车在行驶途中,因零件损坏不能修复而又无新件更换时,原则上应到汽车维修站进行专业检修。驾驶人不可随意拆检车上的零部件,更不可随意用其他配件代替。除非遇到特殊情况,必须进行自行急救时,方可采取一些临时措施。此时应沉着冷静,多动脑筋想办法,对故障进行急救。采取急救措施时,应注意以下几条原则:停车就地取材;简单易行,制作方便,时间短;保证行车安全;不损坏原有装置,不加速其他机件磨损;在车辆返回后,必须及时修理。

74. 蓄电池无电时进行应急起动的技巧

　　蓄电池没有电,发动机不能起动时,可通过连接线利用其他汽车上的蓄电池(或助力车蓄电池),进行应急起动,如图 8-5 所示。但连接的蓄电池电压必须与本车相同,蓄电池的容量也应与本车基本一致。连接的方法如下:

　　(1)将正极连接线的一端与无电蓄电池的正极相连,将另一端与助力蓄电池的正极相连。

（2）将负极连接线（-）的一端与无电蓄电池的负极相连，将另一端与固定在气缸体上的金属部件或气缸体本身连接，不要将连接线接到负极上，否则产生的火花会点燃从蓄电池内逸出的可燃气体。

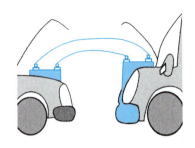

图8-5 利用其他车上的蓄电池进行起动

（3）连接后，要检查确保连接线互相不接触，接正极的连接线不能与汽车上的导电物体相接触，否则会有短路烧毁机件的危险。

（4）连接好后，按常规起动发动机即可。发动机起动后，应按上述相反程序拆除连接线。

在进行上述应急起动时，应注意汽车与汽车不可接触，否则正极一连接，车身通电会形成短路。助力蓄电池的汽车发动机应运转，以保证蓄电池的电能。此外，在温度低于-10℃的情况下，无电蓄电池电解液会冻结，此时应在其融化后方可用连接线接通应急起动，否则不能使用此方法。

在行驶途中，如果检查出蓄电池坏了一格，可先用金属丝将损坏的单格蓄电池跳接（所谓跳接就是指跳过它连接，使此格蓄电池在电路之外），再用金属线将点火线圈的附加电阻也进行跳接，此时可以重新发动车辆，但不能用起动机起动。

75. 汽油滤清器堵塞时的应急技巧

行车途中汽油滤清器堵塞，将出现来油不畅甚至不来油现象，使发动机无法正常工作。经检查如果是汽油滤清器的滤芯堵塞，可将滤芯卸下。如果为陶瓷滤芯，可将其点着，待火灭后磕打，把灰烬与脏物磕掉再装复；如果为纸质滤芯，可将其放在汽油中清洗，但滤芯太脏时，经过清洗也有可能不畅通，此时可将滤芯侧壁扎一个小孔，然后装复，这样仍能起滤清作用，待车辆返回后再更换滤芯。装复滤芯时应注意密封圈的密封状况；紧固滤清器壳体螺钉时，应两侧同时紧固，如果一侧先紧完再紧另一侧，会因螺钉孔处壳体强度差，而使该处断裂，造成滤清器完全失效。

76. 节温器失效导致发动机"开锅"时的应急方法

行车途中节温器失效，会导致发动机冷却液温度过高。作为应急，可将节温器拆掉不用，并且将小循环管道堵死，原机装复后继续行驶，待回到驻地后更换节温器并清除小循环管道中的堵塞物。如果仅拆下节温器而不堵死小循环管道，会使发动机内热的冷却液经小循环直接流入水泵而得不到散热器冷却，导致冷却液温度增高。

77. 没有千斤顶时换轮胎的技巧

对于货车，途中需要更换轮胎，又没有千斤顶或千斤顶损坏不能使用时，可采用下列办法：

（1）拆换后轮外侧轮胎时，可将木块或砖头垫在内侧轮胎的后方，然后倒车，使内侧轮胎压上垫起部位即停车，再将内侧轮胎的前、后方用砖头或石块塞住，便可进行拆换。

（2）拆换前轮或后轮的内侧轮胎时，可用木块或砖、石将前轴或后桥垫稳，在要拆的轮胎下面挖坑，使轮胎悬空，便可拆换。

（3）取一段 12~15cm 粗，适当长度的平头木柱，将其斜撑在需拆换轮胎一侧的车架前端或后端，然后开动汽车，使木柱将车架的前端或后端顶起，待木柱垂直顶稳后，便可拆换轮胎。

参 考 文 献

［1］ 徐毅刚，谭志福. 道路交通事故处理新论［M］. 2版. 济南：山东人民出版社，2011.

［2］ 冀旺年. 汽车车身电气设备系统及附属电气设备［M］. 3版. 北京：电子工业出版社，2011.

［3］ 范立. 道路交通安全法律法规和相关知识［M］. 北京：机械工业出版社，2016.